SHIJIEWANGPAI
TEZHONGBUDUISHILU

世界王牌特种部队实录

王军校 编著

美国海豹突击队（Navy Seals），又称美军三栖突击队，全称为美国海军海豹突击队。突击队正式成立于1962年，前身是美国海军水下爆破队，到1988年时已经扩大到两个战斗群，共有7个中队，人数约1600人。海豹突击队现已成为美国实施低强度战争、应付突发事件的杀手。

美国海军海豹突击队是世界上最为神秘，最具震慑力的特种作战部队之一。凭借出色的表现而成为特种部队的传奇，他们几乎参与了每一次重大的现代战争和军事反恐事件。

前言

在过去的十年之内，本·拉登大概都觉得自己是安全的，他逃过了两次战争，躲过了无数的飞机炸弹，最后，将自己从边远的阿富汗边境，搬到了巴基斯坦最富裕的城市之一阿伯塔巴德。

就在与家人享受着豪宅和安逸生活的时候，他并不知道，美军最精锐的一支特种部队早已悄悄盯上他。

而这一次，他已无处可逃。

而在这次击毙行动中起到了不可替代的作用的美军特种部队海豹突击队，也再度成为人们津津乐道的话题。

特种部队再次引起读者的关注，其实很多国家都有特种部队，现代战争中特种部队发挥出越来越大的作用。如在海湾战争中，多数飞毛腿弹道导弹和许多其他重要目标是渗透到伊拉克腹地的美军特种部队发现，并引导美国空军消灭的。可即使在高度开放的美国，由于严格的保密关系，特种部队也不能以真面目示人，只能做无名英雄。

特种部队，俗称“精锐部队”、“敢死队”、“突击队”等。在国际上一些重大劫持以及人质事件的解决上，特种部队都发挥了十分重要的作用。反恐怖特种部队一般编制规模小而精悍，而且训练课程极为严格。

俄罗斯“阿尔法”别动队:“阿尔法”别动队现有250人,隶属于联邦安全总局,其前身是成立于1974年7月的著名的“A小组”。“阿尔法”共参加了数十次战斗,为俄罗斯的反恐斗争立下了赫赫战功,已成为一支举世瞩目的反恐怖尖兵别动队。

英国皇家海军陆战队突击旅:以“绿色贝雷帽”著称。成立于1942年2月。在1990–1991年间,突击旅捕获了数十名恐怖分子而自己无一伤亡,大大打击了爱尔兰共和军的恐怖活动。

以色列特种部队:SayeretMatkal——国防军第262部队,总参谋部直属侦察营。以色列官方的立场是,这支部队过去、现在和将来都不存在。曾有一名美国人为全世界的特种部队制订排行榜,将这支神秘部队的综合战斗力排为世界第五。

美国三角洲特种部队:是目前世界上规模最大、装备最齐全、资金最雄厚的特种部队。建立于1978年4月,编制2500人,武器装备、训练设施让其他各国特种部队望尘莫及。

德国第九边境防卫队:成立于1972年,共350名成员。第一次执行任务是1977年10月,德航一架波音737飞机被恐怖分子劫持。营救行动在瞬间完成,四名恐怖分子全部被击毙,86名人质被安全解救。

现在的特种部队花样翻新,他们把蹲坑、卧底经常混淆在一起叫渗透,把暗杀叫做斩首行动,他们每次出没都有一个好听的名字,比如这个行动,那个一号什么的,这给电影改编提供了丰富的想象空间,他们的指挥者比好莱坞的编剧还要神奇一些。而最主要的是他们每次行动都有漂亮的理由,现在的特种部队基本上都成了神秘英雄。

本书最大的优点是能够最大限度地展现特种部队的真实的生活状况,他们虽然不是神人,但是武器精良,孔武有力,个个如同阿诺一般,从这一点来说,弄上一本,茶余饭后好好翻读,并且幻想一番还是非常划算的。

目录

美国特种部队

英国特种部队

俄罗斯反恐尖兵“阿尔法”

以色列特种部队

德国边防第九大队

美国特种部队

创建于20世纪四五十年代的美国特种部队是美国的军中精锐！这支独步全球的军事力量拥有全美国最杰出的志愿兵，敌人称他们是"来自地狱的人"。他们拥有世界上最先进的武器装备，以确保能够在任何条件下出现在地球上任何一个角落。从第一支美国特种部队"魔鬼旅"成立至今，美国特种兵的无所不能似乎是美军的一个军事机密。其主要职责是在敌国领土上从事破坏活动和开展游击战。在美国人心目中，他们不仅是最优秀的军团，更是和平生活的保障。当需要时，他们会随时出动，维护美国的国家安全与利益。

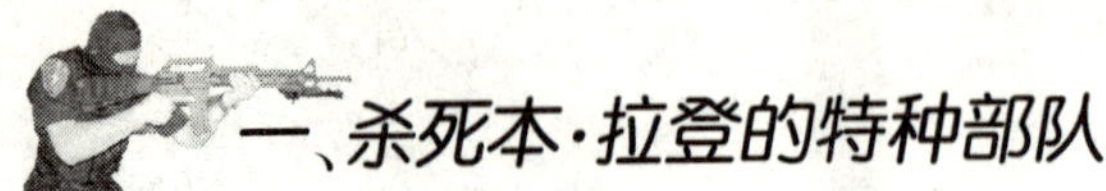

一、杀死本·拉登的特种部队

美国总统奥巴马在当地时间2011年5月1日发表全国电视演讲，宣布“基地”组织领导人本·拉登已被打死。随后外电纷纷援引美国官员的消息，披露了此次行动的一些细节。同时，包括联合国在内的各方纷纷对此次事件进行表态。美国官员透露，追踪本·拉登的情报工作持续多年，他在巴基斯坦的藏身所结构复杂，空间庞大，令美国官员“震惊”。

白宫还披露，此次共有20多名美国海军“海豹”突击队成员携带先进战斗装备，首先乘坐多架“黑鹰”直升机从阿富汗飞抵巴基斯坦首都附近，然后立刻掉头前往距当地50多公里的北方城市阿伯塔巴德“消灭拉登”。

在过去的十年之内，本·拉登大概都觉得自己是安全的，他逃过了两次战争，躲过了无数的飞机炸弹，最后，将自己从边远的阿富汗边境，搬到了巴基斯坦最富裕的城市之一——阿伯塔巴德。

就在与家人享受着豪宅和安逸生活的时候，他并不知道，美军最精锐的一支特种部队早已悄悄盯上他。

而这一次，他已无处可逃。

1、击毙本·拉登的经过

美国总统奥巴马说，首次了解到本·拉登踪迹的线索是在去年8月，上周时有关其下落的情报已经足够充足，在周日早些时候，他下令启动了此次袭击。奥巴马说，本·拉登的尸体现在在美国手中。一位高级政府官员说，本·拉登在交火中“头部中枪”身亡。此次突袭是由中央情报局领导的美国军事人员进行的。

这位神秘莫测的基地组织领袖是在距巴基斯坦首都伊斯兰堡约64公里处的阿伯塔巴德市一次有针对性的攻击中身亡的。一位美国高级政府官员说，此次行动是由一支乘坐直升机的小型突击队执行的。这位官员说，该突击队在本·拉登所在建筑处停留了不到40分钟。

除了本·拉登，另有三人也在此次突击中身亡。美国认为其中两人是信

使,还有一人是本·拉登成年的儿子。另有一名女子在被建筑内一名男子用作“盾牌”时被杀死。还有两名女子受伤。官员们说,本·拉登的尸体是由突击队确认的。这栋建筑内的家庭成员也明确确认这是本·拉登的尸体,从而给了美国周日宣布死讯的信心。DNA鉴定也正在进行中。

在突袭过程中,美国一架直升机因出现故障而下坠。一位高级政府官员说,这架飞机被机组人员和突击队毁掉,机组人员乘坐另一架直升机离开了这栋建筑。

袭击发生地的居民可汗说,美国和巴基斯坦突击队于当地时间凌晨1点10分登陆该地区并突袭了一栋房屋。他说,整个地区都受到了大规模爆炸的震动;一场大规模交火持续了半个多小时。安全部队已经封锁了该区域。

奥巴马说他在去年8月首次得知一条有关本·拉登藏身地的可能线索。他在周日晚间发表的全国讲话中说,这个线索远谈不上肯定,花了好几个月才得到落实。

奥巴马说,我们怀疑本·拉登藏身于隐蔽在巴基斯坦的一栋建筑中,随着我们手中相关信息的增多,我多次与我的国防安全团队会面讨论此事。

上周有了足够的情报来采取行动。上周五,奥巴马下令执行他所说的针对巴基斯坦阿伯塔巴德一栋建筑的军事行动。

周日下午3点50分,奥巴马首次得知本·拉登的尸体暂时得到确认。下午7点01分,他获悉这具尸体是本·拉登的“可能性很高”。

美国一位高级政府官员说,本·拉登“确实对突击队发起了反抗”,并在突击队进入建筑后的一次交火中被打死。另一名政府官员说,美国正在采取措施确保本·拉登的尸体“按照伊斯兰的惯例和传统进行处理”。

美国高级官员说,本·拉登被发现住在伊斯兰堡一个富裕郊区的一栋大型建筑内。一名官员说,在下令袭击时,官员们“高度有信心地认为这栋建筑内藏有一个极具价值的恐怖主义分子”。他说,“极大的可能性”是本·拉登在那里。

官员们说,多年来,美国中央情报局一直在搜集有关本·拉登核心集团人士的线索,逐渐重点注意到了一个最后成为此次行动关键人物的一个信

使。大约两年前,他们确定出了这名信使和他哥哥的活动区域,他们最终将美军引领到了这栋建筑。

美国在去年8月定位到了本·拉登的所在地。一位官员说,我们对所见到的震惊不已,称其为“极其独特的一栋建筑”。这使得他们相信这里可能是本·拉登的藏身之处。

这栋建筑的大小约为该区域其他房屋的8倍,配有1英尺多高的带刺铁丝网护栏和两个限制出入的保安闸等安全措施。

这栋建筑价值约100万美元,但没有电话或互联网服务,建于2005年。美国官员认为这是为本·拉登居住而建的。

而在这次击毙行动中起到了不可替代的作用的美军特种部队海豹突击队,也再度成为人们津津乐道的话题。

2、世界上最好的特种部队

“能够亲手击毙本·拉登是每一位美国海军海豹突击队(Navy SEAL)队员的梦想,”美国海军海豹突击队少校埃里克·格雷腾斯在为《华尔街日报》撰文中介绍道,“对于执行这项任务的绝大多数队员而言,为了这一战可谓十年磨一剑,他们和他们的家人都为此做出了巨大的个人牺牲。”

2011年5月的第一天,接到奥巴马总统命令后,24名突击队队员乘坐四架“黑鹰”直升机,突袭本·拉登在巴基斯坦藏身地。通过绳子降落到目标民房内,特种队员随即同拉登身边卫士发生枪战。

40分钟后,战斗结束,本·拉登因眼部中弹身亡,美军离开现场返回基地。整个过程中,没有一名美军官兵伤亡,这支击毙本·拉登的部队就是海豹六队,也被称为海军特种作战发展小组 (the Naval Special Warfare Development Group)。

据澳大利亚《悉尼先驱晨报》报道,2001年,为执行阿富汗和伊拉克战场的特别任务,海豹突击队从全部14支分队中精挑细选出一些尖子士兵,组成“海豹突击队第六分队”。

作为世界上最具震慑力的特种作战部队之一,海豹突击队,又称美军三栖突击队,其英文名字中的Seals是“Sea、Air、Land”即“海、空、陆”的简称,

“海豹”(SEAL)是别名。

事实上，海豹突击队正是由潜水员、空降兵和海军陆战队中选拔出来的佼佼者组成的特种部队，堪称真正的“三栖部队”，一个海豹队伍当中包含3个40人的工作单位，一个工作单位的核心包括狙击手、破坏者、通信员、航海工程师、医护兵、密接支援、领航员、主要载具驾驶、重型武器操作兵、机密地点开发人、空中作战士官、攀爬领导人、导航驾驶、审讯人员、爆炸物处理人员、技术监督。

“我们的队伍中，每个人都有自己职责与任务，不过，一旦有人拖了后腿，马上就有人可以补上，将剩余的工作顺利完成。”海豹队前成员霍华德·瓦斯丁回忆道。

目前现役的海豹部队则是分为8支队伍，包括第1、2、3、4、5、7、8、10队伍，这些队伍部署为海军特战分遣舰队，每一支队伍都可以任意在世界各地部署，每一支队伍都由一名海军中校(O−5)下令，每个队伍还有一些海豹部队作战排以及一个总部。

二、美国特种部队历史悠久

在美国，军队采取特别行动具有悠久的历史，早在独立战争之前就存在。那次战争中，每次行动之前，美军都派出特别行动小队，前往侦察敌人的薄弱环节。执行这些任务的，往往是一些具有特别能力的军人。

1952年4月10日，美国在布拉格基地成立了心理战中心，同时，正式建立了现代特别行动组织。值得注意的是，那时，从事心理战的部门并不是传统的军队机构，它最早是第二次世界大战期间由“疯狂的比尔·多纳”将军建立的。

20世纪50年代早期，特别行动部队再次开始活跃。1952年6月20日，陆军第10特别行动部队在布拉格基地成立。随后，1953年9月25日，又成立了第77特别行动部队(两个番号没有特定的意义和规律)。1957年，第1特别行动部队在冲绳成立，就在那一年，这支部队派出一支小队前往南越，在那里训练58名南越军人，由此开始了美国特种部队和越南共和国之间的长期联系。1961年9月21日，第5特别行动部队在布拉格基地成立，随后它移师越南，负责越南境内所有的特别行动。

关于特种部队的作用，最初的理念是，在传统战争中可以用它对敌人的正规军发动游击战。但是，越南的现实很快对这个理念做出了否定回答，在那里他们面对的敌人正是游击队，因此，特种部队不得不改变最初的战略设想。新的行动包括组建和训练地方民间防卫队(CIDG)，1961年到1965年，特种部队在越南建立了80多个民间防卫队。

在越南，美国特种部队扮演了几个不同的角色，有些角色至今不为世人所知。他们和越南军队有大量的秘密交易，与其他美军相比，他们与山地居民的来往十分密切。这些山民有的因为英勇行为或突出贡献被授予勋章，但大部分人只能默默无闻。他们与美军上级保持单线联系，这种联系往往十分脆弱，在行动中伴随他们的多是不信任和猜疑，对从事秘密活动的人来说，这是一个极其常见的问题，有的人在多年以后，才被发现是为美国特种部队工作的。

1971年4月，最后一名美国特种部队士兵离开了南越，同时，这也预示着美国特种部队在20世纪70年代进入了消沉时期。越战结束以后，美国特种部队受到许多责难，其他兵种对它缺乏信任，特种部队的军费开支被大幅削减。在这个时期，特种部队营救在伊朗的52名美国人质行动失败，这一事件，对美国的声誉是一个很大的打击，严重削弱了美国人民对政府的信心。1980年4月24日，就在当时的总统卡特和国防部长哈罗德·布朗正式批准停止"沙漠1号"行动计划的前几分钟，悲剧发生了，两架执行这一任务的直升机在空中撞毁，8名特种兵罹难。

"沙漠一号"的空难发生后，国防部成立了一个调查小组，小组由前海军参谋长阿德米诺·詹姆斯·哈罗威将军领导，哈罗威小组的报告呈交到国防部后，促使国防部成立了反恐特别行动小组，制定了特种部队的行动纲领。

"沙漠一号"灾难，使国防部下决心对特别行动部队进行改革。绰号"害羞的米勒"的陆军参谋长爱德华·米勒将军呼吁重振特种部队的雄风，尽管他的建议在当时没有形成共识。

1987年6月1日，特别行动部队司令部举行了庆祝成立大会。国防部长

执行任务的美军特种部队

助理威廉·塔夫特和安德迈·威廉·J·考文在庆祝大会上发表了讲话，这两个人当初对《努·考安修正案》的态度截然相反。在讲话中，安德迈·威廉建议林德塞将军的新司令部，与军队的主流保持一致，他说："在特种部队和其他部队之间，多多少少存在着一些隔阂，有些人希望这些隔阂变得更深，现在，我们首先是要打破它们，其次，要教育所有官兵，要使他们认识并理解到做什么、为什么要这样做和这样做的重要性。每一支部队都要竭尽全力，以提高美军的作战能力。"林德塞将军知道，鉴于国防部此前对建立特别行动部队司令部的态度，采纳这一建议将会是一个挑战。

特别行动部队司令部历任总司令，从1987年，从首任总司令林德塞将军开始，迄今已有7任总司令。后6任为：

詹姆斯·J·林德塞(1987年4月16日－1990年6月27日)

卡尔·W·史延纳(1990年6月27日－1993年5月20日)

华纳·A·唐宁(1993年5月20日－1996年2月29日)

亨利·H·萨通(1996年2月29日－1997年9月25日)

彼德·J·斯古梅克(1997年11月5日－2000年10月20日)

查尔斯·霍兰德(2000年11月至今)

每一任总司令在任期内都面临着不同的挑战和机遇。特别行动部队司令部自成立以来，国际局势发生了许多重大变化，前苏联解体、美军缩编、出现新的敌对国家、地区不稳定因素、大规模杀伤性武器数量增加等等，特种部队担负着越来越艰巨的任务，常规部队、美国驻各国大使和其它国家部门越来越多地使用特种部队。

按1987年《参谋首长联席会议手册》第71~81页所描述的，特别行动部队司令部的职责，是完成所担负的常规任务，在总统和国防部长的直接授权下，计划和领导特别行动。主要任务是：最后两项任务，"根据MFP－11财政计划，提出、落实预算计划"和"发展、实现特殊行动所需装备、材料、供给和服务保障"，使特别行动部队司令部比其他任何一个联合司令部都特殊，在承担责任的同时，它拥有相应的权力。国会赋予特种部队司令部异乎寻常的权威，它能够独立控制特种部队的结构、装备和资源。

特别行动部队司令部的结构，是首任总司令林德塞将军建立的，它沿用了典型的"联合首长"制。1988年6月，他对这一结构做了两处调整：J8(资源)首长负责执行MEP-11财政计划，增设J9首长，负责心理战和民间事务。

对司令部任务的陈述，涉及地理政治学的变化。随着前苏联的解体和地区不稳定因素的增加，对特种部队的能力提出了新的要求。为适应形势的发展，反映出特种部队大量参加维和与人道主义援助的新特点，1993年，唐宁将军修订了特种部队司令部的行动纲领："在和平时期和战时，随时有效地在世界范围内领导特别行动、民间事务和心理战行动，服务于地区作战司令、美国大使及所在国家军队和其他政府机构。"

特种部队的行动纲领中，还增加了反大规模杀伤性武器、信息战和控制冲突，加强了防御措施，增加了反恐怖主义的任务。为了更有效地使用特种部队，萨通将军继续对司令部的任务、目标和前景进行了修订。1996年10月，他对特种部队的行动纲领作了较小的变动："在和平时期和战时，为国家总指挥权、地区作战司令、美国驻各国大使，及所在国家军队提供特别行动部队，在世界范围内有效地领导特别行动、民间事务和心理战行动。"

1997年10月1日，萨通将军荣升参谋首长联席会议主席，新当选的总司令斯古梅克将军继续了对行动纲领的修订，他为特别行动部队提出了新目标："要成为世界上现存的最有能力、适应性最强的特别行动部队，立志拥有最卓越的官兵和最高的专业水准。"

尽管不断修订，行动纲领的本质是保持不变的。但对于司令部总部的结构，斯古梅克将军要大刀阔斧地进行改革。他的前任在机构改革方面已经作了一些尝试，如合并职能相似的部门、实现流线型办事程序和重组人力资源等。作为一个前下属部队的司令，斯古梅克将军认识到，司令部总部没有把工作的重心放在关键的部门，而那些被忽视的部门才是特种部队的核心所在。他大胆撤消了传统的"J-首长联席制"，将作战与后勤部门合并为5个"完美中心"，每个中心各由一名一般军官、高级军官或高级文职

执行官负责。重组保证了司令部总部的工作以战略作战为中心。J3和J5处合并为行动、计划和政策中心（SOOP）；作战模拟和准备处（J7）与计划和审计处合并为军事结构、准备、资源和战略评估中心；情报和信息行动中心（SOIO）包括命令、控制、通讯、计算机和资讯系统处（J6）、情报处（J2）和信息行动处（J3）；准备中心和后勤处组成了特别行动后勤采购中心（SOAL）；指挥服务中心包括人事处（J1）和特别参谋办公室。重组后的司令部总部确保各种资源的合理应用，使它能更好地为特种部队、地区总司令和美国驻各国大使服务。

要使特别行动部队司令部真正发挥作用，它下面要有所属部队，这是无可争议的。组建司令部的有关法律这样规定："除国防部长的指令外，所有驻扎在美国的现役和预备役特种部队，都接受特别行动部队司令部的领导。"当时的国防部长肯斯帕·温伯格签署了命令，确定了他下属的三个司令部和大部分部队：驻扎在佛罗里达赫尔伯特的第23航空军，总部设在加利福尼亚圣地亚哥的海军特别作战司令部，和驻扎在北卡罗来纳布拉格基地的陆军第一军。1987年8月14日，特别行动部队司令部成立之后，温伯格又签署命令成立了联合特别行动司令部，此后，它变成了特别行动部队司令部下属的一个部门。

划归到特别行动部队司令部时，第一军是负责美国陆军所有特别行动的部队。它的任务是准备、提供、支持陆军的特

◀ 历史悠久的美国特种部队

种部队，领导对外协助防御、非常规作战、特别情报、心理战、突击行动以及其他相关的特别行动。它的下属部队包括第一、第七和第十特别行动队，第四心理战队，第96民间事务部队，第75游骑兵团，第160特别行动航空大队，预备役部队的国防军部队以及约翰·肯尼迪特别作战中心。

但是，这些单位并非全部归属到特别行动部队司令部。温伯格部长保留了心理战和民间事务部队。1987年年初，国防部长办公室建议成立一个独立、级别低于特别行动部队司令部的联合司令部，专门负责心理战和民间事务。和其他特种部队的遭遇一样，在20世纪70年代和80年代，心理战和民间事务特种部队被大大削弱，因此，一些支持者担心，把这两个单位并于特别行动司令部，将不利于它的发展。林德塞将军反对这个计划，他认为，将其划归特别行动司令部，有利于保护特种部队的资产和资源，参谋长联席会议主席阿德迈·科隆同意他的意见。1987年10月15日，温伯格部长签署命令：包括现役部队和预备役，所有陆军、空军的心理战和民间事务特种部队，都划归特别行动司令部领导。

但是，温伯格部长的决定并没有完全解决心理战和民间事务部队的问题。在史廷纳将军的任期内，他解决了另一个有关这两支部队归属的长期存在的问题。国防军的领导人认为，这两支部队只有在战时才归特别行动部队司令部领导，而平时应归属国防军领导。史廷纳将军经过艰苦努力，促使国防部1993年3月通过了一项决议，正式明确了这两支部队的归属问题。这一决定确保特别行动部队司令部在和平时期同样有权力指挥和使用这两支部队，司令部全权负责它们的军费开支、训练、装备和组织。

1987年4月16日，海军创建了海军特别作战司令部，它的下属单位仅有海军特别作战中心（训练司令部）。海军第1特别作战队和第2特别作战队（海陆空三栖特种部队即海豹部队及特种艇部队）没有划归到特别行动部队司令部，因为海军方面认为这两个部门和下属部队分别属于太平洋和大西洋舰队，因此不可能划归特别行动部队司令部指挥。海军部长詹姆斯·韦伯和海军的高级将领们都认为，那样做的结果会使海军特战部队失去与舰队的密切联系。

林德塞将军坚持认为这些驻扎在美国本土的部队应该归特别行动部队司令部领导。他提出的理由是，海军特别行动部队与舰队的联系，不同于

它们与专业特别作战机构相联系，特种部队司令部能够更好地发挥这些部队的作用，因为它们可以和其他的特种部队协同作战。1987年10月23日，温伯格部长把天平倾向了特别行动部队司令部一边，他签署命令：从1988年3月1日起，海陆空三栖特种部队（海豹部队）、特种艇部队和海军特别作战部队全部移交给海军特别作战司令部，到1988年10月1日，这些部队由特种部队司令部全权负责。

空军第23军是一个很特别的组织，它承担着两个不同但相互联系的任务：它归军事空运司令部（MAC）领导，又作为特别行动部队司令部下属的空军单位。温伯格部长只把第23军的特别行动部及下属部队划归特别行动部队司令部，包括它的后备国防军和空军特别行动学校。第23军依然承担着MAC的一些任务（比如医药空运、营救、气象侦察及其他紧急空运任务）。林德塞将军希望所有的下属单位都是同级别的指挥部门，因此这种设置就带来了一些问题。

最初，特别行动部队司令部希望第23军只担负纯粹的特别行动任务，MAC同意这个要求。林德塞将军最关注的是：他调整改革第23军的计划必须通过MAC才能实施，目前的行政隶属关系，对建立国会所要求的指挥司令部是一个阻碍。他认为，解决的办法是将第23军升格为空军作战指挥部，空军参谋长兰瑞·威尔士同意了这个方案。1990年5月22日，空军第23军成为空军特别行动司令部（AFSOC）。军费预算和项目发展，对国会和林德塞将军来说，MFP-11财政计划意味着特种部队在军费预算上拥有特权。尽管《努·考安修正案》所催生的MFP-11财政计划是专门针对特种部队的军费预算，但对法律条文可以有不同的解释，国防部的一些办公室认为，新的司令部不应该有自己的计划项目备忘录。林德塞将军和其他一些人持相反的意见，经过艰苦的努力，司令部终于争得了做预算和计划项目备忘录的权力。但争论一直在继续，直到1988年9月，参议员努·考安对国会的意图作了阐述：法律明确表明，特别行动部队司令部司令有权单独制定项目计划备忘录。同月，国会颁布了《公共法100-456》，明确规定特别行动部队司令部总司令直接向国防部长提交计划项目备忘录。

1989年1月24日，国防部长助理威廉·达福特签署备忘录，使特别行动部队司令部拥有基于MFP-11的预算权。随后，1990年10月1日，国防部长办

公室将MFP－11的选择权授予特别行动部队司令部。1991年10月，又授予其对MFP－11的全部权力。至此，在美军历史上，一个兵种的总司令首次有权作出军费预算和计划项目备忘录。

为了作出全部所属特种部队的预算和项目计划备忘录，司令部要建立一套项目计划和预算的系统。即使有国会的授权，司令部发现要运行MFP－11非常困难。因为参谋力量不足，为完成这些任务，司令部采取了一些有效措施。1989年，空军完成、提交了第一份备忘录。1990年10月，根据达福特的指示，司令部开始执行预算权。1991年，司令部开始全面负责实施计划项目备忘录，司令部能够自主地根据特种部队的任务要求和发展需要，来制定计划项目备忘录并予以实施。MFP－11的建立，使司令部能自行决定如何在特别行动的要求和计划方案之间寻找平衡点。

为了最有效地分配司令部的资源，唐宁将军建立了《战略计划步骤》，在萨通将军和斯古梅克将军的任期内，依然沿用这个分配资源的先后顺序。随后，由于资金越来越有限，司令部必须作出重大的调整，使有限资源发挥最大的效益。

装备精良的美特种部队成员

首先，由于资金短缺，斯古梅克将军将司令部机关与其下属单位合并，这样做的结果，保证了特种部队总司令和下属部队司令（被称为“董事会”）共同决定资源的优先使用权在下属司令部执行的过程中不会发生改变。其次，由总司令主管资源分配能确保实施过程中的“忠诚度”，军事结构、准备、资源和战略评估中心制定了专门的程序，以监

控预算是否按“董事会”的决定实施的。通过这些措施，斯古梅克将军确保把资金用在最需要的地方。

前些时，新上任的美国特种作战指挥部指挥官霍兰德已正式向五角大楼提出，将4 700人的特种作战部队增加9 000人，在2004年10月1日开始的5年期间，他需要230亿美元的额外经费。霍兰德的要求表明美国特种部队将向“特工化转型”，肩负在全球范围内执行打击“基地”和其他恐怖组织的重任。

五角大楼目前正在核定2004至2009会计年度的预算，预定12月送交白宫。美国特种作战指挥部目前的年度预算是49亿美元，占五角大楼预算的1.3%。霍兰德提出增加兵员数目的比例远远高于其他军种。他增加230亿美元预算的要求，将使特种作战指挥部经费在5年期间每年增加46亿美元。这几乎比目前的正常经费多出一倍。

美军在阿富汗进行反恐战争后，虽然推翻了塔利班政权，但并没有消灭“基地”组织。10个月已经过去了，逮捕“基地”分子的行动越来越困难。“基地” 分子还和塔利班残余分子相互勾结，在阿富汗制造了大量恐怖事件。在世界各地，“基地”组织也在频繁活动，仅在“9·11”一周年前夕，美国情报机构就接获了上千条恐怖活动警告，迫使美国政府把警戒等级从“黄色”提高到“橙色”。这使美国“大当家的”非常懊恼。美国国防部长拉姆斯菲尔德也不满意区域指挥官的表现，认为各地抓获的恐怖分子无论从质量或数量都不尽人意，他归咎于各军种各部门“指挥不当，协调不力”。

由于下一阶段的反恐战将会既激烈但也更加隐蔽，美国高层多次商讨是否把全球打击恐怖主义战争的指挥权，大部分划归特种作战指挥部。

拉姆斯菲尔德和特种部队指挥官霍兰德将军会晤，商讨如何加速逮捕或歼灭“基地”组织恐怖分子。当时，五角大楼力图低调处理这次会见，称这是一次“例行会晤”，就像拉姆斯菲尔德与其他高级将领类似会谈一样。实际上，在这次会见中拉姆斯菲尔德已向霍兰德吐露了他的想法。

9月上旬，拉姆斯菲尔德和美国军方其他区域指挥官在波林空军基地召开会议，专门讨论特种部队职责转移事宜。据悉，拉氏和特种作战部队高级指挥官都对这一改变“非常热衷”。这些高级军官认为，特种作战指挥部真正有了指挥权后，将在世界各地的反恐行动中大显身手。

▲“黑鹰”直升机，主要用于为进行地面或海上中远距渗透、撤离和补给的特种部队提供支援。

指挥权改变后，美国中央指挥部指挥官弗兰克斯仍继续负责阿富汗的所有军事行动，弗兰克斯也指挥了对伊拉克发动的战争。而在巴基斯坦境内的特种作战部队指挥权移交给特种作战指挥部。

反恐战打响以来，美国特种部队承受了极大的压力。按照常规，特种作战指挥部一般将部署海外进行战斗，与留在国内接受训练和休息待命的部队维持在一半对一半的比例。为了完成反恐任务，特种作战部队已降低这一比例，2/3的人员已被派往海外。陆军的“三角洲突击队”和海军的“海豹六组”，都已在阿富汗战争中扮演了极其重要的角色。

除阿富汗外，美国特种部队在巴基斯坦、格鲁吉亚、也门、非洲和菲律宾等地都有部署，承担追捕和铲除本·拉丹的“基地”组织，以及其他恐怖分子的战斗。如此长的战线，已使他们显得人力单薄。国防部官员指出，特种作战部队最紧缺的是前线指挥员、通信专家和外语人才。

美国历届政府都将特种部队和中央情报局(CIA)的任务明确分工，国会还设有监督机构。如今，五角大楼要求特种部队指挥部派遣精锐反恐部队“破坏和摧毁敌人资源”，甚至最终实现美军特种部队能够在那些“尚未与美国直接交战的国家”中更深入地参与长期性秘密行动。在有些情况下，美军特种部队将在“根本不通知当地政府”的情况下，独立开展“秘密剿匪

活动”。

此外,尽管由于反恐战要求各部门通力合作,特种部队和CIA之间的界限已逐渐模糊。虽然中央情报局长特内特宣称,自己不反对特种部队执行秘密任务的决定,但美军特种部队最终会执行传统上由CIA执行的任务。

三、特种杀手

美国媒体援引美国和巴基斯坦官员的话说,美国的特种部队已经进驻阿富汗邻近国家,展开捉拿及暗杀国际恐怖分子本·拉丹的行动,英国、法国和德国也派出特种部队与美军协同作战。在海湾战争和科索沃战争中,美国和盟国空军风头出尽,但这次围剿本·拉丹,由于阿富汗地形特殊,特种部队将派上大用场。

围剿拉登的任务是艰巨、危险及广泛的,因此,美国精英特种部队将悉数参与,包括陆军绿色贝雷帽部队和海军海豹部队,英国、法国和德国也均会出动特种部队助阵。特种部队将以三至五人为一个小组,潜入阿富汗山区后,随即展开行动。

特种部队是世界一些国家军队中,担负破袭敌方重要的政治、经济、军事目标和其他特殊任务的部队。一般由最高军事指挥机关直接指挥和领导,少数国家由国防部或军种领导。其主要任务是:袭扰破坏、暗杀绑架、敌后侦察、窃取情报、心战宣传、特种警卫,以及反颠覆、反特工、反偷袭和反劫持等。

这些部队装备精良,素质优秀,“能随时执行源自于国家安全战略的许多任务”,因此被誉为军队大家族的“精英”。科索沃战争中美军一架F—117A隐形战斗机“折戟沉沙”,而被击落的飞行员落地仅六个小时便逃之夭夭,营救他们的就是美军的一支特种部队。军事专家指出,美国派特种部队围剿本·拉丹是最明智的选择。

1.“绿色贝雷帽”深入敌后

“绿色贝雷帽”是美国陆军中一支规模最大的特种部队,也是最受美国

总统宠爱的一支部队，成立于1952年6月19日，主要由游骑兵与二战后的退役军人组成。他们的主要任务是以陆、海、空的方式深入敌后，并汇聚足以进行特战的游击、反抗潜在势力。其重点在于游击战。

1952年底，美国第一支特种部队被送往韩国战场。肯尼迪总统走访特种部队诞生地布拉格堡，并对所见的一切感到相当满意。因此，他满足了特种部队队员们长久以来的心愿——将绿色贝雷帽作为制式的服装。

这支部队装备有各种步兵武器和运输直升机，拥有十分先进的通信器材，包括卫星通信和通信距离达2 000英里的轻型通信装备。由于这支部队担负的任务特殊，因而，对人员素质的要求非常严格。官兵个人作战技能高超，能在30秒钟内打倒敌人。别动队员会讲多种语言，全部了解东西方和第三世界生产的各种新旧武器，每人能操作85种左右。他们都是步兵战术的专家，精于伏击、诱拐、暗杀、爆破等，并具有在敌占区和恶劣条件下生存的能力。不论在世界上任何一个地方，任何环境下，都能够进行空降、潜水，从事山地战、丛林战、沙漠战、滑雪战和游击战等特种作战。

▲ 美国特种部队士兵乘坐直升机飞抵阿富汗一沙漠地带

海湾战争中，“绿色贝雷帽”被配属到多国部队的营一级单位，为其提供必要的训练和关键的通信联络，组织协调战术作战，在“沙漠盾牌”和“沙漠风暴”行动中发挥了特殊的作用。

2.“海豹部队”陆上作战

海豹部队是美国精锐两栖作战部队，极受其他特种战斗单位的敬重。

海豹部队在亚洲的显赫战斗纪录，使他们免于在东南亚撤兵后，遭受与美国陆军特种部队相同的折磨。在20世纪80年代中期时，仍然有37个排的海豹部队，所有单位皆能独立行动，到1990年，其数量已达50个排。

海湾战争期间，海豹小组在伊拉克和科威特境内的沙漠中，乘快速攻击车辆以每小时129公里的高速巡回。这些价值5万美元的沙丘4轮车是采用越野竞赛车改装而成，装备M60机关枪、M1940mm榴弹发射器和AT-4反坦克火箭，它们是海豹小组的武器中值得一看的附加物。海豹小组的FAV是盟军第一批进入科威特市的军事车辆。

3.“三角洲部队”奇兵天降

三角洲特种部队是美空军特种部队的精锐，它担负着远距离侦察、战斗中的救援行动，以及对陆军特种部队提供空中支援等任务。“三角洲”特种部队平时突出跳伞训练，所有队员都具备特技跳伞技能，在空中可以进行漂亮的编队“游泳”，高空跳伞能降到地面一个硬币大小的目标上。

海湾战争一开始，“三角洲”特种部队就遂行直接战斗行动，他们的MH-53J直升机，越过边界进入伊拉克领空，引导摧毁了伊拉克的主要雷达，为多国部队飞机攻击伊拉克西部的重要目标开辟了一条10公里宽的空中走廊，协助拉开了空中战役的序幕。在整个海湾战争期间，多国部队总共有35架飞机被击落，有64名飞行员被俘，空军特种部队执行了七次战斗搜索和救援任务，次次顺利得手。

四、入选的条件和集训

美特种部队是由美国公民在自愿的基础之上组成的。只有拥有中士或上士军衔的男性军人才能成为特种部队的志愿兵。必要条件包括：必须同意可超期服役，在最后一次服役期间没有前科，在军队服役不能少于两年、受教育年限不能低于12年学制的中学水平，有权接触秘密文件，应具有高智商系数。候选者还须经过体能测试：应着军装和皮靴在水中不记时游50米，两分钟之内俯卧撑52次，仰卧起坐62次，着运动装在14分54秒内跑完3.2

公里。每个项目之间的间隔是2至10分钟。

志愿兵的测验是在三周内进行。在此期间，要测试他们的道德心理素质和智商水平。随后两周里，志愿兵们将成为"游击队的俘虏"，进行敌营内生存训练。通过所有考验的志愿兵可进入特种部队学校进修班学习。这时，他们要签订专门合同，表明他们为完成战斗任务，随时准备在地球的任何角落乘降落伞着陆。

1.特种兵的训练

美国特种部队为培养各个专业的军人，特开设了各类训练班，如侦察员训练班、射击武器训练班、重型武器训练班、工兵训练班、电子通讯和医务专家训练班。除了掌握基本专业外，学员们还可根据自己的愿望进行补充训练，以获得相应职称，如特种部队跳伞健将和一级潜水员等。此外，他们还可参加以下训练班：别动队员班、外语班、生存班、空军瞄准手和调度班、海军陆战队狙击手班、热带森林作战班，及北约其他国家的各种训练班。所有学员必须先接受特种部队基础训练。训练分两个阶段进行：第一阶段是基础训练，为期13周。第二阶段为5周，单兵训练提高班三周，小分队训练两周。然后就是训练提高班，为期12周。

特种兵的空降训练分别在两个学校里进行。一个是在布莱格堡，另一个是在杰文斯堡。空降兵必须掌握秘密潜入敌国领土的两种跳伞方式：第一种是从8 000米高空跳伞，降至300米时打开伞的慢速跳伞。第二种是在同一高度跳伞，使用翼伞在方圆10到12公里区域内降落。这些跳伞方式的特点均适用于12个人在夜间条件下着陆。

▲ 特种兵的精良装备

为执行特殊任务，美国特种部队还培养专业潜水员。训练是在加利福尼亚州的卡罗纳

多,为期3周。欲参加这个班的人必须通过体能测试。学员们要掌握各种水下呼吸装置的构造,在大海里参加白天和夜间的潜水练习,掌握从鱼雷发射口出去和返回的技能。小分队的成员或是游泳和潜水员高手,或是跳伞健将,其目的是运用各种手段向敌后方渗透。

在通过一般教学大纲之后,学员应掌握两到三种特种部队所需军事专业技能。每修完一门专业,他们就被派到小分队,在实践中巩固所学知识和技能。此后,学员们可申请到培训中心去学习另一门专业或参加其他辅助性培训班。

特种部队的军官(一般是中尉)都要经过13周的各种培训班的学习。培训大纲的内容包括:研究特别行动的策略,武器和技术装备的构造及使用方法,秘密潜入和撤出敌国领土的手段,装备特种小分队的手段、保卫友好国家安全特别行动的计划与实施,对当地居民和敌军开展心理战的计划与实施,军事工程训练和通讯训练。

美陆军特种营的军事训练完全按照强化训练大纲进行,专门委员会每一季度检查一次战斗力水平。特种营军人要完成训练大纲的要求包括:着军装、不带武器弹药游泳50米、携带25公斤重的武器弹药在12公里直径范围内昼夜确定方位、用M16A2型步枪和M9型手枪射击并要求准确命中率。随后,每一个军人要通过考试,完成常规军所要求的18项专业技能的测验和9项特种部队培训大纲的任务。

▲ *海豹突击队徽章*

特种部队军事训练中的一项重要内容是每年要在特种部队小分队进行一个月的实战演习。他们可在美国本土进行实习,也可在小分队未来分管国家或地区进行实习。

在为期30昼夜的学习训练阶段,部分小分队成员要着便装来到军事行动地区,通过海关和边防检查。此时小分队要接受以下任务:详细研究他们将实施行动地区的地形地貌;寻找基本和备用的接收与空降的场地;秘密

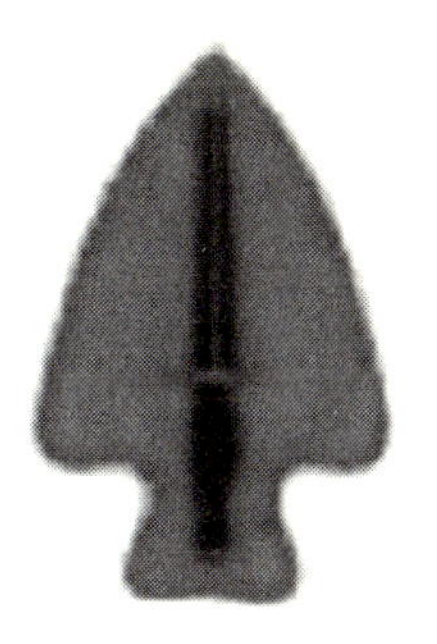

▲ 三角洲部队徽章

隐藏武器弹药、粮食、补给；研究进行破坏活动的目标和接近这些目标和保卫系统；确定所有进入和撤出攻击目标的路线以及改变自己营地的方法；寻找当地的同谋者，与当地居民建立友好关系，秘密租房（房主不应知道租房目的）努力结识协助实施破坏目标工作的人员，发展当地能够提供情报的人员，解决交通问题。

一般来说，一支训练有素的小分队要完成以上任务需三周时间。军人们要学习乔装打扮成生物学家、地质学家和鸟类学家的样子，只有这样，他们才能在所在地区自由行动。

小分队还应该利用谍报人员和同谋者进行策略侦察（弄清楚所在地区敌军的番号、他们的战斗任务和状况）、医学侦察和工程侦察（搜集该地区设施有关情报，自然和气候条件，当地居民的信仰与习惯，地区之间和宗教团体之间的矛盾）。

2.海豹突击队模式

美国海军“海豹”特种部队的雏形出现在1942年，当时还只是“海军爆破部队”，负责登陆攻坚战。经历第二次世界大战的烽火后（包括诺曼底登陆作战），20世纪60~70年代政治格局的变化，地区性冲突加剧，使得美国海军于1962年正式成立了“海豹”特种部队以应付紧急事件。

海豹六队刚开始的战绩不佳。1983年美军入侵格林纳达，海豹特种部队亦奉命前往参战，海豹六队的一个排负责对格林纳达西南方的机场进行侦察，可空降时因为装备过重，加上海情异常恶劣，三名队员跳伞后直沉海底，整个任务差点失败。

真正令海豹六队扬名天下的是，强弱不成比例的海湾战争，1991年2月24日沙漠风暴行动前一天凌晨，六名队员渗入科威特海岸，装设了大量炸药。在引爆炸药的同时，海豹队员对岸上不停地以各种轻、重型武器射击，制造两栖登陆假象，诱使伊拉克军从边境调来最精锐的两个共和国卫队师，从而大大减轻了联军地面部队的前进阻力。

由于海豹六队出身于海军陆战队，虽然是三栖特种部队，在装备上更偏重海军，而且海豹特种部队的特长就是能游泳，各种水面、水下科目之多也是他人不可比拟的。

海豹特击队为世界上最具规模也是名声最高的三栖特战部队，而其严格训练亦不是其他一般国家特种部队所能相比的。海豹特击队的前身为海军作战爆破队，这支部队成员来自海军工兵部队，及海军陆战队侦察特击队的志愿人员。队员的甄选与训练由卡库曼将军担任，并于1942年5月在佛罗里达州进行基础爆破及两栖侦查训练。训练内容主要为对可能进攻的海岸军事目标进行侦察，并使用炸弹排除军事障碍物，使进攻主力部队能够顺利执行登陆进攻任务。而海军作战爆破队的作战模式亦成为现今海豹特击队的作战基础。

海军作战爆破队，每队为6名士兵及1名军官组成。在二次大战期间参与多项登陆任务。至完成诺曼底登陆后，海军作战爆破队参与太平洋战事，并同时改名为水中爆破队。二次结束后水中爆破队也立即被解散。

1947年美国重新编制海军水中爆破队，将第二次世界大战时的6名士

热带丛林训练

兵及1名军官小队，扩展为每队120名士兵与8名军官。并在基础训练中加入更多的两栖作战、渗透侦察作战等新元素训练项目。

直到1950年9月朝鲜战争爆发，水中爆破队又组成并参与战事。在仁川登陆作战中，水中爆破队不只是海岸侦察及障碍物清除，而是深入仁川海岸内的桥梁、铁路、公路等主要军事目标进行清除敌人的任务。在整个朝鲜战争中水中爆破队的任务范围，比二次大战时的更多元化，他们更是首队使用直升机进行，包括水面跳伞、急降垂绳、天钩及渗入朝鲜境内进行护送间谍等多项特殊任务的部队。

在朝鲜战争时期(美苏冷战期间)各军事策略专家认为，世界将会发生局部战争的可能性比大规模战争的大。至1961年美国总统约翰·金乃迪认为有必要成立一支特种部队，以执行对抗这类非常规战争。而海豹特击队就因此而成立。

海豹特击队正式成立于1962年1月1日，由美国总统约翰·金乃迪直接负责，分为海豹一队和二队，在太平洋舰队和大西洋舰队执行任务，初期执行海上非常规作战、反游击战和秘密渗透任务等。第1特战群现在所有的海豹特击队均隶属于海军特种作战司令部。下辖的第1特战群、第2特战群和海军特战发展群，目前编制上大约2 000人。

第一特战群

驻守加州圣地亚哥的科罗拉多海军基地下辖的特战指挥中心，包括：特击队总部、海豹1队、海豹3队、海豹5队与海豹第一SDV队和第一特种小艇中队。

第二特战群

海豹一队负责东南亚地区；

海豹二队负责欧洲地区；

海豹三队负责中东地区；

海豹四队负责中南美洲地区；

海豹五队负责东北亚地区；

海豹八队负责非洲地区。

海豹特击队负责执行全球各地域的海军特战任务。为适应在全球各地

可能随时有任务执行的情况，每队海豹特击队都能够在24小时内部署到他们管辖的地域。

要成为海豹特击队前，参加者必须为海军官兵，男性28岁以下，要求视力单眼差别为20/40~20/70，不能色盲。基本笔试合格获得高分及需要通过基本体能测试及游泳体能测试：

两分钟内完成42个掌上压；

两分钟内完成50个仰卧起坐，8个引体上升；

穿上战斗服在11分30秒完成1.5公里跑步；

12分30秒内游500码，蛙式及侧泳。

▲ 训练中的美国“海豹”突击队

合格后的海军官兵可成为初期海豹特击队学员，并派往海军特战中心，进行共29周的基础水中爆破及三栖训练，训练的主要目的在于令学员的体能及心智皆符合作为海豹特遣队成员的标准。训练过程中，对学员的要求会不断提高，令学员在高度压力底下把个人的体能及坚忍精神发挥至极限，并且从中学习团队合作的重要。整个训练过程中，受到淘汰或自愿放弃的比率高达70%，内容分为4个阶段。

基础水中训练有一个传统：在训练中心的门前有一个雾钟，受不了严格训练的学员只要敲三下这个钟便可以退出训练，大家都把这个钟称为“Mr.Bell”。

基础水中爆破训练

第一阶段：

第一阶段为期9周，包括体能训练（PT Physical Training）、障碍训练（O

Course Obstacle Course)、地狱周(Hell Week)、水中侦察训练(Hydrgraphic Reconnaisances)。整个训练课程以七个人为一班的编制进行，每一个班会被分派到一艘橡皮艇，这艘橡皮艇将会陪伴他们渡过整个BUD/S基础训练完结。

陆上体能训练期为6周，海上体能训练期为3周。学员大部分时间都进行不停的长跑、基本体能运动，穿越绳网、木板、铁丝网阵等各式各样的障碍物，在沙滩上做翻滚动作，在冰冷的海中游泳与潜泳，水中上落橡皮艇、划艇、海岸渗透侦察和水中求生训练等。其中第五周称为"地狱周"训练，学员们整个为期5天的体能测试中，将会不断进行各项体能活动，学员每天平均只能睡20分钟，经过3至4天不眠不休的体力消耗后，教官会叫学员好好的坐下，写一编"我为何要成为海豹特遣队的一员！"的文章。最后一项被海豹队员称为"环球大巡航"的橡皮艇航程训练，学员们托着橡皮艇跑到基地大门前，通过大门再跑到2公里外的沼泽地，在那里下水划过诺福克港区，再沿着渡轮的航道划向港外的查沙毕克湾，划到指定距离后，再顺着水流的方向划向圣地亚哥的滩头，抢滩后再顶起橡皮艇从沙滩跑回基地，这样连划带跑，总共16海里的航程加上约5公里的路程，完成后方可通过"地狱周"的训炼，绝大部分被淘汰或放弃的学员都是受不了"地狱周"的严格考验。通过"地狱周"的考验后，学员便会接受水中爆破训练及水中求生训练(Drown-proofing)，学员会被绑着手和脚，在泳池中不断进行水中活动，在这个阶段中，学员会被分为2人一小组的"游泳拍档"，此后的整个训练过程中，都是以这个形式进行的，这样做的目的在于培养队员间的团队精神及互相信任。水中侦察训练并非只在水中进行，还包括了岸边的地区。

第二阶段：

为期7周的第二阶段训练，训练包括徒手潜水，使用水下呼吸器(scuba)、无气泡式水下呼吸器(Dareger)、战斗导航板(Attack Board)水中导航技巧。并且利用停泊于港中的各种军舰作为训练目标，实习水中渗透，成为一个真正的战斗蛙人。

第三阶段：

学员会在圣玛斯岛接受为期10周的第三阶段的训练，内容包括爆破、

侦察、陆上作战、小队战术、各种武器操作、游绳攀降、夜间战斗、长程侦察及巡逻、收集情报、传统及电子通讯技巧、直升机渗透及撤退技巧；学员亦会学习如何利用爆药清理滩头，好让后续部队登陆的技巧。前5周为理论及基础课程，最后4周会进行各种技巧的综合训练和实习。最后的5天学员要根据教官的指示完成各项实习任务，其中一项名为"求生、躲避、拯救及逃脱训练"，学员在模拟实战的环境，完成教官指示的任务。

学员完成BUD/S后，必须再进入海豹特击队或海豹运输载具(SVD)部队实习六个月包括：

10周海豹运输载具基本操作程序课程；

9周海豹运输载具基本保养、维修课程；

6周特战快艇(SWCC)作战技巧课程；

2周海军特战司令部制定的特战技巧课程；

3周潜水用具基本操作、保养、维修课程；

3周海岸作战技巧(MAROPS)课程；

2周水底爆破技巧课程；

3周伞具基本操作、保养、维修课程；

3周日间、夜间、HALO跳伞训练课程。

合格后，学员将获颁发海豹特击队三叉徽章，成为海豹特击队队员。

但事实上，海豹特击队平时就是不断训练再训练，以确保全部队员能保持在最佳状态。其主要训练为特战技巧、特殊地形跳伞、海豹战术训练(STT)、反恐怖训练(CT)、水中特战运输载具操作、另外负责狙击手任务的队员，还需要接受4星期学习武装训练与精确射击课程。

3.三角洲特种部队模式

三角洲部队号称美军中最神秘的特战部队，也是美军中精锐的反恐部队，但三角洲部队从未被美国军方所承认的一支特战部队。三角洲部队前身可以说是一支在美陆军中临时组成的蓝光反恐特战部队。这支部队成员约有40人，成员主要为美军第五特种作战群。其后三角洲部队组成，蓝光反恐特战部队也解散。

1977年10月13日在索马里发生的摩加迪沙恐怖分子劫持德航事件中，

使美国认为政府有必要成立一支反恐部队，而委任成立三角洲部队的贝克威兹军官是60年代英国皇家特种空勤队（SAS）成员，三角洲部队的入伍测试，亦以英国皇家特种空勤队（SAS）的入伍测试作蓝本。在1977年11月正式定名为三角洲部队。而三角洲部队的入伍测试持续到1978年5月完成初期的入伍测试。当时共73名学员入选，其后进行19周的基本技术训练。三角洲部队驻防位于北卡罗来纳州的布格堡，此地称为围场（The Ranch），主要训练中心在莫特湖（Mott Lake）。

要成为三角洲队员前，参加者必须为特战部队成员，要求视力单眼差别为20/40~20/70，不能色盲。参加者必须通过长达30天的基本体能测试及面试测试，此入选试称为信心课程。内容包括：

1分钟内完成37次仰卧起坐；

1分钟内完成33掌上压；

▶分派到一艘橡皮艇上训练的7人小组

12分钟内完成2公里跑步；

全副装备进行100公尺游泳；

20小时内完成40英哩定向测试；

18英里负重越野行军。

此时将有75%参加者被淘汰。余下参加者进行心理评估及面试，内容主要为日常作战技巧及突发问题处理。

19周的基本技术训练内容包括：

战斗射击、爆破技术、徒手格斗、侦察技巧、室内近战、狙击技巧、高速行驶……

三角洲部队的架构也参考英国皇家特种空勤队(SAS)的规格，营下分成四个连。现时三角洲部队(DELTA FORCE)与其他部门：CIA、FBI、NSA等直接联系有关世界各地恐布分子的资料、名单及有关行动。

五、特种兵的装备与徽章

特种部队的装备基本为美国造，但由于特种部队的行动通常为8人一班，两个火力小组，所以，单兵的装备不尽相同。尖兵一般会使用M16系列步枪或Benelli M4散弹枪。队长一般使用小巧型的M16，配备曳光弹而不是一般子弹，负责指示射击方向。步枪手使用M16、M14、M4A1步枪或MP5冲锋枪（现在知道为什么CS里会有B43-M4A1了吧），M60E3机枪是专为海豹研发的，使用7.62mm口径的子弹，用来提供“面积”火力。结构十分简单的M203榴弹投掷系统也被海豹广泛采用，它使用40mm的榴弹，能够提供很好的间接支援火力，配合不同弹头有不同的火力效果，即使装甲车辆亦可摧毁。

美国特种部队的特点还表现在军服的式样和徽章的区别。在美国武装力量中，特种兵头戴“灯塔”标志的贝雷帽，特种部队分队的番号不同，其贝雷帽的颜色也不同。据统计，一共有32种“灯塔”标志，分别代表着特种部队不同的小分队、个别连队和独立分队。

美国特种部队中以箭与匕首交叉的“灯塔”图案贝雷帽格外引人注目，图案还用拉丁字母“从压迫中解放出来”组成。军人左肩上是用英语“特种部队”和“空降兵”写成的肩章。毕业于别动队训练班的军人在胸章上的“特别行动部队”和“空降兵”字之间还有特殊符号。美特种部队军服的标志是绣有蓝色矛与盾的肩章，一般都缝制在左肩上。在盾牌上绣着一个黄色的矛，下面是闪电图案，具有可在海、陆、空实施行动的寓意。图案上还绣有拉丁文“无敌”字样。此外，每个特种兵小分队还都有自己的徽章和座右铭。比

如，第10分队的徽章是特洛伊木马，下面是带有轮子和翅膀的图案，标志着该分队成员经过了空降训练。美国五角大楼已将特种部队列入战略部队序列，并准备赋予其特殊地位。

海豹特种部队的队徽是一只老鹰两爪各抓着一支枪及鱼叉和海锚所组成。海锚代表美国海军；老鹰则代表美国精神；枪象征着捍卫美国的意思；鱼叉则是海豹蛙人引以为豪的海战技能。由于队徽很像"百威"牌啤酒的标志，所以被戏称为"百威徽章"。每位通过严格训练的海豹队员，都会将胸前的队徽视为毕生最高的荣誉。

六、反恐、实战案例

1.兴都库什山脉的"山姆鹰"

自"9·11"事件发生后，一支神秘的美军部队就一直配合阿富汗的北方联盟，对塔利班大打出手。它在阿富汗的崇山峻岭中攻城略地，进退自如，曾经一度将美国人认为的恐怖大亨本·拉丹的藏身之处，锁定在很小的范围内。与此同时，它的影子也频繁出现在世界各大媒体上，成为美军出击阿富汗的一记重拳。这是一支什么部队呢？它就是有着丰富山地作战经验的美军第10山地师，它为美军彻底赢得了新世纪的第一场战争。

▲伪装神秘的特战队员

2001年11月14日的一个暗夜里，山地师的特种作战人员秘密潜入了阿富汗。他们不但携带了技术含量很高的引导器材，还通过遥控指挥着几架非常先进的"捕食者"无人侦察机。不久，他们就发现了塔利班和基地组织正在一个旅馆活动，并迅速将信息传递到了美国本土作战指挥中心，紧接

着在喀布尔地区上空盘旋的3架F-15战斗机在接到指令后，毫不留情地向该旅馆倾泻了大量的导弹，该旅馆建筑物瞬间化为灰烬，基地组织有多名领导人在这次袭击中丧生。

逮捕或击毙以本·拉丹为首的恐怖分子和塔利班的领导人奥马尔，曾一度是美军对阿富汗动武的主要目的之一。恐怖分子经常藏在洞穴，行动诡秘，昼伏夜出，而且戒备森严，一般的侦察手段很难获得其藏身的具体情报。开战后，山地师的人员一方面与反塔联盟部队紧密配合，在他们的控制地区内展开了“地毯式”的搜捕行动；另一方面，他们对塔利班撤走时留下的房屋进行了详细检查，发现了大量有价值的情报。他们还协助反塔联盟士兵盘查过往车辆，封锁道路和边境，防止塔利班领导人和本·拉丹化装潜逃，最终将本·拉丹可能的藏身之处，锁定在阿富汗东南部一个方圆30公里的区域内。当时，这一区域被戏称为“拉登的生存空间”。

鉴于美军第10山地师在阿富汗的精彩表演，它被世界舆论称为，盘旋在兴都库什山脉的“山姆鹰”。

2.“沙漠风暴”行动

1990年8月2日，科威特时间凌晨一时，伊拉克共和国卫队10万大军在几百辆坦克、装甲战车的配合下，趁着夜色闪电般地突进了科威特，由此，引发了举世瞩目的海湾战争。

伊拉克入侵科威特后，以美国为首的西方国家迅速作出了反应。从8月7日开始，美军在海湾地区进行了有史以来机动距离最远、所用时间最短、运动速度最快的作战力量聚集和调动。到了10月，美国组织了一支有44个国家参加的多国部队。人数最多时达75万多人。

尽管有这么多的人员和大量先进装备，多国部队总司令施瓦茨科普夫将军仍忐忑不安。他知道，伊拉克总统萨达姆手中有一个“杀手锏”——“飞毛腿”导弹。

“飞毛腿”导弹的射程为50~300公里，命中精度为300米，从瞄准到发射大约需要7分钟，它是前苏联研制的地对地战术弹道导弹。最让施瓦茨科普夫担心的是“飞毛腿”导弹能够安装核弹头和化学弹头。萨达姆曾扬言，要用装上特殊弹头的“飞毛腿”教训一下“入侵者”。

▲ *M4A1步枪已经大量装备美国特种部队*

伊拉克的“飞毛腿”与前苏联的“飞毛腿”有所不同。伊拉克从前苏联进口大量的“飞毛腿”后，在萨达姆的授意下进行了改装，主要是增大了“飞毛腿”的射程。改装后的“飞毛腿”射程增加了一倍多，由原来的300公里增加到了640公里。

假如一枚装有化学弹头的“飞毛腿”导弹，在多国部队的驻地爆炸，那将使战争变得十分复杂。施瓦茨科普夫不愿看到这样的事情发生。可是，怎样才能知道伊拉克的“飞毛腿”是否安装了化学弹头或核弹头呢？眼下，最好，也是惟一的办法就是派特种部队深入伊拉克境内探究虚实。

当布兰特中校听说施瓦茨科普夫要召见他时，心中已明白了几分。可是，当施瓦茨科普夫命令他不但要弄清伊拉克“飞毛腿”的弹头情况，还要抓回一个导弹专家的时候，他还是感到有些突然。“难呀，抓回一个导弹专家谈何容易。”布兰特中校心中在想。施瓦茨科普夫似乎看出了他的心思，说：“这次任务难度很大，但如果我们不抓回一个了解情况的导弹专家，我们就无法弄清伊拉克‘飞毛腿’导弹的所有情况。我相信你们有办法完成任务。”

布兰特中校曾在施瓦茨科普夫指挥下，多次出色地完成过重要任务，对施瓦茨科普夫的指挥艺术和才能深信不疑，这一次，他又充满信心地踏上了征途。

夜，伸手不见五指，美军特种部队的几架直升机在布兰特中校的指挥下，疾速向伊拉克境内飞去。直升机飞行高度很低，几乎是擦地而行。每架直升机上坐着十几个头戴绿色贝雷帽的特种部队队员。

直升机在卫星导航系统的精确引导下，来到预定地点。直升机刚一降落，一个个黑影就跳出机舱门，径直向一个“飞毛腿”导弹阵地扑去。

此刻，伊军的“飞毛腿”导弹阵地静悄悄的。尽管伊军士兵心中都清楚，战争就要爆发了，但这个阵地毕竟远离伊、科边境，又是设在沙漠中的一个

极不容易被发现的地方，所以，大家一致认为这是一个十分安全的地方。

麻痹思想和缺乏对现代战争特点的认识，使驻守这里的伊军士兵遭到灭顶之灾。从直升机上跳下的黑影，轻而易举地解决了设在阵地外围的哨兵。随后，一群黑影包围了一顶大帐篷，另一群黑影扑向导弹发射阵地。

那顶大帐篷是“飞毛腿”导弹的指挥控制中心。帐篷内一名参谋人员正在值班，其他人已进入了梦乡。值班参谋警惕性很高，他听到外面的声音有点特别，急忙起身查看，刚走到帐篷前，一支微型冲锋枪的枪口就顶住了他的腰，一句声音低沉，但十分威严的生硬的阿拉伯语传入他的耳朵：“不要出声，把手举起来！”值班参谋还没弄明白发生了什么事情，他的嘴就被一块胶布牢牢地粘上了，双手也被反绑起来。紧接着，十几个脸上涂着迷彩的特种队员出现在帐篷里。“我们是‘绿色贝雷帽’，你们被包围了，我们不想伤害你们！”正在梦中的伊军官兵，一个个从行军床上爬了起来。“双手抱头，站成一列！”一名特种队员喊道。伊军官兵随后用双手抱住头站成了一列。

就在一群“绿色贝雷帽”冲进帐篷的同时，另一群“绿色贝雷帽”来到了导弹发射架旁，他们迅速将一枚“飞毛腿”导弹大卸八块，对导弹的一些情况进行核实，特别是弄清了“飞毛腿”导弹有没有安装化学弹头和核弹头，命中率提高了没有，选中了哪些目标。

随后，两群队员携带着重要资料、部分重要零部件和一名指挥官、一名伊拉克导弹技术专家登上直升机，神不知鬼不觉地飞走了。

布兰特中校带着胜利的果实回来了，而施瓦茨科普夫的心仍然紧绷着。“飞毛腿”虽然没有装化学弹头和核弹头，但“飞毛腿”给美军带来的威胁一点也不小。开战以来，伊军频频发射“飞毛腿”导弹，给美军及其他盟国军队造成一定损失，如果让萨达姆任意打下去，将会导致更多的伤亡。施瓦茨科普夫决心彻底搞清伊军“飞毛腿”导弹的情况并予以摧毁。

这次，美军从“绿色贝雷帽”部队中挑选出长相与伊拉克人相似，能说一口流利阿拉伯语的美籍阿拉伯人。他们除了每人配带轻武器、激光目标指示仪、望远镜等装备外，每人还配备了一架照相机和摄像机。

进入伊拉克后，“绿色贝雷帽”化整为零，3~6人一组，昼伏夜出，行动十

分诡秘。

就在“绿色贝雷帽”潜入伊拉克几个小时后，多国部队指挥部就收到了他们报来的第一批目标的图像和精确坐标。

施瓦茨科普夫心中大喜，他立即命令轰炸机起飞，向这些目标实施空中打击。

虽然有许多“飞毛腿”导弹阵地被多国部队摧毁，但是，不知为什么，伊拉克仍旧有“飞毛腿”不时地起飞。1991年1月25日，又一枚“飞毛腿”飞向了驻扎在沙特阿拉伯的一座美军兵营，炸死28人，炸伤100余人。

伊拉克的“飞毛腿”再次激怒了美国人。担任寻找“飞毛腿”导弹任务的美军特种部队官兵又深入伊拉克腹地分散搜寻，各自为战。

20多个小时过去了，毫无收获。一名士兵感到精疲力竭，便躲在一个沙丘后面休息。他打开电台，打算叫来直升机把他转到另一地区去搜寻。

突然，他发现远处的沙漠地带有一个“飞毛腿”导弹的机动发射架正缓缓地移动。他立即拿望远镜仔细观察，只见在这个发射架不远的地方还停着两个机动发射架。再向远望去，他大吃一惊，只见隐隐约约有几十个导弹发射架正在这个地区集结。他立即向指挥部报告了这一情况。

原来，这是萨达姆的一个作战计划。

“飞毛腿”导弹是萨达姆手中的“杀手锏”，伊拉克军队把保护“飞毛腿”看作是一件决定战争胜负的大事。因此，伊军千方百计地隐藏“飞毛腿”。

从开战以来，伊军发射了70余枚“飞毛腿”，虽然给多国部队造成一些伤亡，但总体来看，收效甚微。萨达姆认为这是火力分散造成的，要集中火力，先消灭多国部队的一个或两个目标。如果能够集中20枚甚至30枚导弹，同时射一个目标，肯定会摧毁它。即使美国人用“爱国者”导弹拦截，也不能

移动式飞毛腿发射车

同时对付这么多“飞毛腿”。

于是，一个大胆的计划形成了：集中“飞毛腿”导弹，向以色列发起攻击，把以色列拖进战争。

施瓦茨科普夫接到报告后，立即命令空军直升机部队以最快的速度把执行搜寻任务的特种部队官兵撤出来。

特种部队官兵刚刚撤离这个地区，美军的A-10攻击机便对“飞毛腿”导弹的集结地发起了猛烈的连续不断的火力突击。历时6个小时的攻击，使29枚“飞毛腿”导弹化为灰烬。

由于特种部队的出色表现，从1991年1月26日以后，伊拉克便没有成功发射“飞毛腿”导弹的记录了。这样，就使海湾战争形势向更有利于多国部队的方向发展。被萨达姆导弹战术折腾得晕头转向、惊恐不安的多国部队，心里平静了许多。那些被不时的警报尖叫声，爱国者导弹的呼啸声，以及“飞毛腿”导弹的轰炸声吓得心惊肉跳的以色列等国公民，也从防空洞里走出来，脸上露出了笑容。

在表彰“沙漠风暴”行动中有功人员的早餐会上，时任美国国防部长切尼专门接见了特种部队的这名士兵。切尼握着他的手说：“你从‘飞毛腿’导弹基地那儿来，你使以色列没有被拖入战争，真了不起！”

3.格林纳达行动

1983年10月13日，格林纳达政府军司令官奥斯汀和副总理科尔德一起发动了政变，将总理毕晓普秘密处决了。

事隔一星期，发动政变的军方接管了政权，成立了以奥斯汀为首的“革命军事委员会”，并软禁了英国女王所任命的格林纳达总督斯库恩。惧怕格林纳达“输出革命”的东加勒比国家“紧急要求”美国出兵。美国的决策者也认为前苏联远隔重洋，鞭长莫及，正是出兵的最好时机。

据美国情报部门当时掌握的数字，格林纳达政府的兵力总共才2 000余人，编为两个步兵营，一个野炮连和一个高炮连。格军没有空军和海军，也没有坦克。比较能打仗的是古巴派去修建机场的一个七百余人的战斗工兵营，包括百余名专家、顾问等，指挥员是古巴的托尔托洛上校。他们主要部署在萨林斯机场和附近营地，以及从机场到首都主要公路线上的一些据

点。这些古巴人经过一定的正规训练，装备有小型高炮和轻型武器。

现在，格林纳达这只“小鸡”遇上了美国这把“牛刀”。美国“海豹”突击队和海军陆战队的1500余人搭乘5艘两栖舰船担任“主攻手”。

空军登陆部队担任作战掩护和支援任务的是第22航空母舰战斗群，内有排水量7.8万吨的“独立”号航空母舰，以及另外5艘战斗舰艇。各类舰船15艘，总排水量在12万吨以上。

如果将这些舰艇连成一片挂在天上，足以遮住格林纳达首都圣乔治的阳光。此外，三四百名所谓多国警察部队紧随其后，好像趁火打劫的叫化子。

其实，美国早就瞄着格林纳达的政局变化，早就暗地里进行着军事准备。自从古巴派出工兵部队帮助修建机场起，美军就不断地通过侦察卫星监视机场施工进度和古巴帮助修筑的其他军事设施的情况。中央情报局的间谍、军队的特工人员动用了各种手段，在很短的时间内拿出了详尽的地形和交通图。

▲ 秘密潜入伊拉克

10月23日，美国驻贝鲁特参加黎巴嫩多国维持和平部队的海军陆战队营房被炸。就此事件，美国已放出风去一定要报复。

前苏联马上命令其南部的海、空军和驻叙利亚的军事人员高度戒备，并向黎巴嫩海面调集军舰，准备对抗美国可能采取的行动，可万万没想到，精明的前苏联人中了美国声东击西的诡计。

在转移了前苏联战略视线的情况下，美国便暗中将原定驶往地中海东部与前苏联对峙的两支海上舰船编队，改作突袭格林纳达之用。

为了伪装得逼真，两支海上舰船编队不惜绕道千里，先是完全按驶往

中东的正常航线航行，往东北方向前进，直到20日才突然掉转了船头，直扑格林纳达。

与此相似，美军在战前的集结兵力也是隐蔽地进行的。其担负突击梯队任务的陆军别动队员和军事装备，直到行动实施的前一天，才打着参加加勒比海多国警察部队所谓联合演习的幌子，空运到巴巴多斯前进基地。作为先锋的古尔丁比他们只早到四五个小时，真可谓仓促上阵。

10月25日晚，暴怒的"山姆大叔"们像被红布激怒下的公牛，分别从巴巴多斯、格林纳达附近海域和本土的三个待运地点，乘运输机和直升机，在海、空军航空兵火力支援下，从北、南两个方向，对格林纳达实施空降突袭。

"海豹"突击队恰似这"暴怒"公牛的尖角，不一会儿，它们的直升机首先出现在格岛东北部的珍珠机场。

美国海军特种部队的"海豹"突击队，和绿色贝雷帽部队、"奈斯特"小队、快速反应小分队、三角洲部队，以及空军的第1特种作战大队等部队一样，是美军值得夸耀的作战王牌，它们都有着箭与剑交叉的标志。"海豹"突击队虽然仅二百来人，但却是美国海军中的精华，是受总部与总统直接指挥的尖刀和铁拳。

古尔丁时刻牢记着前总统艾森豪威尔的教诲："速度来源于训练、体质、信心、斗志、适当的运输和熟练的指挥。"

在这一前提下，古尔丁完全依照自己的作战方式，即采取外科手术式的瞬间打击，捞一把就走；或超越登陆式的闪击，迅速达到战略企图。可悲的是，格军在突然袭击之下，不知所措，甚至连对手是谁还没弄清楚，就缴械投降了。

难怪突击队员们都穿着清一色的绿色迷彩服，这种无国别的战斗服几乎在世界上任何军队都有。古尔丁率部首先横扫了通往机场指挥塔的防御力量和设施，然后抢占了指挥塔。

另一分队则袭击了驻机场的兵营。

当时格军正在睡觉，突击队员们在处理哨兵时，没提防让哨兵开了枪，使行动暴露了，被惊醒的格林纳达士兵纷纷逃遁。为了扩大和巩固战场，古尔丁亲自率一部分突击队员拔掉了通往机场外的一个据点，以便在此设伏

阻止敌之援军。

其实,格军的纵深并没有相应的部署,防御既缺乏弹性和韧性,又无机动兵力,根本无法支援。等古尔丁瞎忙了一阵子醒悟过来时,人已搞得精疲力竭了。他好像受到了侮辱,脾气大发,咒骂这种恃强凌弱的战斗太轻松太没劲了,简直像是一场演习,完全是用牛刀杀鸡。

从南路进攻的美军运气比“海豹”们差多了。

陆军特种部队第75团两个别动营受到古巴士兵的顽强抵抗。这些古巴战士不是一触即溃的乌合之众, 他们虽然是工兵, 但熟谙作战的路数,而且,看得出认真研究过美军的战术,致使从运输机实施伞降的七百余人,直到第82空降师的两个营和多国警察部队的1500余人机降增援后,才将古巴士兵击溃。

珍珠机场被“海豹”突击队占领后,后续部队的800余人也先后着陆,占领了机场及附近的要地。

为了配合南路的攻势,“海豹”突击队又搭乘两栖攻击舰“关岛”号,从格岛的北面绕到西海岸大马尔附近的海域, 这里离首都圣乔治仅一公里多。尔后,由第2突击中队强行垂直登陆,这并非冒险,因对方的防空能力几乎为零。

第1突击中队则在古尔丁率领下乘13艘登陆艇实施登陆,然后换乘5辆M-60型坦克,在作战飞机支援下,由北向南逼近大马尔。在解决了为数不多的守敌之后,他们的下一个目标是首都圣乔治的总督府。

10月28日晨,绿色迷彩服上的一层露水开始蒸发,潮湿清新的空气使古尔丁加快了脚步。这五十来个士兵是他从“海豹”队中精选的,他吸取了以往的经验教训,采取了积木方式,将几个“专家”组编在一起,有负责通信的,有负责爆破的,甚至还有两名精通战地急救的人员。此刻,这伙专家群体,正默默地沿着海边朝着圣乔治城进发。

这次他不是担任攻坚和厮杀作战任务,而是负有特殊的使命:直扑圣乔治的总督府,救出被软禁的斯库恩总督,将他安全转移到“关岛”号两栖突击舰上。

在美军的特种作战史上,有很多失利的战例,其成功的营救战例更是

屈指可数，无论是第39届总统卡特签署的"饭碗行动"计划，即营救驻伊朗大使馆被扣押的人质作战，还是第41届总统里根批准的"营救越南山西战俘营被关押战俘作战"计划，都栽了跟头。"也许美国根本就没有这份运气！"古尔丁忿忿地想，眼下，这里不是倒霉的德黑兰和越南山西战俘营！

古尔丁率小分队沿着美、格两军作战的间隙地带向市区突击。原来，他曾设想用直升机来个神不知，鬼不觉的隐蔽秘密行动，来个突然袭击，但这样做很容易暴露行动企图，弄不好会危及总督的生命安全，自己回去也无法交差。所以，他特别叮嘱突击队员们在思想上要重视，行动上要慎重，发扬"海豹"突击队过去那种干净利落、突袭致胜的特点，以自己的实际行动，扭转一下美军绿色贝雷帽部队的形象。

根据情报，古尔丁认为最理想的突袭位置是总督府的后院。那里院墙较高，防守上较松，离软禁斯库恩的地方也较近，不至于因过久的争夺而耽误了营救总督的时间，进而危及总督的性命。再一点有利因素是，院外不远处有一块大草坪，可作为直升机的起降场，给突击队留下后路倒没什么，关键是要安全地将总督弄出去。

突袭分两步走：在第一小队与守军交战的同时，第二小队爆破围墙，打开缺口直扑总督软禁处。在下令袭击时，古尔丁派遣了三个人等候在草坪附近，等战斗一有进展，迅速将草坪上的几顶帐篷清除，同时与"关岛"舰联络，派直升机来接应。

特种作战部队的准备工作一向是很紧张的，不可能有充裕的准备时间。此次作战从抵达格林纳达，到进攻发起前后不到15分钟。第1小队的突击队员集中火箭筒、轻机枪，还有人手一支的M16A2式冲锋枪，向目标突然射击。M16A2式冲锋枪是美国科学院轻武器公司研制改进了25年的最新成果，其威力领先于一般的冲锋枪。

火力袭击后，永久工事一片沉寂。当古尔丁冲上前去的时候，他顿时火冒三丈。原来，费了不少弹药摧毁的竟是一座空阵地。就在他的冷笑还未收敛时，庭院的两旁房间里突然响起枪声。他身边的队员一下子倒了好几个。

"好阴险的家伙，竟然躲在暗处打黑枪！"古尔丁愤愤地想。最令他恼火的是无一伤亡的纪录就在他率队执行任务当中破了例。

不能恋战，灵活多变是这次行动的准则。古尔丁一边调整力量与守敌对垒，造成一种死攻的阵势；一边亲自率领第二小队绕到围墙边实施爆破。

“轰”的一声巨响，特殊高效炸药起了特殊作用，一段围墙被炸了个大洞，这种不摧毁整个建筑的定向爆破法，不至于让倒塌的瓦砾阻挡突击道路。

根据内线情报指出的具体位置，古尔丁很快确认了软禁总督的房间。他击毙了一名看守，踹开了挂着锁的房门，连拖带抱地将总督等人护送出庭院。临行前，他命令爆破手将剩余的炸药全部安放在各建筑物上，要求将方才炸开的缺口堵上，以挡住追击士兵的道路。当古尔丁的“海豹”突击队员们保护着总督等人赶到草坪时，直升机的轰鸣声已经临近，他们圆满完成了解救总督的任务。

2.波斯湾“重要意志行动”

在“两伊”战争期间，美国进行了“重要意志行动”，以确保中立国的油轮和其他商船安全进出波斯湾。1986年12月，伊朗袭击一艘油轮的事件发生后，科威特提出要求它的11艘油轮悬挂美国国旗，以得到美国海军的保护。1987年3月10日，里根总统同意了科威特的要求，希望由此阻止伊朗人的进攻。“重要意志行动”计划是乔治·B·克里斯将军领导的中央司令部制定的。

▶ *M60坦克。全车重48吨，最大行程500千米，主炮为105毫米线膛炮，采用电子式计算机及双向稳定器和被动式夜瞄装置。*

但是，美国海军舰队的保护并没有阻止伊朗人的行动，他们用水雷和小艇不断骚扰科威特油轮。为了阻止伊朗人，美军要在北波斯湾部署巡逻队监视伊朗人的行动。特种部队组成了巡逻队，包括陆军直升机队、海军海豹部队和特别小艇队，这些受过极佳训练的人员加上最精良的装备，能够很好地监视敌方的行动，特别是夜间伊朗人开始布雷的时候。陆军特别行动直升机机组人员经过夜间飞行和作战训练，这些直升机很难被雷达侦察到，它们的声音相对很小，因此，容易接近目标。海军特别作战巡逻艇船身较浅，可以有效地避开水雷。

1987年7月底，中东部队司令、海军少将哈罗德·J·伯森要求使用海军特别作战资源。6艘“马克Ⅲ”巡逻艇与其他特别艇和两个海豹小队很快到位。8月，两架MH-6、4架AH-6直升机和39名特种兵接到命令，立即开赴中东，他们的行动被称为“主要变化Ⅰ行动”。

中东战区司令部决定把两艘驳船“大力英雄”号和“威布朗Ⅶ”号改装为移动海上基地，这样就解决了没有陆地基地的困难，而且在北波斯湾游动的海上基地能够避免伊朗人的水雷和小艇攻击。每个海上基地可载10艘作战艇、3架直升飞机以及燃料、武器装备、修理车间和150余名工作人员。10月，两艘“海上基地”正式开始行动。

在此之前的过渡时期，特种部队从不同的军舰出发进行行动。8月8日，直升机开始护送船队通过波斯湾，侦察伊朗人布水雷的迹象。9月，巡逻艇开始执行护送任务。很快，特种部队就证明了他们不是来波斯湾旅游的。9月21日傍晚，一架MH-6和两架AH-6特战直升机从“杰瑞特”号护卫舰上起飞，跟踪一艘“伊朗阿尔”号伊朗船。直升机发现那艘船熄灭灯开始布雷。接到开火命令后，直升机用机枪和火箭对那只船发动攻击，阻止它的行动。伊朗船员正在把水雷推进水里，直升机持续开火，迫使船员弃船逃生。

然后，海军少将伯森命令“瓜达康纳尔岛”号上的海豹突击队投入行动，前去占领“伊朗阿尔”号，两艘巡逻艇支持他们的行动。很快，海豹突击队登上了“伊朗阿尔”号，发现了9枚水雷，还有一些其他的武器。巡逻艇救了10名在救生艇上逃生的伊朗人，另有13个穿救生衣逃生的伊朗人也被救了起来。在船上找到的有关资料，记载了伊朗人的布雷地点，证明他们违反了不得在公海布雷的国际法。9月26日,“伊朗阿尔”号在深水中沉没。

10月上旬,“移动海上基地”在北波斯湾投入使用。从这两个基地上,美国巡逻飞机和直升机能够监视伊朗飞机在北波斯湾的行动,阻止他们发动进攻。很快,巡逻艇和AH/MH-6特战直升机的行动人员就发现了伊朗人的行动规律:白天他们藏在伊朗海域的油井附近,一到夜间,他们便沿着为油轮导航的海上浮标进行行动。

摸清了他们的行动规律后,10月8日夜间,特种部队派出3架直升机和两艘巡逻艇向浮标区域进发。AH/MH-6特战直升机首先到达,开始向抛锚在浮标附近的伊朗船只开火,一阵短暂密集的炮火后,3艘船全部沉没,这时美国巡逻艇驶来,从水中俘虏了5名幸存的伊朗人,他们随后被遣返回伊朗。

10月19日,特种部队采取了新行动。3天前,伊朗的“蚕式”导弹击中了悬挂美国国旗、在科威特城附近靠近输油管道的“海上岛城”号油轮,17名美国士兵和1名上尉受伤。19日这一天,“敏捷射手行动”开始了,4艘海军驱逐舰炮轰了两座伊朗油井,轰炸结束后,海豹突击队和一个破坏分队登上油井,用炸药将其炸毁。之后,海豹突击队登上了两海里外的另一座伊朗油井,他们对那里进行了彻底搜查,发现了情报部门很感兴趣的文件和电台。“敏捷射手行动”后,“大力英雄”号和“威布朗Ⅶ”号继续在凯兰岛附近活动,它们之间保持约15海里的间隔,巡逻艇和直升机从那里出发执行巡逻任务。1987年11月,两架MH-60“黑鹰”战斗直升机到达“海上基地”,加强夜间的作战、搜索和营救能力。因为“重要意志行动”一直在继续,“移动海上基地”的特种部队不断换防,有些士兵甚至第二次、第三次返回波斯湾的“海上基地”工作。1988年,陆军特种部队派“基奥瓦”号直升机和机组人员接替AH/MH-6特战直升机,继续在波斯湾执行任务。

1988年4月14日,在巴林群岛以东65里,美国海军护卫舰“萨缪尔·B·罗伯茨”号触上一枚水雷,船体被炸开了一个30×23英尺的大洞,10名水兵受伤。美国立即进行报复,4月18日,在“螳螂”行动中,美国攻击伊朗的护卫舰“萨巴兰”号和伊朗在塞那和撒沙的两座油井。美国军舰对塞那的油井进行狂轰滥炸,很快将它变为一片火海。一架MH-60“黑鹰”直升机载着一组海

▲ *AH-64 Apache “阿帕奇”战斗直升机，是美国陆军航空兵的主力装备。威力强大，多次在实战(如在巴拿马、海湾战争中)大发神威，名声在外。*

豹突击队队员飞向燃烧的油井，但因火势太猛而无法接近，随之而来的又一次爆炸彻底摧毁了这座油井。

在其他海域，美军同时开始向伊朗军舰的报复行动，炸沉了两艘军舰，还有5艘被炸毁。在北波斯湾伊朗军队向“海上基地”发射了两枚“蚕式”导弹，但被“杰瑞特”号护卫舰准确地拦截。同一天，伊朗的F-4战斗机和巡逻艇试图攻击“海上基地”，但“杰瑞特”号封锁了他们的雷达控制系统，他们只好逃之夭夭。

从那之后，伊朗彻底停止了对中立国油轮的袭

击。7月18日，伊朗接受了美国的停火协议。1988年8月20日，“两伊”战争结束。7月16日，最后两架AH-6和MH-6直升机撤离中东战区。1988年12月，“威布朗Ⅶ”被送进在巴林的一个造船厂，恢复改建为民用船。12月，最后一次“重要意志行动”护送油轮的任务结束了。从1987年6月开始，美国海军在127次任务中共护送259艘油轮。1989年9月，“大力水手”号也结束了它作为“海上基地”的使命，“海上基地”的海豹部队、巡逻艇和直升机胜利班师回国。

在北波斯湾，特种部队凭借他们出色的能力，帮助战区总司令有效地解决了伊朗人作战小艇和水雷袭击的问题。因为伊朗人利用黑暗来掩护他们的行动，因此，特种部队在夜晚的行动能力是解决问题的关键。“重要意志行动”给美军上了重要的一课，他们认识到了一定要有一支超能力的特别行动部队，以应对全球任何地区出现的冲突，同时常规部队和特种部队相互协作亦至关重要。此外，因为“重要意志行动”的需要，特别行动部队司令部得到了新的装备：海岸通讯巡逻艇和“马克Ⅴ”特别行动艇。

3.巴拿马“正义之师行动”

美国在巴拿马的行动，即“正义之师行动”，是一次极不寻常、困难、激烈而复杂的行动，它的主要目的是抓住曼纽尔·诺列加，在巴拿马重建民主政府。美国计划以绝对的军事优势进行行动，争取以最小的人力和物力代价达到目的，并尽快恢复和巴拿马之间的友好关系。美军部队和巴拿马国防军(以下简称“巴军”)之间有长期的联系，特种部队的人员一直部署在巴拿马境内，他们对当地的复杂状况非常了解，是行动取得成功的一个关键环节。

“正义之师行动” 期间，参加行动的特种部队由联合特别行动特遣队(以下简称“联合特遣队”)指挥，司令是华纳·A·唐宁少将。参加行动的部队被编成了几个队：红色特遣队(陆军第75游骑兵团)、黑色特遣队(陆军特别行动部队)和白色特遣队(海豹部队和特别作战艇分队)。由心理战和民间事务部队协助这三支特遣队的行动，此外还有陆军特别行动直升机队和空军的突击队。

行动伊始，联合特遣队的首要任务是抓住诺列加和毁灭巴军的反击能

力。因为无法确定诺列加的藏身之处，因此，联合特遣队把最初的任务定为解决巴军：攻打巴军在巴拿马城的司令部大楼，以及营救被关押在大楼附近一所监狱的一名美国人。联合特遣队派出直升机和AC-130攻击机、GATOR特遣队（M-113装甲车运送作战士兵）。由于情况复杂，司令部对进攻时间作了调整。1989年12月20日零点45分，比预定时间提前了15分钟，攻打巴拿马国防军大楼的行动开始了。GATOR特遣队负责保护M-113装甲车顺利到达巴军大楼和监狱附近的作战位置，然后与AC-130攻击机和AH-6武装直升机汇合，共同攻打巴军大楼。在行进途中，从巴军大楼西侧的一些建筑物里，不断有狙击手向他们开火，而且火力越来越猛，一些GATOR特遣队的士兵受伤，一名阵亡。快要接近目标时，他们遇到了一些路障，这些路障没有挡住M-113装甲车，它们碾碎了一些小的路障，然后绕了过去。行进途中敌人的火力一直从不同方向攻击他们，到达预定的位置后，士兵们立即投入了战斗。

零点45分，AC-130攻击机和AH-6武装直升机在PDF大楼的上空开始了攻击。大楼里进行还击，击落了一架领队的AH-6直升机，但机组人员奋力把直升机迫降在指挥部的大院里。他们在错误的时间来到了错误的地点，因为一架架AC-130攻击机正在对指挥部狂轰滥炸。但他们保持了清醒的头脑，两个多小时里，他们成功地避开了来自敌我双方的炮火。他们找到了指挥部的后墙（在那里他们抓住了一名巴军的士兵），翻过墙，成功地和一支GATOR特遣队会合了。

▲ 为加强夜间的作战、搜索和营救能力，特战队员乘MH-60“黑鹰”战斗直升机到达“海上基地”。

此刻，指挥大楼变成了一片火海。AC-130攻击机的猛烈炮火把天空变得浓烟滚滚，一架AC-

130攻击机击中了一支GATOR特遣队，致使12名士兵受伤。一个小时后，又一排AC-130攻击机炮火射来，打伤了9名士兵。一开始士兵们相信向他们开火的是巴军大楼里的迫击炮，直到第二次打击发生，他们才意识到攻击他们的是AC-130攻击机。他们立即呼叫了炮火指挥网络，停止了AC-130攻击机的误射。

攻打巴军大楼期间，一支营救分队进入关押美国人的监狱，成功地把他救了出来。运送营救人员和被救美国人的直升机被击中，迫降在监狱北部的一条小路上，除被救的美国人外，机上人员全都受了伤，有的伤得很严重。但这些训练有素的军人立即摆开了防御阵式，并与一支GATOR特遣队取得了联系，随后，一辆M-133装甲车很快赶来救走了他们。

12月20日全天，GATOR特遣队始终包围着巴军大楼，不时有来自狙击手的零星子弹向他们射来。下午，第75游骑兵团的3营C连，从奥马尔·杜里荷国际机场到达现场，开始清理大楼，其他部队又投入了新的行动。

红队是联合特遣队里最大的一支特遣队，它主要由第75游骑兵团的部队组成，为加强它的力量，调拨心理战第4队、第96民间事务营、空军特别战术队、海军陆战队炮兵联络连加入这支特遣队。它的空中援助包括第160特别行动航空大队的AH-6攻击直升机、第1特别行动联队的AC-130H攻击机和常规部队的“阿帕奇”AH-64直升机和F-117A战斗轰炸机。

指挥部的行动计划是，在总攻开始时间(1989年12月20日午夜1点)，从两个地点同时空降作战人员，一个是奥马尔·杜里荷国际机场与托库曼飞机场，另一个是里奥·哈托飞机场。空降成功后，空降部队将和常规部队会合，一同开始行动。

奥马尔·杜里荷国际机场是巴拿马的主要国际机场，与它邻近的托库曼飞机场是巴拿马的空军基地，因此“正义之师行动”的一个关键是拿下这两个机场，阻止巴拿马第2国防连和巴拿马空军干扰美军的行动，确保第82空降师在这个地区顺利空降。这两个机场的面积约为长3.75英里、宽1.25英里。

红色特遣队的司令是威廉·F·科南上校，他把夺取两个机场的任务交给了第75游骑兵团第1营。第1营的指挥官是罗伯特·W·华纳。因为，第82空

降师的一个旅将在行动开始后45分钟空降到这两个机场，所以他们必须在45分钟内解决战斗。为加强第1营的力量，第75游骑兵团3营C连、心理战分队、民间事务队、两架AH-6特战直升机、空军特别战术队和一架AC-130H“空中炮舰”战斗机加入了第1营的行动，与他们并肩作战。

华纳中校制定了行动计划，他要求在攻击开始第一时间，在游骑兵空降机场之前，直升机和AC-130H“空中炮舰”首先对机场的巴拿马国防军进行轰炸。游骑兵空降后，A连的任务是夺取巴拿马空军指挥部并摧毁他们的飞机。B连的一个排加入C连，任务是夺取第二国防军大院并消灭那里的守军。B连的其他两个排配备了12辆武装吉普车和10辆摩托车，任务是清理跑道、担任警戒，提防巴军空军干扰特遣队的行动。最后，3营3连的任务，是清扫杜里荷航管中心周边的小建筑、包围航管中心，之后夺取大楼、消灭楼内的巴拿马守军。

攻击开始之前，三个作战管理队和一个空降救援队首先在机场跑道末放置了行动导航塔。凌晨1点整，行动开始了，“空中炮舰”和几架AH-6开始轰炸机场里驻守的巴拿马国防军，AH-6特战直升机消灭了三个目标，“空中炮舰”持续轰炸巴军第2“来复”连的营区和指挥楼。有一点不要忘记，GATOR特遣队和其他部队在15分钟前已经对巴拿马城的巴军指挥大楼发动了进攻，也就是说，守卫在杜里荷托库曼的巴拿马国防军，在游骑兵于1点零3分开始空降、第一个士兵跳出机舱时，就很清楚地知道了美军已经入侵巴拿马。

A连只遇到了零星的反击，仅用了两个小时，他们就完全夺取了巴拿马空军指挥部，抓获了大约20名躲藏在飞机棚里的军人。B连也顺利降落在目标区域，很快就完成了它的清理警戒任务，和A连一样，他们只遇到了一些零星的抵抗，也抓获了一些俘虏。C连在空降中遇到了一个意外，一些巴拿马车辆不顾警告信号，试图在地面布置路障。游骑兵开火以示警告后，大部分车辆都逃走了，有一辆因为轮胎被打爆留在原地。逃走的车中有一辆正是曼纽尔·诺列加的轿车，当晚，他正在军队娱乐中心享乐。C连攻打巴军的2连，他们遇到了一些无效的抵抗，很快他们就清理了现场，消灭了一个拒绝投降的巴军士兵。

75游骑兵团3营C连的任务是拿下国际航管中心，在这里，他们遇到的情况远比预料的要困难。首先，四分之一的士兵降落在跑道西边10英尺高的一个草垛上，他们用了两个小时才与部队会合。在清理航管中心周围的建筑过程中，他们没有遇到麻烦。与此同时，AH-6摧毁了航管中心外面的警卫室，消灭了里面的两名警卫。3排占据了航管中心北部的火力点。从航管中心的第二层，有人向3排开火。

游骑兵从北面进入了航管中心，两件事令他们吃惊。一是恰好在进攻开始之前，两架民用飞机抵达了机场，大约400名旅客当时正在航管中心，其次是他们在这里遇到的抵抗，比在机场其他任何地方遇到的都激烈。

在二楼，两名游骑兵在搜索一间大办公室时，两名巴军士兵从一个隔间跳出来，用手枪向一个游骑兵连发数枪。另一个游骑兵立即进行还击，在另外两个游骑兵的帮助下，他把受伤的同伴抬出那间办公室，他自己头上也挨了两枪，是他的凯夫拉尔头盔救了他。到了办公室门外，没有受伤的游骑兵向里面扔进一枚手榴弹，但隔间保护了巴军士兵。之后游骑兵再次进入那间房子，等待巴军士兵首先行动。两名士兵突然冲过来和游骑兵肉搏。极少有谁能在和游骑兵的肉搏中占上风，一个巴军士兵被杀，另一个打碎玻璃向窗外跳了下去。他从两层楼上落下，差点儿落在一个巡逻的游骑兵身上，就在他拔枪的时候，游骑兵开枪将他击毙。

这期间，2排从南面进入航管中心。这里有三层主楼，每个班负责一层。第三层的敌人向他们开火，游骑兵的还击迫使敌人逃离了航管中心，此外他们没有遇到其他麻烦。

在第一层的情况比较复杂，大约10名巴拿马国防军士兵劫持了两名美

国姑娘作为他们的人质。他们匆匆逃离航管中心，但一出大楼他们发现正撞在游骑兵的包围圈里，于是只好又撤回大楼。在楼里，2排和他们进行了几次交火，对峙了两个半小时后，于凌晨5点，游骑兵发出了最后的警告，为了避免全部覆灭，他们放了人质，选择了投降。

大约上午11点，82空降师接替了第75游骑兵团第1营，开始执行在机场外的任务。下午3点，3营C连加入了清理机场空军指挥大楼的行动。在夺取机场和清理现场的战斗中，游骑兵的训练有素，加上周密的行动计划，保证了以最小的代价赢得最快的胜利。

如果对美国特种部队(SOF)的力量更加重视一点，也许“9·11”事件就不会发生……这支独一无二、号称世界上最强的军事力量，拥有美国最杰出的男女志愿兵。他们是被魔鬼式训练精心制造出来的。他们拥有高科技武器装备以确保无论在战争及和平时期，他们的杀伤力、快速反应能力、机动性及生存能力都是超一流的。展望不确定的未来，地区不稳定、跨国危险、不对称威胁等因素，这些因素会导致不可预测事件的发生，使用常规的军事力量，不足以对付这些意外事件。为迎接这些挑战，美国特别行动部队(SOF)扮演着越来越重要的角色。

▶ *接替任务的82空降师*

英国特种部队

英国是世界上较早创建和使用特种部队的国家之一。在第二次世界大战中,英军成立了哥曼德突击队、特别空勤团(最初称作L分队)、空中哥曼德等众多特种部队,或具有特种部队性质的部队。这些部队一般人数不多,但凭借过人的智慧和勇气,取得了即便是数倍于他们的大部队也难以取得的战果,创造了一个又一个奇迹。战后,英国的安全环境不断发生变化,几支特种部队也经历了风风雨雨,有的被缩编改编,有的被撤消合并,有的渐渐由特种部队变成了常规力量。但英军在战争期间形成的一些特种部队战法战术、组织原则、选拔训练体制等不仅都得到很好的继承,而且还有新的发展。与过去相比,现代特种部队装备更精良,攻击力更强,用途也更加广泛。在英国镇压反殖民解放运动的海外行动、马岛战争、海湾战争、反恐怖主义行动和国际维和行动中都出现了特种部队的身影。在可预见的未来,随着国际上民族、种族和宗教矛盾引起的局部冲突日益增多,国际恐怖主义活动、走私贩毒和其他有组织犯罪活动等暴力活动的增多,英军特种部队的作用还将得到进一步发挥。

一、早期的英国特种部队

在英军特种部队发展史上，有两个名字是不应被忘记的。一个是达特莱·克拉克，另一个是大卫·斯特林。前者创造性地首先使用小规模特种部队攻击敌后薄弱环节，向世人展示了在强敌面前勇气究竟可以蕴含多大力量，创造多少奇迹。后者使特种作战发生了一场真正意义上的革命，他所独创的四人组合模式为英军特种部队今后的成功奠定了基础。可以说，没有克拉克，就没有今天的特舟中队(SBS)，没有斯特林也就没有今天的特空团(SAS)。从这两个人身上，历史启迪人们对军事指挥员个性的保护和对军事试验失败的宽容是多么的重要。

半个多世纪以来，英军为特种作战贡献了许许多多的经典之作我们可以从特种部队教科书中找到各种样式的战例，包括敌后渗透、袭扰、破坏、侦察、佯攻、强攻、反恐怖、防暴、维和等；可以找到各种类别的特种行动的登陆方式，从海上，从空中，从陆上；可以看见各种型号的先进武器装备，诸如枪支、弹药、交通工具、通讯设备、测向仪器和特种装具等。

▼"空勤团"士兵进行驾艇训练

英军特种部队的历次战斗，主要有以下几个特点：

第一，在战前和战争初始阶段就使用特种部队。这一点在马岛战争、海湾战争中表现地尤为突出。特种部队规模小、调动快，往往能在最短时间里对战争和可能发生的战争

做出反应。英军一般在战事之初就将特种部队派往敌后，侦察前沿阵地情况，搜集目标资料，破坏敌军重要设施，通过袭扰和佯攻吸引、牵制敌方力量，为大部队进攻起到先导和配合作用。当主力部队地面进攻正式展开后，特种部队一般就不再承担任务。

第二，投入的方式灵活多样。投入的方式是特种作战的关键环节，成败往往在投入的一瞬间就已经确立。英特种部队掌握了多种投入的技术，水面进入可以使用冲锋舟、大型军舰或靠泅渡、蛙人等方式；陆地进入可以搭乘摩托车、侦察巡逻车或用步行、高山攀登等方法；空中进入可以用直升机或运输机投送或实施伞降、滑翔等；而入室行动则有屋顶绳降、强击破门、爆破取口等形式。

第三，以局部打击为主。由于特种部队规模较小，火力强度也受到限制，一般只选择点目标打击，在打击完成后迅速撤离，很少承担固守阵地的任务。

第四，以小部队分散行动为主。特种部队一般接受的都是连级以下的战术任务。在战斗中，多是化整为零，以小组、小分队、支队为单位行动。马岛战争中，英军特种部队使用四人侦察分队，海湾战争中是8人步行侦察支队，而解救伊朗驻英使馆人质时特种部队是两人为一组。

第五，战斗准备状态高。英军特种部队可以始终保持临战状态，这一点通常用A、B队轮换的方式实现。当A连处于较高一级战斗准备状态时(如执行驻北爱尔兰地区的反恐怖任务)，B连即处于较低一级准备状态（如在直布罗陀执行治安警戒任务)。两支部队定期换防，以防止第一线的队伍出现疲劳。在战斗行动中，也有类似的分工。如特空团到达伊朗使馆人质事件现场后，有一队人处于随时进行攻击的准备，而另一队人则准备在更长一段时间后采取行动。

第六，讲求作战效益。除非确信以较小代价就可以换得较大的战果，英军特种部队不轻易出击，更鲜有自杀式的行动。

第七，使用先进的武器装备。这在现代战争中尤为突出。在解救伊朗使馆人质行动中，英特空团使用了闪爆弹和专用弹药、装具；在海湾战争中特空团使用激光定向仪和红外成像仪使其掌握了夜间作战的主动。英军部队还普遍使用了多型长短枪、轻机枪、手榴弹发射器、火箭筒、反坦克导弹等，

大大提高了攻击力。

第八,协同作战。英特种部队与其他军兵种协同作战的趋势日趋明显。在马岛战争中,特种小分队为海军舰炮及炮兵指示目标方位,而在海湾战争中,特空团则与空袭部队保持着密切联系。

英军特种部队虽然取得过令人瞩目的显赫战果，但也存在自身的弱点。在英军中,几乎所有的部队都有自己的侦察分队。当特种部队承担侦察任务时,它一般隶属总司令部或前线指挥部直接指挥,在与友军侦察部队协调方面往往不尽人意,甚至出现过误伤事件。在后勤保障方面,执行长途侦察任务、进入敌境较深的特种部队总会遇到些麻烦,很多情况下,特种部队要依赖自己的野战生存能力。因为即使有先进的武器装备,也可能因为弹药以及零部件补给跟不上而成为废铁。投入的方法仍是特种部队所面临的最危险的一关。由于特种部队大多是在战争最初阶段参战,有关进入地区的情况往往知之甚少,加上对地理环境不熟悉,失败率较高的问题尚未得到最终解决。

英军特种部队之所以能吸引全世界的目光,除了在战场上的杰出表现外,还在于它有完善的选拔和训练体制。无论是特别舟艇中队还是特别空勤团的选训周期都非常长。如果要进入特舟中队,首先要获得突击队员资格。为此,士兵就要经过约30周训练,而军官的选训、实习期更是长达两年。有3年以上突击队员经历的人方可申请参加特舟中队，并需再接受一年的特种训练。英军特种部队在选训过程中要求十分严格,淘汰率很高。作为一名合格的特种兵,首先要具备过人的体能。英特种兵可以在负重约32公斤的情况下,快速越野达50公里以上,这为他们在实战中携带重武器,执行长途奔袭和远距离侦察任务等打下了坚实的基础。英军十分重视对特种兵“一专多能”的训练。在特空团里,成员们有的精于操舟,有的擅长驾驶,有的专攻伞降,有的是山地、极地战专家,同时他们每个人都掌握使用先进武器以及爆破、医护、通讯等方面的基本知识。此外,特种部队的训练也很注重精神因素,往往给受训人员制造各式各样的障碍,以考验他们克服困难的毅力、对挫折的心理承受能力和在团队中应当具有的合作精神。这些年来,由于报名人数减少,预算削减,传统的选训体制正在面临越来越严峻的考验,但英军始终没有降低特种部队门槛的意思。

英军参加特种行动的除了特别舟艇中队和特别空勤团外，还有其他一些部队。有的部队虽然已由特种部队转成常规部队，如伞兵团，但仍保留了特种部队的许多特点；有的部队不是特种部队，但极具特点，是特种行动中的“黑马”，如廓尔喀部队；而有的部队虽无特种部队之名，却有其实，如第十四情报连。

二、第22特别空勤团(SAS)

第22特别空勤团，是英军特种部队中最杰出的一支，在国际上也享有盛誉。1980年特别空勤团成功解救被困在伊朗驻英使馆中的人质，这一仗令SAS名声大噪。在以前，特别空勤团出于安全考虑，原本不愿意让外界过多了解自己的内情，一直刻意保持低调。但自从人质事件后，全世界的媒体都开始关注起这支英军的传奇部队，有关它的各类报道层出不断，特别空勤团神秘的面纱逐渐被世人揭开。

▲ 第22特别空勤团徽章

SAS是一支有着不平凡成长经历和光荣传统的部队。早期特别空勤团发展过程中主要有两个阶段。第一阶段是在第二次世界大战期间，SAS在北非战场上奠定了自己的基础；第二阶段是在战后的五六十年代和70年代初期，SAS在这段时间里巩固了自己的地位。而早期特别空勤团最大的收获还是找到了特种部队成功的秘诀，那就是被定为SAS座右铭的一句话：“勇者必胜。”

特别空勤团的前身L支队组建于1941年。成立这支部队的目的是为了破坏轴心国在北非的通信和运输线。英军最初的设想是通过伞降将L支队空投到德军身后，但几次尝试都未能得手。后来的做法是用车辆载着部队穿过德军南侧的沙漠，绕到敌人的后方，这一战术取得了很大的成功。L支

队炸毁敌军数百辆停在机场上的飞机，烧毁军用物资，切断通讯线路，破坏基础设施，用很小的代价换来了巨大的战果。

到1942年时，L支队已发展至390人，被重新命名为第一特别空勤团。在几经重组和扩大后，特别空勤旅于1944年成立，它包括两个英国特空团(第一和第二团)，两个法国特空团(第三和第四团)，一个比利时特空团(第五团)和一个通讯连。

1944年6月，盟军开始大举反攻后，特空部队被空投到法国，在敌占区，他们与当地的抵抗组织一起，为盟军的轰炸行动提供目标情报并接应进攻部队。法国解放后，SAS回到英国，任务改成为盟军进攻德国实施侦察。后来，SAS又被派到挪威，协助遣散已宣布投降的德军。

1945年，随着战争结束，特别空勤旅被暂时解散。但两年后，英国又重新组建了属于本土军(后备役性质)的第21特别空勤团。SAS这个具有传奇色彩的番号这才得以幸存。事实证明，英军当时保留SAS的决策是再正确不过了。

1948年，当时还是英国殖民地的马来西亚和新加坡发生了武装暴动。当地游击队神出鬼没，凭借有利地形屡屡挫败当局的围剿，令统治者伤透了脑筋。曾担任过二战时期SAS指挥官的迈克·克莱弗尔特少校，建议当局组建特种部队深入丛林去剿灭游击队，他的主张被采纳。由他亲自挂帅的这支特种部队被命名为“马来亚侦察分队”，并于1951年12月被正式授予第22特别空勤团的番号。20世纪50年代末，马来西亚的游击活动被有效遏制了，SAS似乎又将面临被解散的结局。好在1958年阿曼等地爆发的起义，使SAS的命运再次出现转机，它很快证明自己不仅擅长丛林作战，而且在其他的环境中也同样威力无比。英政府开始意识到这支高度灵活、高度隐蔽的部队潜力巨大，它的作用是别的部队难以替代的，因而决定将SAS永久地纳入英军正规部队的战斗序列中，只是一度将其兵力减少至两个连(SAS最多时有五个连)。得到了名份的特别空勤团从此更加卖力，在20世纪60~70年代初这段时间里四处出击，先后出征婆罗洲、亚丁等地，竭力维系已处在风雨飘摇中的英帝国殖民统治。毋庸置疑，SAS几次得手并不能阻挡住民族解放运动的洪流，但他们在无数次实战中磨练出的军事功夫不能不令世人折服。

1.大卫·斯特林和SAS的诞生

1941年的夏天，大卫·斯特林中尉躺在苏格兰军队医院的病床上。这位来自英军第八突击队的军官，几天前参加了一次冒险的试验，成为英军中第一批尝试伞降的人。但由于他们的跳伞水平实在太差，斯特林的降落伞在空中被撕破，他被重重地摔到地上，折了两条腿并因脊柱受伤而暂时失明。整整两个月在病床上无法动弹，这对热衷于成天在疆场上厮杀的斯特林来说真是一种煎熬，他惟一能做的事情就是思考。

斯特林中尉想得最多的是，英军在北非沙漠中的处境和几年来英军突击队的得失。当时，隆美尔的北非军团活动十分猖獗，盟军处境艰难。第八突击队所属的雷考克部队在沙漠中同样是乏善可陈。尽管突击队员们骁勇无比，但英军突击队最初的作战思想局限于正面抢滩、在海军支援下尽快完成以破袭为主的行动。兵力少、火力弱决定了突击队不可能在登陆后坚持很长时间，因此，只能尽可能选择距离较近、敌人防守较薄弱的地方作为进攻目标，而这些目标大多都没有太大的战略意义。在北非战场上，如果面对处于较好战斗准备状态的敌军，突击队的行动就不得不增加人手，然而，这样做更易被空中敌机发现，进攻一旦失去突然性，效果差强人意也就在所难免了。

斯特林仔细研究了北非的地图。他发现这里的战场主要集中在东部和西部沿海的狭长地带上，而向南广袤的沙漠却被军事家们忽略了，因为，在他们看来大部队是无法穿过这一地区的。斯特林想，这片空旷地带不正可以是小股特种部队活动的天堂吗？设想让一支小分队穿过沙漠，绕到敌后破坏敌军的战略设施，岂不是能起到四两拨千斤的功效吗？想到这里，他急忙把自己的计划拉出一张单子来。在他的设想中，这支新的特种部队目标

◀ 英国SAS的特种攻击小组

▶ 部队的训练强化各种入侵方法，诸如伞降、划船和陆路渗透。

应是破坏敌军的通信线路、机场、车库、补给线、物资仓库等；作战时应尽可能隐蔽、出奇不意，人数也越少越好；部队的训练应强化各种入侵方法，诸如伞降、划船和陆路渗透；特种部队应迅速组建以配合第八军的反攻等等。有了这么绝妙的主意，下一步就是要设法得到英军上层人物的赏识，这对于还是一名下级军官的斯特林并不是件容易的事。

中尉终于可以柱着拐杖下地了，他迫不及待地驱车来到新任英军中东地区总司令克劳德·奥钦莱克的指挥部。他一瘸一拐地走到门口，谎称自己忘带了通行证，想蒙混过关，但哨兵没有买他的账。情急之下，斯特林扔掉拐杖，还没等哨兵反应过来就从栅栏的缝隙中硬挤过去，飞也似的奔进了办公楼。他推开第一扇门，不由分说就开始兜售自己的计划，办公桌后一名少校没等他说几句就把他推出了门外。他又闯进了第二扇门。这回他撞上了好运，恰好走进了副参谋长雷尔·里奇的房间。这时哨兵已经赶到，但副参谋长好歹还是听明白了眼前这位年轻人嘴里在说些什么。副参谋长是个惜才的人，答应一定会研究斯特林的计划并把它呈给总司令。

有道是吉人天相。两天后，25岁的斯特林被提升为上尉，并被授权指挥一支由6名军官和60名队员组成的特种部队，这支队伍的名称是：特别空勤旅L分队。其实，并没有什么特别空勤旅，那不过是达德利·克拉克准将杜撰出来吓唬敌人的，好让他们相信盟军在中东地区有一支庞大的空降部队。

SAS就这么诞生了，设想出自一个“瘸子”，名字则出自一个“骗子”。

L支队的第一批队员大多是斯特林在突击队里的队友，这些人大多受不了正规部队中的条条框框，憧憬着新部队会有不同的风格，然而，等待他们的却是更严格的纪律和更艰苦的训练。三个月后，在1分队的头一次伞降演习中，就有两名队员因伞包在空中没能打开而坠地身亡。

斯特林把SAS的首次行动定在了1941年11月，目的是为了配合盟军在这个月即将展开的代号为“十字军战士”的反攻。他计划袭击沿海替米尼和

哥查拉附近的五个机场，以减轻地面进攻部队将面临的空中威胁。SAS的队员将于16日晚，分5组空降至目标区域附近，迅速找到机场并隐蔽起来，等到次日晚间盟军发动反攻前再下手，炸毁机场上的敌机，然后分别撤至会合地点，由英军的"沙漠长途分队"（简称LRDG，主要负责侦察和情报搜集）用车辆将他们运送回大本营。

老天爷总是喜欢在节骨眼上跟人开玩笑。天气预报显示行动当晚有大风，能见度很低，这对本来就没有太多空降经验的L分队来说是很不利的。但如果取消这次行动，三个月的精心准备就会付之东流，部队的士气也会受到影响。在与手下军官商量后，斯特林决定赌一回。但是，在狂风中挣扎的英军飞机根本看不清东西南北。一架飞机没多久就被德军击落，还有一架上了当，被使用英语说话的德国地勤人员诱骗降落到了敌人的机场。其他一些队员得以从另三架飞机上成功完成了伞降，可是他们的运气也好不到哪里去。一名队员后来回忆道："直到把我们放下来时，飞行员也不能肯定是不是到了预定的位置。当我跳下去后，狂风使我看不到下面，在触地时我仍蜷着腿，根本没有做落地的动作。在一阵巨痛后，我发现自己又被大风疯狂地卷走，一丛荆棘挂住降落伞才让我的身体停了下来，这时我才意识到自己在慌乱中忘了将放伞的搭扣解开。"

很多队员在落地时受了伤，空投下来的武器装备更是无影无踪。斯特林被摔晕了过去，醒来后他总算找到了几枚炸弹，但却没有雷管。完成任务是不可能了，接下来只能赶紧收拢队伍，找到"沙漠长途分队"的车辆载他们回去。最初参加行动的65名队员中，只有22名最后安全撤回了基地。

所幸，初战失利没有使英军指挥部对斯特林的部队失去信心，而斯特林也从失败中获得了有益的启示。他想，既然"沙漠长途分队"能成功地将他们带出沙漠，那也应该有能力把他们送进去，完全用不着空降。就是在这个环节上的改变，为SAS后来在北非的行动带来了一连串的胜利。仅在12月，L分队就成功袭击了敌军在色替、阿吉拉、塔米特、诺费利亚等处的机场，炸毁敌机逾百架，还摧毁了大量仓库、油库和车辆。

在接下来的一段时间里，斯特林可谓是春风得意。L分队先是增加了60人，又于次年9月扩编为团，共650人，含一个指挥连和A、B、C、D四个战斗连。其中C连由法军组成，而D连就是最初的特别舟艇部队（SBS）。团长斯特

林此时已被提升为中校，正当他踌躇满志地要大干时，一场灾难却悄悄降临了。

1943年1月，斯特林在一次行动后，正想与手下队员找个地方休息，没料到那儿恰好是德军一个警卫营的训练场所，这个营又恰恰是用来专门对付SAS的。更令斯特林难堪的是，逮住他的竟是这个营的一名牙医。斯特林在被捕后曾试过越狱，但没多久就又被捉了回来，这回德军把他送到了意大利的科尔迪兹集中营。

在斯特林被捕后，SAS中的法国连返回了原部队，特舟中队也被派往巴勒斯坦，剩下的两个连约250人重组后，被命名为特别攻击分队(SRS)。与此同时，大卫·斯特林的胞弟比尔·斯特林在第一军成立了第二支特别空勤团，他们和SRS后来一起参加了盟军攻占西西里的战役以及最后的D日反攻。

斯特林于1945年4月从集中营生还，他回来后的第一件事，就是递交一份关于将SAS派往远东战场的详细计划。这份计划得到了丘吉尔的首肯，但不久后美军在长崎和广岛扔下的原子弹使它失去了意义——第二次世界大战结束了。

SAS在二战中最成功的战例要数那些破坏德军的机场和供给线的行动，他们常常以极小的代价、很少的人员和装备投入，换来大量常规部队都很难取得的战果，给敌人后方造成了极大地混乱。在这些战斗中，虽说有些牺牲在所难免，但SAS绝不作“自杀队伍”，他们会在战斗中算账，不仅不做赔本买卖，但凡不能一本万利他们也不干。有一份关于SAS在二战中一次行动的机密报告，从中我们可以领略到SAS的风格。

行动报告

目标：炸毁位于西地布兰尼121和05机场上的敌方飞机和仓库

执行人员：斯考特上尉、沃尔上尉及8名战士

运输工具：1辆吉普和1辆3吨卡车

报告人：斯考特上尉

我率领小分队于1942年7月3日从卡布里特出发，次日到达设在亚历山大港的第八军司令部，在那里见到了斯特林少校和沙漠长途侦察分队的戈

登上尉。当日，我们一起向沙漠进发，并于6日下午安全抵达接头地点，与另外3支长途侦察小分队会合。我们停下来休整了一天半，做好了袭击敌人的一切准备。在这期间，有几架德国侦察机从我们头上飞过，但他们没能发现我们。

斯特林少校作了最后一次指示，他要求我们在到达目标后，立即用无线电与长途侦察分队的指挥部取得联系，强调在确认两处机场停有12架以上的飞机前不要冒然采取行动。

我们分两组出发，我带一组去打121机场，沃尔带另一组去打05机场。车开出去没多久，我开始担心车辆的油料不足，甚至想用无线电联络指挥部，请求派飞机空投油料和食品。这时，头顶上又传来敌机的轰鸣声，我们赶紧隐蔽起来。就这样又往前赶了一阵，并在通往西地布兰尼的路上有了意外的惊喜。我们发现一些过去英军从这里撤退时遗弃的油桶、食品，还有水！在接下去的路上我们又不断发现部队丢下来的一些装备，这让队员们很是欢喜。

11日晚，两个小组都到达了各自目标的附近。按计划，我们下车的地方距机场应有6.4公里距离，但因地图上的误差，沃尔小组实际上离机场还有16公里，而我们离敌人却只有3.2公里。

我们只睡了2个小时就开始搜索前进了。沃尔一组很快就找到了观察机场的理想地点，而我的小组遇上了点麻烦。就在我们快到一个观察点时，出现了一支6人的德军巡逻队。我们料想他们定是看见我们后回去搬兵了，于是，赶紧依着沙丘摆出了防御的架势，只等与敌人死拼。但一直等到第二

天天黑德军也没再出现。看来,那支巡逻队要么根本没看见我们,要么就没认出对面是英国人。这时,我们才定下心来,开始观察起机场的情况来。有几架德军的运输机降落在05机场,但到晚上它们就又都出动了。而121机场根本就是一个诱骗英军轰炸机的假目标,根本没有飞机进出。我们将这些情况和敌运输机的进出路线报告给了指挥部。

13日晚,我们回到了最初的会合地点进行补给并找到了沙漠长途分队。沃尔的小组没有出现,于是我们留下一些食品和水,又出发去另一观察点了。一直到16日,当我们前往破坏德军要道的巴格巴格的路上又途经那个会合点时,才看到精疲力竭的沃尔小组刚刚赶到。由于路况太差,我们去巴格巴格的计划落空了,最后也折回了会合点。

接下来的几天,我们两个小组一直在附近地区活动,尽可能多地给德军制造些麻烦。我们破坏了从玛萨到西地布兰尼间的水管;沃尔小组炸毁了停在05机场上的4架运输机,皇家空军根据我们提供的情报,至少击落了另外10架满载货物准备出航的运输机;为了不让德军捡到便宜,我们还顺便将沿路英军遗弃的一些装备、车辆破坏掉。后来听说因为我们的袭扰活动,德军一度中断玛萨以西路段上的运输。

8月7日,我们安全返回在埃及的总部。部队没有任何人员伤亡。一路上我们虽屡次被敌机发现,但由于有风沙的掩护,也因为能及时化整为零、巧妙转移,我们闯过了一关又一关。

2.走进丛林

第二次世界大战结束后不久,SAS的发展曾一度陷入停滞不前的状态。就在这时候,马来半岛的人民革命风起云涌。马来民族游击队已发展到三四千人,外围群众组织更有几十万人之多。他们隐藏在浓密的热带丛林中,不时袭击种植园、村庄和城镇。殖民地当局对游击队反复围剿,但收效甚微,不得不向英国政府求救。在当时的英军总参谋长威廉·斯利姆爵士的建议下,特别空勤旅的前任指挥官迈克·卡尔弗特少校被授命,就镇压马来半岛革命提出对策。

卡尔弗特是一名非常有个性的军官。在二战时期,他曾是缅甸战场上的一员虎将,1945年时接任SAS的指挥官。据说在一次酒会上,蒙哥马利元

帅曾向在场的许多军官征求对战局的意见,但他们大多支支吾吾,只有卡尔弗特能侃侃而谈,言之有据。

经过七个月的调查研究,甚至长途跋涉数万里亲赴战地考察,卡尔弗特提出了自己的见解。他认为,军事行动失利的原因在于当地的部队、警察和地方政府缺少配合,派往马来半岛的英军惧怕深入丛林作战,他们得不到丛林中土著人支持等。他还认为,丛林本来是“中性的”,那里生存环境无论对游击队,还是英军都是严峻的考验。如果英军能派一支精悍的分队,像游击队一样长期驻扎在丛林中,同时通过赠送食品、药品拉拢土著人以获得情报,他们就完全能战胜丛林,取得胜利。

▲ 艰苦的丛林训练

卡尔弗特的计划得到了英军决策层的赏识,他被任命为前往丛林作战的特种部队的指挥官。原先这支部队被命名为“马来亚侦察队”,而卡尔弗特则在脑子里盘算着借此机会重振特空团的旗鼓。事实上,在奉命负责暂时解散SAS时,他就处心积虑地为这支部队在本土军中保住了血脉。在卡尔弗特的积极游说下,马来亚侦察队终于有了一个光荣

的注脚，它被正式称作“马来亚侦察分队(特别空勤团)”。

在进入丛林的最初一段时间里，卡尔弗特和他的部队进展并不顺利。卡尔弗特几乎是白手起家，他缺少必要的后勤和行政上的支援，从招募队员、培训、计划到配备武器装备他都得亲自过问。开始时，他的队员都是由各部队推荐来的，连队的指挥官往往把那些惹事生非或是不中意的人踢过来。卡尔弗特自己是个不拘小节的人，经常喝得酩酊大醉，这就难怪他带出来的队伍看上去也很散漫。但不管怎么说，马来亚侦察队很快就适应了丛林，个个都成了野外生存专家。

1951年中，由于染上了热带疾病，卡尔弗特不得不返回欧洲疗养。来自陆军的约翰·斯洛中校接替了卡尔弗特的工作，他的到来为马来分队带了新的风气。斯洛中校开始严肃军纪，并对队员进行严格的训练。他首先引进了步兵中规范的训练课程，使特种部队的成员熟练掌握单兵武器使用、班排战术等基本功。然后，他又针对实际需要增加了爆破、伞降，在丛林中快速修建直升机停机坪、巡逻和袭击等方面的训练。经过一段时间的锤炼，马来亚侦察分队终于脱胎换骨，面貌一新。这种变化在1952年年初，实施的赫尔斯贝行动中就可以略见一斑。

赫尔斯贝行动的目标区域在马来西亚–泰国边境中段附近，处在派拉克河两条支流，白兰河与新歌河间乌鲁拉哈山山脚下的谷地中。这里到处沟壑纵横，急流险滩。但沿河岸地势稍平坦处土壤十分肥沃，种植着大量稻米、玉蜀黍、木薯等作物，这是游击队的天然粮仓。英军选择围剿这一地区的另一个原因是因为有情报称，游击队第十二团的团部驻扎在河谷，且很可能其领导人陈朋(音译)也在这一带活动。SAS的3个中队将参与这次行动，他们的任务是找到并消灭丛林中游击队的根据地。B连将在河谷的西侧白兰河岸边实施伞降，与从东南方向步行穿插过来的C连及D连形成合围。这是SAS建成以来投入兵力较多的一次行动，也是自横渡莱茵河后，英军首次采用伞降作战。

2月1日C连和D连到达离泰国边境24公里处，他们原先打算乘卡车前往巴图梅林塔，然后去翻那几道山。但在一场大雨和洪水冲刷过后，车辆再也无法前进了，部队只能在离目的地还有几公里的地方弃车步行。在那样的地形下就意味着他们要在烈日下走上两天，很多人在脚上都打出了水泡。

到达巴图梅林塔后，两个连在镇上做了补给，接下来每个人要背负约31公斤重、足够七天使用的口粮。2月4日部队又上路了，下面的路程更加难走，而他们还必须和时间赛跑。因为按计划B连将于2月8日在预定地点伞降。指挥官伍德豪斯一个劲地催促队伍走快些，他让两个连轮流领头，因为走在后面的部队相对总要吃力些。从上午7点半到下午5点半，部队一刻都没有停下来，甚至连顿饭都没有吃。第二天他们到了一片干涸的河床，很多人的脚被跑进鞋里的沙砾搓掉了皮。下士莫斯利实在坚持不下去了，***当他艰难地解开鞋时，发现一片片皮肤已脱落，并粘到了袜子上，双脚磨得血肉模糊。伍德豪斯让他和另外两人撤回巴图梅林塔，同时命令部队不要停下来，也不要再管掉队的人。***

令伍德豪斯更加头痛的是在丛林中很难辨清方向。他们使用的地图十分粗略，找来的向导虽然熟悉地形，却与他们有语言沟通上的障碍，而且他根本没有时间概念。傍晚时，向导称在到达前面大河还要六个钟头，于是伍德豪斯命令部队原地休息。但第二天他们到达河边时，发现才用了三个小时，前一天若不停下来，天黑前他们就可能赶到。

这时，他们刚走完差不多一半路程，剩下的路程必须在两天内完成。伍德豪斯命令部队兵分两路，由沃尔斯率C连渡过河水下游从东边接近目的地；他自己则带领D连翻过山头包抄过去，他想，总会有一支队伍能在伞降开始前到达。

能让部队在如此恶劣的天气和地形条件下坚定不移地向前挺进，证明前一阶段的训练是成功的。伍德豪斯后来回忆道，那两天他们已经对疲劳和疼痛麻木了，只剩下不达目的誓不罢休的意志。他们机械地在攀上山岩，从泥泞的山坡上滑下来，踉踉跄跄地涉过河床，一路披荆斩棘穿过茂密的丛林。

然而B连的空投却因为天气原因被推迟了。伍德豪斯部队已赶到了白兰河前的一座山头上，他们接到命令，在B连于9日上午9时伞降后再下山渡河。到了9日，伍德豪斯发现天气没有好转，而且起了大雾，等到9点也没有听到任何B连动静。他以为行动又推迟了，便让部队暂时休息，并命令通信

员关掉电台以节约电池。可就在一刻钟后，他们听到了头顶上飞机的轰鸣声。

等待已久的官兵们激动不已，他们如饿虎一般扑下山去。但到达河边时，他们被眼前的景象惊呆了。暴雨过后，白兰河已涨到了36米宽、1.8米深，咆哮着的河水看上去十分湍急。这时，除了强渡别无选择。一名叫彼尔曼的队员自告奋勇要游过去。他在身上拴了根绳子就一头扎进涛涛河水。岸上的人见他许久不出来，害怕他被旋涡带下去，便拼命把他从水里拽出来，没想到这让他十分恼火，说原本他是想从水流较缓的深水处潜游过去的，同伴们这么一拉反而让他差点被淹死。他的第二次尝试成功了。凭借彼尔曼牵过岸的一根绳子和两艘临时扎的竹筏，部队终于安全渡过了白兰河。

可是，在过了河后伍德豪斯才发现，他们的位置偏移了，还必须再走一天才能到达预定地点，这就意味着在B连伞降当日不可能有任何联合行动了。

事实上，B连的伞降行动也不太顺利。恶劣的天气差点让人失去了耐心，当侦察机发现云海中露出一小块晴天时，指挥员果断地命令实施伞降。但近地面的风仍旧很大，很

▲ *正在伞降的B连*

多降落伞都被吹偏了方向，落下来时挂到了树上，一些人不得不从30米高的树上胆战心惊地爬下来。不管怎么样，伞降奇迹般地成功了，除了3人轻伤外，整个伞降部队安全来到了结集地点。

丛林中的确有游击队，C连在前往目的地的途中就与敌人交了火。两个连会合后，伍德豪斯立即派出多支巡逻队，开始追捕在丛林中四处躲藏的游击队员。就在这时，几个意想不到的人出现在伍德豪斯眼前，他们就是脚上受伤的莫斯利实和他的两位同伴。他们没有回到镇上，而是沿着前面部队的足迹，一路追赶了过来。望着精疲力竭却面挂笑容的这三个男子汉，伍德豪斯哽咽无语。

部队随后接到命令，要求他们遣散居住在河谷地带的老百姓，这么做的目的是彻底切断游击队在丛林中的供给线。与此同时，英军继续追剿已被打散了的游击队。他们遇上了几次游击队的伏击，但只有两三个人受伤，其中一名士兵是在蹲下来方便时被冷枪打中了屁股。许多游击队员被打死，有一名游击队的交通员被英军活捉，可是因受伤过重，不久后也死了。

赫尔斯贝行动使游击队暂时失去了一处活动据点。尽管英军后来的空中侦察表明，在英军撤走几个月后又有游击队回到河谷活动，但英军上层对SAS这次行动的成绩是满意的。它证明了空降行动的可行性，并令人相信SAS在后勤保障有限、地理环境险恶的条件下仍有很强的作战能力。

3.高原上的秘密武器

阿曼是位于阿拉伯半岛东南部的一个独立的苏丹王国。它西面与也门共和国接壤，东边和南边濒临阿拉伯海。这里土地贫瘠，气候恶劣。1954年的阿曼处在塔木尔·苏丹的残酷统治下，他的臣民生活在水深火热之中。在当地伊斯兰教教长的鼓励下，住在被称为“绿色山脉”地区的人们开始奋起反抗。

“绿色山脉”是一片方圆约350平方公里的高原地带，四周悬崖围绕，惟一的通道是一条狭窄的山间小路。到1957年年底，起义军已经装备了0.5布朗宁机枪和地雷，而苏丹的军队只不过是由英国人率领的几百人而已。根据双方早些时候签署的协议，英国派出了皇家空军和一个营的步兵来帮助苏丹剿灭叛军。他们对“绿色山脉”地区进行了炮轰，但无功而返。接着两次

▲ 起义军装备的布朗式轻机枪

企图以步兵占领该地区的行动也告失败。到1958年3~11月间,共有150辆汽车(包括8辆英国侦察车)被地雷炸毁。

总结了几次失败的原因,弗兰克·基特松少校想到调用特别空勤团,不仅因为此时的英军和阿曼军队都急需攀登专家和具有很强攻击力的部队,而且,因为英国政府根本上不可能冒着风险派遣大规模部队前来增援。在当时的情况下,大规模海外出兵在政治上是不能被接受的。苏伊士运河事件发生后,英国在国际上受到了来自多方面的压力。当时尚在马来西亚的第二十二特别空勤团D连的42人奉命被调往阿曼。下面是一名叫拉奇的士兵对阿曼行动的自述。

我刚刚在马来西亚通过了专业考核,就接到通知要调到另一战区。前往的目的地开始时是保密的,我们谁也不知道要去哪儿。我们不能透露自己是特别空勤团的人,他们发给我们蓝色贝雷帽。我们先飞到新加坡,再到锡兰,然后换机到达阿曼南部海岸的一个名叫马斯拉的小岛,这里设有皇家空军的基地。在基地,我们换乘一架特殊的军用飞机,飞往马斯喀特。这些都是后来才知道的,当时,我们只能试图通过看星星来判断自己所在的方位。我们在一片沙漠中降落了,并直接来到一座搭好的帐篷中参加情况介绍会。据说,就连带队的沃尔兹少校事先也不知道目的地,只是在途中接到密电后才知道的。他打开地图,向大家宣布说:"你们现在位于马斯喀特。你们一定听说过这地方吧?"

没有人听说过这里。

"这里的政府碰上些麻烦。"他先给我们介绍了友军的情况,一个营的苏丹步兵,约200人,几门大炮,再有就是我们这42个人。之后,他又给我们分析了敌军的情况,"对敌军,我们的了解不多,但至少我们知道,他们有一支大概500人的队伍,他们装备精良,是一支训练有素(曾受训于美军)的队伍。还有一支不明数量的当地部落武装,他们的装备也不错。我们面对的敌军加起来大致有2000~5000人,他们居高临下,出没于3000米高的高原,四处是悬崖绝壁。自两千年前波斯人付出损兵过半的代价征服这里后,再没有什么人敢来染指。还有一个小问题,那里所有的道路都埋有地雷。"

没有人眨一下眼，有人说道："别相信那些鬼话，我们能打赢他们。"

我们决定兵分两路，北路派两支部队，分别为十六分队和十七分队；南路派两支队伍，分别为十八分队和十九分队。我被分在十六分队。我们没有直升飞机，没有后援，除了两辆卡车之外没有任何后勤保障。我们一下卡车，就开始攀登。天一片漆黑，敌人没发现我们的到来，事实上任何思维正常的人都不会想到我们会跳下卡车径直攀上山来。

我们是轻装上山的，一直爬到山顶也没有遇到任何反抗，我们相信，我们是能够占领住这块阵地的。第十七分队先行下山取回他们的随身装备，然后轮到我们。山顶上天寒地冻，我们水瓶里的水都要结冰了。我原本对在寒冷环境里作战感到发怵，但是既然老天保佑我们顺利登顶了，我相信，再往后我也一定能登顶到底。

第二天晚上，山顶上只有我们13个人，接着就发生了令人虚惊一场的事。我正在值班，忽然传来一片嘈杂声，在漆黑的夜色下，仿佛看见一大群敌军向我们冲来。我随即踢醒了身边的人，同时举枪瞄准，我记得当时自言自语："上帝啊，人可真不少！"我正要开枪时，我们头儿命令道："且慢，不要开火。"幸亏我没有开枪，因为被我错以为是敌军的不过是四个农民，他们赶着一群驴，想抄近道上山。后来，他们还为我们提供了水和其他给养。

我们的目的是要震慑住敌军。头一个星期，他们被我们吓着了，再过一个月，他们见到我们就闻风丧胆。我们占领了一座称为"赌场"的小山，距离敌军的主阵地只有不到1000米之遥。这时，敌军开始意识到他们的天然屏障已被我们攻破。

敌军的大营扎在一道峡谷中，峡谷横穿山脉，两面是15~30米高的悬崖峭壁，悬崖上和峡谷中布满了荷枪实弹的士兵。我们曾经远远地侦察过，发现最好的破敌方案是先攀上悬崖，绕到敌人背后，再发起进攻。我们开始出发寻找最佳的攀登路线。第一次努力失败了，我们的人只爬到4米多时就被卡住了，只好借助绳索下山。正准备再做一次尝试，我听到旁边有人在拉开手榴弹，紧接着听到他说："让他们尝尝燃烧弹的滋味。"燃烧弹炸开了，照亮了周围一切，包括我们自己。一阵阵尖叫声传入我们的耳鼓。

这下坏了，我们完全暴露在了敌人工事的正面。你可以想象当时是怎样的情景，我们仿佛站在大街当中，两边高楼大厦的每一扇窗户里都伸出

枪来向我们射击。那情形简直不可思议。我们竭尽全力应付从各个方向射来的机枪子弹,并瞅准机会还击。在一阵混战后,枪声突然停寂下来,原来是敌军用完了弹药,这时我可以清楚地听见敌军受伤者的呻吟声。就这样我们毫发无损地撤了出来。敌人龟缩在工事里,没敢冲出来追我们,他们没想到我们只有4人,而他们至少有50人。

到1958年12月,已有约40名叛军被打死,我方需要增加兵力才能拿下高原,攻下敌军的主要据点。1959年1月9日,A连抵达了。1月26日,他们会同D连,花了九个小时,每人负重45公斤,攀上2500米高的山崖。黄昏前,两个连在山顶会合,他们的弹药和给养由飞机空投。敌人看见降落伞,以为是大规模的空降部队来了,就逃到了沙特阿拉伯边境地区。特别空勤团乘势直捣敌人老巢,结束了战斗。

虽然战争结束了,阿曼却仍为贫穷与落后所困。在60年代,这里又发生过几次起义,同样被血腥地镇压了。苏丹本人遭受过数次暗杀,虽然幸免于难,但其统治的日子已屈指可数。

阿曼行动巩固了SAS在英军的地位,让人们知道这支部队在走出丛林后仍有存在的价值。

三、特别空勤团的选训体制

英国人至今仍将大卫·斯特林当作民族英雄,他所创立的特种部队模式没有仅仅成为夹在暗黄书页中的传奇,而是恒久地驻留在了特别空勤团的精神之中。一代又一代的特空团成员,无比虔诚地传承着勇敢、坚韧和智慧,由此他们也得以完整地传承了光荣、骄傲和胜利。今天的人们在景仰之余,或许会发现特别空勤团辉煌的内核也许正是由一些它最基本、最原始的元素构成的。

1.斯特林模式

英国特别空勤团的每一名成员都有极强的单兵作战能力。他们能熟练使用各种各样的武器,能在常人难以想象的不利的环境下生存并保持战斗

▶ 单兵作战力极强的特别空勤团队员

力，能驾车、操舟、跳伞、潜水，可谓上天入地，无所不能。但是，无论特别空勤团的队员们如何骁勇善战，他们都不可能仅凭个人的能力赢得胜利，而必须依靠团队的力量。但特种部队毕竟有别于普通常规部队，他们往往有独特的组织方法。在世界范围内，各个国家的特种部队在战术组成方面也大不相同，但目的都是相同的，就是最大限度地发挥特种部队强大的打击力，最合理地将掌握多种技能的特种兵组织起来，最有效地提高部队的灵活性。

在英国特别空勤团里，最小的战术编制是4人一组的小分队，这是由特别空勤团的创建人大卫·斯特林提出的。大卫·斯特林总结了第二次世界大战中早期特种部队的经验，他发现，凡是大规模的哥曼德式的军事行动，大多避免不了灾难性的结果。大卫·斯特林本人就亲历了1941年在北非海岸的一次并不奏效的攻击行动。当时，他是英军突击队的一员。斯特林认为，英国特种部队的有些行动，如果采用小规模作战的方式会比大规模行动更加有效。他在自己的书中写道：经过适当挑选的200人，若假之以时日的进行培训，并配备足够的装备，把他们组成较小的作战单位，他们完全可以在同一个夜晚，同时攻击10个不同的目标。而如果用当时哥曼德式的大规模进攻方式，则只可能在同一个夜晚进攻一个目标。斯特林后来有机会实践

自己的理论，并逐步摸索出特种部队最小战斗单位应该有多少人。

在这样的背景之下，英军特种部队开始将四人一组的小分队，作为最小作战单位并形成了传统。英军认为，四人一组是比较理想的战术组合，因为它使某一局部的突袭能力最大化，同时，又保证了战术设计中有充足的火力与足够的机动性。在战后，四人一组的斯特林小分队模式被延续了下来，并在几十年的实战中，被证明仍然是适用的和有效的，直到今天依然是特别空勤团的战术基础。

英国特别空勤团也许是世界上扮演角色范围最广的一支特种部队，它可以用于压制恐怖主义活动，也可以用于长途侦察、敌后渗透破坏活动等，它能够适应丛林、高山、极地、海岸、城市等多种地形作战。上述任务样式和作战环境对战术有不同的要求，但英国特空团的4人编组都能应付自如，这不能不说是一个奇迹。

从战斗火力的角度上来说，通常的逻辑是人数越多，火力当然越强。但是，我们不能忽视武器装备精良的程度和单兵使用多种武器的能力这两个因素。事实上，小规模的特种部队由于配备了具有高度杀伤力的武器弹药，再加上出众的操作能力，其火力有时反而胜过那些人数超过他们的部队。

重火力配备通常会受到特种部队的青睐，原因有很多方面。第一，重火力配备能提高特种部队的自救能力，一旦小股侦察部队遭到伏击，队员们可以凭借充足的火力杀出一条逃生之路；第二，重火力配备能提高特种部队的攻击力，当需要发起主动进攻，如袭击或伏击敌人时，重火力就显得非常重要；第三，重火力可以给予队员们更多的安全感，这种心理上的强势，在行动中也是不可或缺的；第四，重火力配备能迷惑敌人，使他们误以为是遇上了大部队。

但特种部队配备重火力会遇到不少制约的因素。首先，要熟练掌握多种先进武器的使用方法并非想象中的那么容易。英国特别空勤团队员们都经过长期艰苦的武器训练，他们在射击精确度、反应时间、使用武器多样化方面都处于世界领先地位，这就为特空团配备先进武器装备打下了基础。其次，重火力配备无疑会增加部队的辎重，这对特种兵的负重能力是严峻的考验。在马岛战争中，参战的特别空勤团每个四人小组都配备3支步枪、1支机枪和4支勃朗宁高能手枪。这意味着每支队伍要随身携带3种不同型号

的弹药:5.56毫米的步枪子弹、7.62毫米的机枪子弹和9毫米的手枪子弹。这也意味着每一个队员要背负重达60公斤的装备。武器装备的发展日新月异,上面的这些数字如果跟1991年海湾战争中特别空勤团队员所要背负的重量相比,又显得无足轻重了。据说,当时的侦察队员有时每人要背负重达95公斤的装备。现在我们或许更容易理解,为什么英国特种部队在训练中要那么强调负重越野了,如果没有超人的体能做基础,特种部队就不可能在配备重火力方面放开手脚。

补给问题也是限制重火力配备的因素。武器装备越是先进,对补给的要求也就越高。特种部队由于经常远离主力部队执行任务,在补给方面常会出现问题。

关于火力配备,还有一点需要说明:在战争中,特别空勤团的任务侧重于情报收集和侦察,他们的行动方式通常是暗中潜入敌占区,建立隐蔽的观察哨,再将侦察到的情报准确及时地传递回司令部。在正常情况下,执行侦察任务的特空团队员是不需要使用强大的攻击性武器的,只有当他们执行任务失败或遇到挫折,也就是说他们被敌人发现时,先进杀伤性武器才会派得上用场。

采用斯特林模式的特空团行动小组,所具有的战斗力与其人数是远不成比例的。能取得这样辉煌的成绩,除了武器装备因素外,更多地要归功于特空团四人小组全面的战场能力。英军对特空团小分队的战场能力要求突显为以下四个方面:通联能力、爆破能力、自我救护和医护能力、语言能力。这4方面的要求绝不是主观臆想出来的,而是对实战经验的总结。正是这4大技能的完美结合赋予了特别空勤团四人小组惊人的战斗力,使他们即使在孤军奋战的情况下,也能发挥出最大潜能,完成包括情报收集、制造混乱、敌后破坏、偷袭等在内的多种任务。

高超的通讯技巧,使执行任务的小分队能与总部始终保持通畅的联络。在海湾战争中,特空团凭借全球定位系统、卫星通讯系统和激光测向仪准确地保持自己的战术位置,他们与指挥部间稳定的电台联络,使后勤补给有了保障,也使情报得到及时有效的传输。爆破能力对于特空团在敌后进行破坏活动是至关重要的,这一点,从二战中的北非战场到马岛战争中的佩布尔机场战役、海湾战争中的摧毁伊通讯塔行动都有所体现。医护能

在丛林中执行任务

力往往被一些部队所忽略，其实，这在特种部队十分重要。要在敌后战场上生存下去，没有一定的医护知识是不可想象的。由于远离大部队，特种兵遇到伤病都要自己解决。减员对特种部队是致命的，因为每个人都有其难以替代的作用。特种部队总是千方百计把非战斗减员降至最低程度。此外，在人质解救行动中，缺乏必要的医护常识也可能使部队功败垂成。

语言技能也是特别空勤团队员们掌握重要的技能之一，在实战中往往发挥极其关键的作用。例如，在马来西亚丛林中执行任务的许多特别空勤团队员，能操一口流利的马来语，大大方便了他们与当地土著居民的沟通与交流，无形中建立了相互间的信任与友谊，为英军在丛林中站稳脚跟打开了方便之门。

特别空勤团四人小分队中，每名成员既多才多艺，又在某一方面有所偏重，如山地及极地作战、舟艇及泅水作战、伞降、驾驶等，如果把四人的技能合二为一，这支小分队几乎是无所不能了。就执行任务的多样性来说，特空团也远胜过大多数同行。

很多人都认为英国人生性刻板、教条，但特别空勤团在遵循斯特林模

式方面却不乏灵活性。他们深知，灵活性是每支特种部队不可缺少的品质。而另一方面，特空团成员无与伦比的个人素质，又为部队培养这种可贵的品质提供了可能性。实际上，特别空勤团可以根据不同情况的需要，组成或大或小不同规模的作战团队。比如说，在战线拉得较长，人员紧张的情况下，特别空勤团可以3人一组，同样能够达到作战效果。在1991年的海湾战争中，特别空勤团使用于8人为一组的步行侦察分队；而在营救伊朗使馆人质的行动中，特别空勤团的攻击行动是两人一组闯进大楼的。

从某种意义上来说，特别空勤团的每一名队员都能自成体系，他们多才多艺，单兵作战能力很强。他们永远不会被动地接受命令，而总是运用自己的智慧，决定应该做什么以及怎样做。他们就像一个个多功能的模块，单独时能起作用，如果根据不同需要三三两两地组合在一起，他们也能灵活地调整自己的位置，有机地结合在一起，最大限度地发挥潜力。这种独立性和一体性的完美结合也许才正是斯特林模式的精髓所在。

2.选拔与培训

特别空勤团自1947年以来参与了各种行动，创下了赫赫战功。大量事实验证了特别空勤团对其成员最基本的一条要求，即适应能力。不管你是什么军衔或级别，你必须能够随时应付任何突发事件，适应任何环境，接受任何挑战。这种适应是无条件的、绝对的、无法选择的。一支部队可能24小时前还在北欧的高山上，而现在却身居中东的沙漠腹地。无论发生了什么，作为特种兵，你都必须始终保持足够的战斗能力。

也许你会问，特别空勤团该不会都是由超人组成的吧？这一说法会被断然否认，特别空勤团无疑都是由你我一样的凡人组成的，他们各有特点，都有自己的个性和情感，他们也会结婚生子，买房置业，赚钱纳税，但他们的工作性质，以及长期良好的训练使他们看上去仿佛出自一个模子。生性散漫的人与特别空勤团是格格不入的，即便碰巧被录用，过不了多久也会被淘汰。严格的纪律和统一的标准，无形中在团队里形成一种强大的凝聚力和强烈的归属感。

特别空勤团成员有各自不同的经历和前景，他们来自英军中不同的军兵种。英军并不提倡抹杀个性，相反，强烈的个人意识和自主精神是特种兵

应有的气质。在执行任务时，队员们接到的命令通常都是非常简短，指挥员只是陈述问题所在，而具体如何解决问题将需要个人去思考并实施，而不能坐等指挥员告诉他应该做什么。因此，作为特别空勤团队员，必须具有强大的独立人格力量，而不是只会唯唯诺诺。但另一方面，特空团要求每名成员能与他人进行良好的配合，将自己的个性自然地融合在团队中。比如说，他们的训练中会安排一个人与另外两三个人挤在狭小的洞中一起度过三个星期，而不能随处走动，这就要求大家和睦相处，容忍各自的不良习惯。还有一条，特别空勤团队员必须具备良好的身体和精神状态，肌肉发达、体魄强健是基本要求，清醒的头脑也是必要的，还需要有不言放弃的决心与毅力。此外，队员还必须具有平稳的心理素质，只有这样，才能保证队员在危急情况下不急不躁，有条不紊。

在特别空勤团里，使用暴力、掌握杀敌技巧是司空见惯的事，它们不过是工作的一部分，与暴力倾向完全是两码事。恶毒与残暴的品性对特别空勤团队员来说，也是不能接受的。如果你发现有个别特别空勤团队员在酒吧里惹是生非，或大吹特吹自己的功绩的话，这样的人可能很快会被特别空勤团除名。

特别空勤团的选拔程序是在20世纪50年代建立的。自此以后，除个别内容上做过一些修改外，整套程序一直还在使用。简单地说，选拔程序要求队员在3个星期的时间里，进行距离不断加长、难度不断提高的越野和攀登测验，同时背负的重量也会不断加大，以考验个人的毅力和耐力。在这3个星期中，候选人将获得在判读地图方面的帮助，迅速提高陆地测向能力。军

◀反恐演习中攀登绳梯

官与士兵的选拔都要经历这3周的严峻考验。而对于军官的选拔来说，在完成3周的训练之后，还有一周时间接受战术能力方面的考查，考官都是那些经验老道、善于挑毛病的资深军官。曾有一个阶段，有关人士评论说，特别空勤团的选拔过程中过于注重体能方面的考查，但事实证明，特空团传统的选拔方法还是有效的，它的确能为特别空勤团找到理想人选。特别空勤团选拔过程中淘汰率相当高，据说这一比率达到了80%。尽管如此，特别空勤团拒绝接受任何降低录取标准的提议。多年来，特空团曾发生个别候选队员，因训练课程中的野外生存等高难度项目而丧生的事故，但是，为了保证特别空勤团整个团队的精良素质，这样的代价似乎也是值得的。

在通过了基本的选拔程序后，候选队员还将面临连续几个月的训练。在这一期间，如果不达标，候选队员仍有可能随时被遣送回原籍。只有完成了接下来这几个月的磨难后，候选队员们才算得上是被特别空勤团录取。不过别忘了，即使被录取，他们在特空团里仍有一段试用期。

除了对严格得几近苛刻的选拔程序要有足够的心理准备外，想要加入特别空勤团的人员还必须考虑其他一些因素。大多数申请者都是20出头的年轻人，他们大多是现役，通常已经有了良好的军事背景，并且升至一定的军衔，而一旦申请加入特别空勤团，他们的军衔又将重新开始计算。特别空勤团的选拔每年安排两次，冬夏各一次。参加冬训的候选队员无疑要忍受威尔士冬季的大雾、风雪以及潮冷的空气，而选择参加夏训的人则要与酷暑为伴。

年轻的士兵申请者如想加入特别空勤团，他们必须得到上级指挥官的批准。但是上级指挥官通常不愿意手下失去一位素质良好的士兵，因而在审批过程中也可能会故意刁难。作为提出申请的士兵来说，他们有必要对风险与回报细细掂量。一旦他通不过特别空勤团的训练而被淘汰，就很可能面临进退两难的境地。

特别空勤团的训练要求申请者在一年中的8个月里与家人分开，这给不少年轻人的婚恋也带来了不少压力。当今英国军队正面临着人员的紧缩，也就意味着，有专业技能的人供不应求，而年长、有经验的人逐渐过剩。相应地，特别空勤团的队员将得到更高的工资，并且在试用期结束后，有希望成为特别空勤团永久成员，担任不同职位，从而在特别空勤团度过整个

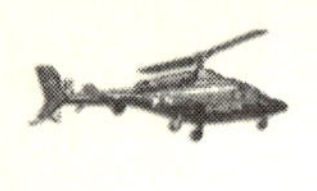

职业生涯。

同样,年轻的军官申请加入特别空勤团之前,也需要仔细考虑此举对自己整个军事职业生涯的影响。近年来,英军一直在裁军,如果在普通连队中,很难长期留在军中。但英军对有专业技能的人却十分重视,这些人即便不能被进一步提升,仍可以通过转志愿兵或非任命军官继续在军中发挥作用。特别空勤团的成员在度过试用期后,一般不用为未来发愁,只要他们愿意,完全可以在特空团干一辈子,并且享受高于其他部队同级军官的待遇。但从军衔的角度上看,呆在其他部队里只要循规蹈矩,也会步步进阶,前途也很不错。

在完成申请并得到必需的批准之后,所有的候选人员都集中到海瑞福德,在这里,他们将接受全面彻底的身体检查,并且进行体能测试。体能测试规定必须有10%的人被淘汰, 也就是说从一开始, 候选人数就将减少10%。那些抱着不达目的誓不罢休的候选队员,通常都会事先主动地进行数周乃至数月的体能强化训练。特别空勤团的申请者大多来自伞兵部队和轻步兵都队。G连一般从皇家卫戍部队中招人,当然,现在也扩大到炮兵、工兵和其他部队。

在特空团申请者训练中, 教官们并不像人们想象的那样整天大声呵斥,而多是在一旁冷眼观察,暗暗地对每名申请者的考核情况、个人意志、品质、以及适应角色的能力进行评估。在训练第一周,大多数时间都用来进行地图和地面测向训练,因为大部分候选队员原来所在的部队通常对此不做要求。特别空勤团要求队员出于安全考虑,必须能够心里默记住地图上所有的参照物及其含义。队员们不允许在图上做任何标记,地图必须自始至终按原样携带,这么做是为了养成良好的习惯。因为在战场上地图上如有标记,很可能向敌人泄露行动的具体地点。除了读图,在第一周里队员们还将进行一些攀登和行军练习,这些不过是整个训练过程的热身运动。

在第二周里,训练的节奏明显加快,行军背负的重量开始加重,距离开始加远,而且每天候选队员们要在山上度过的时间也更长了。跟不上这一节奏的候选队员,不可避免地要面临这样的尴尬境地:要么是被淘汰,要么是自愿退出。总有一些人因为在训练中受伤而被送到医院治疗,康复后他们还有机会体面地回到训练场,重新接受一次考验。第二周的训练课程一般从清

晨4时就开始。此刻,队员们还都睡意正浓,前一天训练留下的浑身的酸痛尚未缓解,可是哨声一响,他们必须迅速起床,背上武装背包和枪支,跳上卡车,前往山上的训练集合地点,在那里开始一天的训练课程。通常情况下,训练要到深夜才能结束,这样算下来,他们一天只不过能够睡上三四个小时而已。在训练中教官经常会故意刁难队员,搞一些恶作剧考验他们的意志。例如,当队员们到达训练终点时,跟着送他们回营地的卡车开过来时,就在他们以为自己马上可以坐车回家时,卡车却从他们眼皮底下开走。教官会告诉他们,卡车另有临时紧急任务,他们将不得不徒步走回营地。有些意志不坚定的人此时就会发生动摇并宣布退出训练,而那些坚持下去的队员在走了两三公里之后,会发现卡车其实就等在那里。当然,从训练课程本身来说,目的是鼓励候选队员们努力通过测试,而不是刻意强调淘汰率。

选拔程序中的第三周又被称作是"测验周",这时候,剩下的候选队员人数已比开始时少了一半。每当一位申请者被淘汰时,行政人员都会在培训中心贴着他们照片的人名栏上画上一道红杠。随着不断有人被淘汰,红杠也越来越多,这对剩下的人来说既是压力,也是激励。在测验周里,队员们在长途行军过程中要背着武装背包、枪支以及衣物,光着上身渡河,而山道行军则要求他们山上山下往返跑3趟。这样的山可高达900多米,即使是经验丰富的登山者,爬一次也是一个不小的挑战,而特空团候选队员们攀登时要背负着重达18公斤的武装背包,手里提着没有背带的枪支,身上绑着装满子弹的弹药袋,这的确要求惊人的耐力。测验不仅有负重要求,还有速度要求。为了在规定时间内完成往返3趟的任务,队员们必须能跑则跑,无论是上山还是下山。难上加难的是,在这一训练中每个人均是单独行动,在没有队友支持的情况下,他们要独自应付出现的任何困难。

▶ 行军中偶尔停下来吃点高能量的食品补充一下体力

能在前面的长途行军中撑下来已属不易，但特空团对申请者耐力的考验尚未结束。接下来还有更严酷的耐力行军，这无疑又是一道鬼门关。几乎已筋疲力尽的候选队员们在最后的耐力行军中要背负25公斤重的武装背包，在恶劣的路面条件下完成63公里的行军，规定时限为24小时。在整个行军过程中，除了偶而停下来吃一些高能量食品的时间之外，队员们必须马不停蹄地往前赶。

这是一场挑战极限的考验。有更多的人会在这场赌博中出局，甚至有人还会面临更糟糕的结局。1979年2月的选拔训练中发生了一起闹得沸沸扬扬的死亡事件。这一事件的主角是一位叫迈克·基利的少校军官。迈克原先就是第二十二特别空勤团的成员，曾经被调往司令部工作了一段时间。从机关回来后，迈克被任命为连长。按常规，从机关或其他部队调到特空团的军官是必须参加选拔训练的，但迈克原来就是特空团出身，完全可以要求免试，但他决心证明自己勇猛不减当年，主动要求重新参加选拔训练。那一天雨雪交加，寒风刺骨，天气十分恶劣。迈克只穿着单薄的衣服，参加当日的负重行军训练。这身单衣在训练中很快被雨水浸透，开始消耗起迈克身上的热量。尽管体温下降得很快，但迈克还是咬牙坚持着，他对脚下的行军路线十分熟悉，心想凭借经验和毅力他一定能撑到底。但走了两个小时后，队员们发现迈克的速度已经慢了下来。再后来，他的状况越来越差，当有些队员不经意碰到他时，发现他的身体已冰凉得可怕。最后，他终于支撑不住，一头栽倒在地上，躺在那里气息一奄。这时已是行军开始后的第七个小时。有两名队员发现了迈克，他们赶紧将他抬到稍稍避风一些的地方，一名队员试图用自己的体温使迈克暖和过来，另一名队员则直奔山下，寻找救援。救援人员花了好几个小时才在山上找到他们，但此刻迈克终因体温过低而没能再苏醒过来。

最后的行军训练即便对身体最健壮的人来说也是严峻的考验，因为他们遇到的困难不仅仅来自体力方面。在行军过程中，每个人都是孤军作战，他们要依靠地图、指南针、手表以及心中默记的参照物分辨方向。山上经常会遇上大雾，能见度很差，有时除按指南针指示的方向往前摸索外，根本找不到路在哪里。一旦迷路，他们就要走更多的路，同时体力不支的可能性也越大。与此同时，到达这一阶段的候选队员已经为数不多，因而彼此竞争更

加激烈，谁都不想在最后阶段被淘汰。

能够在规定时间内完成行军的队员毕竟是少数，他们是当之无愧的幸运儿。在他们到达终点时，卡车正等在那里，有人会帮助他们卸下沉重的背包，递上热茶和香烟。返回营地的路上虽然颠簸，但这并不妨碍他们在车厢里美美地睡上一觉，在最后的耐力测验结束后，候选队员还可以回家度过一个长长的周末。整个选拔过程到这一阶段时，不会剩下很多人，大批的候选人已被无情地淘汰，对于暂时过了关的少部分人来说，回家过周末的奖励只不过是短暂的喘息。他们清楚地知道，回到训练营地后，他们又要面对新的挑战，前面的道路更加崎岖，痛苦仍将伴随他们左右。

接下来的培训为期四个月。因为很多候选队员来自英军的某些专业兵种，所以他们必须强化基本的步兵作战技能，包括学习使用先进的武器装备和班排战术训练。另外，候选队员还将花上一周的时间学习医护知识，强化通讯技能和爆破技能。在这期间，各种各样的测试和体能锻炼仍会不间断地继续下去。所有的申请者都将受到更密切的关注、更严格的审查，或许有些队员身体条件较好，可以较顺利地通过前面的基本选拔训练，但如果他们没有清醒的头脑和优秀的学习能力，那么，就很可能在这4个月中被淘汰掉。

在基本步兵技能培训之后，将开始长时间的野战生存训练和反审讯培训。

野战生存训练主要是教会队员哪些植物可以食用，如何在恶劣的环境中依靠捕捉动物、采食菌类、海草以及草根来维持生命。这样在实战中，如果遇上被敌人追击、需要躲藏或隐蔽的情况时，队员们就知道该如何应付了。与几十年前的军人相比，今天的年轻人平日的生活要养尊处优得多，对自然界也更加陌生。但特空团所使用的野战生存的基本技巧，仍沿用了第二次世界大战中英空降兵的成功经验，只是根据现代战争的特点，又进行了适当的修改和补充。在很多情况下，队员们还是要像前辈那样，学会依靠大自然中最原始的力量和最基本的资源生存，而不借助现代的物质文明。有些训练是有趣的，又是有意义的。比如，队员们要学会如何对付狗，以便今后在执行任务中有办法让警犬安静下来。他们还要学习如何在野外搜索前进时不暴露自己的足迹。

反审讯练习是这样设计的：队员们先经过彻底的搜身，确保每人身上只剩下基本的衣物而没有其他任何东西，他们的任务是要到达指定的集中地点。当他们在途中需要经过一片乡野地带时，会假想敌人在这里搜捕他们，一旦被抓住，他们将被带到“敌军”所在地进行审问。而这些安排，事先并不告诉受训人员，他们总是在很意外的情况下“被俘”。

反审讯培训的基本技巧，是根据朝鲜战争和越南战争中俘虏的审讯经验总结出来的。在战争中，俘虏抵抗的时间越长越好，因为，他可能供出正在执行中的军事行动，或者参加行动的同伙，造成大量的牺牲。正因如此，反审讯培训必须模拟真实情景，并且实用易学。

在模拟审讯中，审讯者采用的基本招数就是剥夺“俘虏”的感官感知能力。“俘虏”被蒙上眼睛，手脚被捆，无法判断具体的时间，甚至也无法知道具体的日期。按照要求，在反审讯训练中，“俘虏们”只允许透露自己的姓名、军衔、编号以及出生日期，他们甚至不可以回答简单的“是”或“不是”。因为如果这样做，他们就算考试失败而面临被淘汰。审讯者通常会以小恩小惠来引诱“俘虏”，例如给他们提供糖果、香烟，或者装成朋友，对他们说一些表示友善的话语。如果软的不行，审讯者就会以严刑拷打进行威胁。“俘虏”可能会被脱得赤条条的，四肢叉开，绑在墙上，全身上下只剩手指尖和脚趾尖可以活动。在这种情况下，俘虏不仅要忍受身体上的巨大痛苦，还要承受心理压力和人格上的羞辱。审讯者会让“俘虏”又饥又渴，他们还会

▶ 踏上为期六周的丛林战技能训练

营造恐怖气氛，让“俘虏”耳边不停听到邻屋传来的狗吠声和审讯拷打的惨叫声，而他们则在一旁大喝大吃各种美味。尽管在反审讯培训中，通常不会真正使用暴力，但是，常有一些候选队员受不了精神上的压力而被淘汰。事实上，很多受训人员事后都认为，反审讯培训是整个选训课程中最难熬、最可怕的一段经历。

在反审讯培训结束后，紧接着队员们将接受为期六周的丛林战技能训练。丛林战基本技能训练包括：丛林巡逻、丛林侦察探路、打埋伏战以及掌握在丛林环境下生存的基本常识。在丛林战技能之后，是基本空降技能培训，至此，第二阶段的选拔算是结束了。

通过以上所有选训项目的人员现在基本上已大功告成。他们下一步的任务是选择自己将来在特别空勤团中的专项，这决定今后他们将是进入山地、舟艇、空降还是摩托排。对于那些选择空降作为专业的队员来说，原先所学的基本伞降知识是远远不够的。他们还要接受一系列高级空降培训，包括从7620米的高度作伞降和超低空伞降的练习，这两种伞降都需要高超的技巧，必须经过特殊的训练才能掌握。对选择山地战为专业的队员来说，他们要学会能够在世界上任何一处岩石或冰山上攀登的本事，以及在极地寒冷环境下进行作战的技能。决定加入舟艇部队的队员要掌握两栖作战的各种技能，包括出入潜艇、舰船导航、登陆、携带水下呼吸器潜游、水下格斗等。至于将加入摩托部队的队员，他们的学习内容包括掌握如何在广袤的沙漠里驾驶侦察巡逻车和摩托车，如何使用罗盘和各种测向仪表，如何把深陷在沙丘里的汽车拉出来，以及如何在干旱的沙漠中寻找食物等生存技巧。

专业技能学完后，这些队员们就将有幸被传授特别空勤团一项核心技术：四人一组的战术组合，即著名的斯特林模式。四人组合构成是特别空勤团最小的作战单位。这样的组合麻雀虽小，但五脏俱全，每个人都专攻一项，人数虽少，却兼备了优良的机动性与足够的攻击力。四人组合中分工有通讯、医护、外语及爆破四项，队员们根据自己的特点各承担一项。负责通讯的要学习使用最先进的装备收发信号；负责医护的要在医院中学习做战地外科手术的本领；而那些有语言天赋的队员则可以回到学校，学习各种语言和方言；负责爆破的也是武器专家，对各种武器的性能都要

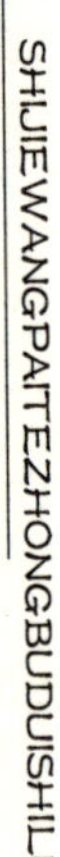

非常熟悉。

在成功地完成了所有的选拔和培训项目之后，最后到了感受光荣与骄傲的时刻。所剩无几的候选队员们会被召集起来，接受高级军官的检阅，并被授予米色贝雷帽和特空团的徽章，然后被分配到各个连队。从此，他们可以算是特别空勤团的一分子了，但这并不意味着他们的培训就到此结束了。事实上，每一名队员需要整整两年时间的刻苦训练，才可能成为一名真正合格的特别空勤团成员。可以说，他们今后在特别空勤团的每一分、每一秒都将在不断地训练与提高中度过。

尽管他仍被分到各专业排，每人都有自己的专业，但特空团要求成员具有全面的素质。因此，他们还需要学习其他专业的基本技能，以确保在来来战场遇上同伴受伤时，整个队伍的能力不受影响。事实上，在特别空勤团中，人员交流是司空见惯的。舟艇部队的人完全有机会到山地部队，摩托部队学习攀登或是沙漠驾驶。特别空勤团有一条人人皆知的格言：不断地训练才能取胜。

四、特别空勤团标识

特别空勤团的前身L分队(L Detachment)成立时，队员的服装与英军陆军部队没有太大区别，大多数人仍穿着他们在雷考克部队时的军服。这种卡叽布的制服有一个特别的好处，那就是当L分队深入敌后时，他们常常被德军误认作友军，因为当时德国北非军团和英军第八军的作战服看上去十分的接近。

几十年过去了，如今的特勤团已是声名显赫，但他们在着装上却也不搞什么名堂，仍与其他陆军部队保持一致。他们平日穿着英陆军制式的迷彩作训服，头戴米色贝雷帽，惟一能代表特空团的标识便是“飞翼匕首”图案的帽徽。在这个图案上还有一段标语，那就是斯特林那句名言：“勇者必胜”。然而，出于安全和保密考虑，这枚帽徽在战斗中却不允许佩戴。

说起这个出了名的“飞翼匕首”徽标还有一个小小的故事。1942年时，SAS的创始人大卫·斯特林悄悄地让开罗当地的一个裁缝在帽子上钉缀他

为L支队设计的图标。斯特林原先草图上画的是“烈火匕首”，但这位裁缝却看走了眼，认为是“飞翼匕首”。帽徽做好了，英军中东司令部却不让斯特林的部队佩戴，说他们不过是一支临时支队，没有资格拥有自己的徽记。但斯特林没有死心，他四下活动，终于说服上司默许他们使用这个标志，并作为英军伞兵的临时标识。

五、特别空勤团专用装备

解救伊朗使馆人质的行动令特别空勤团一战成名，同时给世人留下深刻印象的还有，特别空勤团人员行动时身披黑衣、面戴防毒罩、腰上拴着各式各样小玩意的独特造型，以及他们手里所用的特殊武器。反恐行动有别于一般的军事行动，在武器装备的选择方面很有讲究。***特别空勤团部队所选用的反恐怖专用装备贴近实战需要、设计细致独到，为世界各国的特种部队提供不少有益的借鉴。***

服装：尽管特种部队在与恐怖分子较量中，主要依靠的是闪电般的速度、出其不意的精确打击，但总有恐怖分子抢在行动人员之前开枪的情况出现，哪怕有那么一回意外，都会对行动人员的生命构成威胁。因此，参与特种行动的人员服装必须有很强的防护功能。特别空勤团目前使用的防暴服是用诺麦克斯材料制成的，它在设计中考虑与防毒面具的一体化，双膝和双肘部有加强了的防火衬垫，使穿戴者可以安全地爬过较热的表面。此外，还有用以增强防火效果的专用内衣和手套，手套在设计上充分考虑到行动人员持枪或手持其他武器装备的需要，使穿戴者始终感到手指灵活，握感良好。

防弹背心：现代战争中，防弹背心是军事人员抵御敌人子弹和空中各种弹片的有效用具，但很多时候，使用防弹背心会影响行动的敏捷程度，而对反恐行动来说，速度是制胜的要诀之一。玻璃钢和尼龙材料的防弹背心利用层层阻隔的原理，能较有效地减小弹片射入身体的力量，但它对高速

射入的子弹，防护作用却十分有限。轻质、高强度的凯弗勒(Kevlar)材料的出现为防弹背心带来了真正的革命。特别空勤团部队的防弹背心除使用凯弗勒材料外，还加进了一些陶瓷片，这样即使是高速、有穿甲能力的子弹也奈何不了它。由英国道替公司(Dowty Annourshield)生产的软质防弹服还能有效地吸收、分散子弹的冲击力，以免行动人员遭受严重的钝击伤。高强度冲击造成的钝击伤有时足以致命。这种加有防冲击层和陶瓷片的防弹背心，厚度达18毫米，重量约4公斤。另一家叫普鲁泰克(Protec AiTllour Systems)的公司生产的防弹衣对陶瓷片做了些技术改良，使防弹衣的重量能减至3公斤。

头盔：在解救伊朗使馆人质的行动中特别空勤团成员没有使用头盔，只戴了头罩。这种做法实际上是很危险的，因为头罩只能防热、防灰、防烟，但却不防子弹。目前，特别空勤团部队装备的反恐怖专用头盔，是由英国库特豪德宇航公司(Courtauld's Aerospace)生产的AC100/1型，使用多层复合材料制成，即比较轻便，又抗枪弹，内部还有防冲击的减震内衬，接触佩戴者身体的部分选用天然材料和高级皮革。

防毒面罩：防毒面罩在伊朗使馆行动中已被成功使用。在整个行动中，使馆始终被烟雾所笼罩，当恐怖分子被催泪弹和烟雾弹呛得喘不过气时，行动队员已经占了上风。特别空勤团现在使用的是英国爱汶宝丽默公司(Avon Polymer Products Ltd)生产的SF10型防毒面罩。该面罩上的目镜能防雾、防磨、防腐蚀、防强光。

枪支：特别空勤团使用的枪支主要是德制黑克勒-科赫MP5冲锋枪(Heckler & Koch)、比利时制大威力布朗宁手枪、美制雷明顿870冲击手枪等，此外，有时也选用英制自填式步枪SLR、带消声器的斯特林步枪、英哥莱姆冲锋枪等。总的原则是针对不同场合、不同需要选择不同特点的枪支，因此特种部队在枪支使用的多样性上远远超过普通部队。在大多数情况下，特种部队希望所带的枪支轻便、高效、

▲ 手持MP5冲锋枪的特战队员

击发速度快，如黑克勒–科赫MP5冲锋枪自重仅2公斤，长约325毫米，每分钟平均可击出约700发子弹。

子弹：子弹的选择对反恐怖行动来说，同样是至关重要的。一方面，特种部队希望枪弹杀伤力强、速度快、精度高，另一方面，又要求子弹不会穿过目标误伤到后面的人质，或其他非目标人员。要同时做到这两方面不是件容易的事。目前特种部队使用的多是特制的高速子弹，它们或是能在进入目标身体内炸成碎片，或是通过特别的设计，使其在进入目标体内后能迅速传递动能，很快停下来。至于具体选用哪种型号的子弹，特种部队大多守口如瓶，这在特别空勤团也不例外。

六、特别空勤团反恐实例

在战后的20多年里，特别空勤团的主要任务一直是在世界各地对付反抗英国殖民统治的活动，反恐怖活动对他们来讲还是一片未开垦的处女地。这种情况到了1972年时发生了改变。当时英国的经济陷入低谷，街上罢工的人越来越多，各种极端暴力行为也屡见不鲜。新上任的特别空勤团指挥官德拉比利埃尔是一个颇有远见的人，他指示年轻的排长马赛上尉专门研究一下反恐行动。马赛上尉是一位才华横溢的小伙子，他没有让自己的上司失望，很快就提交了一个加强英军反恐能力的方案。他提出英军应成立对付劫机、绑架人质等恐怖主义活动的专门小组，这个小组应随时处于战斗准备状态，一旦有情况能立即凭自己的力量制服对手。然而，这套颇有见地的方案被递送到国防部后，很快成了官僚主义的牺牲品，像其他许许多多建议那样被束之高阁。在国防部官员的眼里，反恐怖完全是警察管辖范围内的事，与军队毫不相干。

就在这一年7月，发生了骇人听闻的“慕尼黑”事件。一个叫“黑九月”的巴勒斯坦激进组织袭击了住在慕尼黑奥运村里的以色列运动员。他们杀死两人，并将另外九个人扣作人质。毫无经验的德国警方在营救人质的行动中一败涂地。四名绑架者和1名警察被打死，而人质也全数丧命。这件事给西方国家的政府敲响了警钟，他们开始意识到，仅仅依赖在武器装备、训练

和精神上准备都不充分的警察部队，很难降服拥有先进武器的恐怖分子，军队的介入看来是十分必要的。希思政府想到英国国内岌岌可危的北爱尔兰形势，街头巷尾频频发生的暴力事件更加感到不寒而栗，坐卧不宁，赶紧责成国防部研究对策。幸好，国防部的官员马上想到了那份被锁在铁皮柜里的“马赛方案”。

最初成立的反恐怖小组代号为“尖塔小组”，后来又被改称“特别专项小组”，由第22特别空勤团中的一个连组成。这个连包括3个特别专项小组，“红队”和“蓝队”人数、装备和任务完成一致，基地设在海瑞福德；“北爱尔兰小队”则设在阿尔斯特，专门用来对付发生在北爱尔兰的恐怖活动。

如果有人问SAS究竟有哪些特别值得骄傲的优点，毫无疑问，“创造性”将是答案之一。从第二次世界大战中的长途后方袭扰到后来的丛林战、山地战、反恐怖战，特别空勤团每一次都向全世界展示出一套新的作战模式。在反恐行动方面，特别空勤团几乎从零开始，摸索出一整套先进的计划、训练和作战方法，这些方法的有效性和科学性，在以后的实战中很快得到了验证，并被许多西方盟国纷纷效仿。新西兰、澳大利亚的反恐怖部队都借鉴了英军的做法，而美军的“三角洲突击队”完全就是第22特别空勤团的翻版。事实上，“三角洲突击队” 的创始人查理·贝克韦斯原本就是特空团的“入室弟子”。20世纪60年代时，查理曾在第22特空团中干过，在当时越南战场上，盟军不少部队都是混编的。

1.伊朗使馆人质案

1980年4月30日上午11时25分，英国伦敦海德公园对面王子大道十六号的五层楼前，出现了六个神色紧张的不速之客。这座楼是伊朗驻英国使馆所在地，而那六个人则是伊朗一个称作“解放阿拉伯斯坦民主革命阵线”组织的成员，他们此行的目的，是想用一种举世震惊的方式与霍梅尼政权进行一次较量。

亡命徒们携带的武器包括3支一次可装13发子弹的布朗宁手枪、1支0.38毫米的阿斯特拉左轮手枪和2支波兰制造的“蝎”式W263冲锋枪，此外，还有5颗俄制RGD5型手榴弹，他们未费吹灰之力就接近了使馆。首先与他们遭遇的是守卫在门口的英国警察洛克，他发现情况不妙，想用脚将开着

的大门踢上,但恐怖分子已抢先开了枪,硬生生地闯了进去。使馆里面只有极少数人在听到枪声后迅速作出了反应。有两人从后窗跳出逃走,还有一人从四楼的一个窗子爬到了相邻的楼里。伊朗的临时代办阿里·阿佛罗兹从一楼窗子上跳下来时受了伤,结果还是被拖回了屋里。总共26人成了人质,其中有16名使馆人员(含6名妇女)、8名访问者、警察洛克和厨师莫里斯。人质中有4名英国人。除了洛克和莫里斯外,客人当中还有两个,他们都是来自BBC的记者。恐怖分子很快就向外界宣布了这些人质的身份,他们要求伊朗政府立即释放92名在押的阿拉伯斯坦省民族解放运动分子。

英国警方马上派谈判专家与恐怖分子进行对话，政府中的反恐怖官员、特警很快赶到现场,而特别空勤团也接到通知,要求他们处于待命状态。

当时,在特空团营地的大多数成员还在进行训练。11时48分时,他们接到命令,要他们前往伊朗使馆附近的陆军教育队驻地等待下一步指示。队员们领取了早就放在军械室里、放有所需装备的背包,在最短时间内就上了路。为了避开敏感的记者,他们一队人马是三三两两分批走的。50名特别空勤团成员全部到达指定集合地点时约晚9时半。这会儿他们才被告知事件的详细情况。

▲ 靠近使馆进行侦察

恐怖分子发布了新的声明:如在第二天中午前不能满足他们的条件,他们就炸毁使馆,与人质同归于尽。听到这个消息,特别空勤团的队员们暗暗思索,或许他们将会有出战的机会了。

下午3点，在英国内政部长怀特劳主持下,来自国防部、国家安全和秘密部门的头头们正在召开一次紧急会议。撒切尔夫人没有

到会,但她的指示十分明确:对恐怖分子最终一定要绳之以法,但要尽可能与他们进行谈判,哪怕谈上数月都行,力争和平解决危机。然而与会的特别空勤团的指挥官德拉彼埃尔准将却有一种强烈的预感,觉得这次事件最终必定在血腥中结束。在会上,没有人提出特别空勤团将主动出击,按照怀特劳的意见,只有在劫持者杀死两名以上人质的情况下,才会考虑攻击使馆的行动。

尽管如此,在陆军教育队军营里的特空团成员却一刻也没有闲下来。他们研究了两套方案。一个是即行方案,简称IA方案,另一个是延时方案,简称DAP案。在最初阶段,前者设想部队在尚无充分情报保障的情况被迫立即行动,除了采取强攻外别无选择。按这套方案,行动队员将用大锤子硬砸开使馆的门窗,投入催泪弹,然后一间一间地扫荡房间里的恐怖分子。后者则是选择有利时机出击,最好是在恐怖者疲惫不堪,而人质具体位置已被侦知后行动。特别空勤团队员被分为红蓝两队,各按一套方案准备,每12小时轮换一次。准备第一方案的队员蹲在一辆运家具的车里,车就停在使馆不远处的地方。在随后的几天里,特别空勤团反复修改着进攻方案,研究每一个细小的环节,并一遍遍地进行演练。

事实上,特别空勤团平日里对各式各样营救人质的套路已练了上百次,每个队员都能熟练掌握近战、射击、攀援、房屋侵入、爆破及携带夜视仪和防毒面具作战的技巧。特别空勤团最常见的训练就是"死亡屋"训练。在"死亡屋"里放置有许多纸制的假人,进攻队员进入屋内后,要迅速区分出谁是恐怖分子,在4秒内射杀敌人并保证不伤到自己人。之所以叫"死亡屋",是因为要求一枪毙命,把敌人击伤也算失败。这样的"死亡屋"到20世纪80年代时已建成五六种,内部除有装修成普通房屋的,也有修成飞机座舱、船舱或核电站的。

在教育队营房里的队员头天晚上都没睡好。那是一个年久失修的宿舍,到处是蛛网积尘,没有热水,也没有床上用具。但队员们更多是因为想到可能来临的战斗而失眠。

第二天一早,行动队伍接到消息说恐怖分子释放了一名妇女,但那位被称作"通知"的头头对自己提出的要求未得到很好的满足表示了不满,再次威胁说,如果不能说服伊朗政府放人,他们将拿剩下的人质开刀。然而,

从外交途径传来的信息是，伊朗政府已表明态度，称这6名恐怖分子是为美国中央情报局服务的特工，被抓人质若能为伊斯兰革命献身，那将是他们莫大的荣耀。

各种形式的侦察活动在紧张地进行。在16号楼旁边的建筑里，专家们正在凿墙打洞，往里面塞窃听器和摄像头。为了掩盖这么大的动静，警方调来燃气公司的管道工，有意在使馆附近街面上打钻，并安排进出希思罗机场的飞机都从使馆上空绕一下，这些巨大的噪音把恐怖分子搅得心烦意乱。后来的窃听记录表明，其中一个恐怖分子甚至说，他发誓这辈子再也不回伦敦了。实际上，用不了几天，他就会发现自己的誓言被完全兑现了。

第二天中午，恐怖分子设定的期限很快就到了，但萨利姆并没有杀人，倒是又放了一名患病的BBC的记者，这是他犯下的第十个大错。这位叫克莱默的英国人在埃塞俄比亚染上了痢疾，很走运地又复发了。他一出来就向特别空勤团描述了恐怖分子的人数、武器装备情况。但他无法证实这些人是否在使馆里安装了爆炸装置。

紧接着，特别空勤团又得到了一个好消息。使馆的一名管理员被找到了。出事那天，他恰好轮休。这个人对使馆的内部构造了如指掌，在他的配

▼ *每个队员都能熟练掌握近战、射击、攀援、房屋侵入、爆破及携带夜视仪和防毒面具作战的技巧。*

合下,迅速搭建一座专供特别空勤团演练使用的仿真使馆。这是一个堡垒式的建筑,地上5层,地下1层,共50间房间。由于建筑物前后都很开阔,所以很容易防守。管理员还提到这幢楼底下两层的窗子都是钢制的。知道这一点太重要了,显然,原先IA方案中计划用大锤砸开窗子的办法是行不通的。

这时,萨利姆要求派一辆大客车将所有人送到机场,在那里剩下的3名英国人将获释,其他人质则将被带离英国。

一个将计就计的新方案诞生了。一名特别空勤团成员将化装成汽车司机,前往搭载恐怖分子和被劫持的人质。汽车开到途中某处时会突然停下,这时特别空勤团行动人员将从前方、后方和一个侧面同时出击,击毙车上的恐怖分子。只选择一个侧面进攻,是因为汽车外壁太薄,从一侧射进去的子弹容易误伤在另一侧的同伴。假司机的任务交给了一名叫贡佐的小伙子,这是一个很危险角色。他不能带武器,不能穿防弹衣,而且一旦打起来,恐怖分子头一个报复对象可能就是他。选用贡佐担当此任是因为他身材较为矮小,最容易从驾驶舱的窗子逃出来。为了到时候能躲过恐怖分子的子弹,贡佐和同伴们一遍又一遍地演练,身上被摔得青一块紫一块。最后,特别空勤团成员能做到汽车停下来后3秒钟内,让自己的同伴从窗子里逃到地上。

5月2日凌晨3点半,执行即时方案的人员秘密潜入了王子大道14号、15号,特别空勤团甚至还曾进入17号院内的埃塞俄比亚使馆。这些豪宅显然比教育队的兵营要舒适得多,但精神处于高度紧张的特别空勤团成员哪有心思欣赏屋里的精美家具。

到2日上午时,萨利姆显然有些不耐烦了。BBC早间新闻没有完全照他们意思,播出劫持者希望由阿拉伯国家外交官出面充当中间人的要求。萨利姆的愤怒让外界得以第一次看到了他的脸。他在二楼的一扇窗子前用枪抵着文化参赞埃扎提的脑袋,让洛克冲着楼下喊:除非让萨利姆公开向媒体讲话,否则一名人质将被枪毙。当听到楼下警方的人回答说完全做不到后,萨利姆只得悻悻地将埃扎提又推走了。

决策层的指示没有变化,只要恐怖分子没有杀死人质,特别空勤团就暂不出击。这时,使馆附近建筑的屋顶上已隐蔽了不少狙击手,他们不时把所观察到的动静报告给指挥部。时间在一分一秒地流逝。一直到5月3日,谈

判都没有任何进展。当怀特劳部长向德拉比利埃尔准将征询意见时，后者表示他仍确信事件将以武力方式解决。

傍晚时，警方的谈判代表向萨利姆表示，如果能再放几个人，他可以保证所有的要求都会在9点的新闻里播出。对方同意了，于是1名怀孕的妇女和1名睡觉时有大声打鼾毛病的男子得以幸运地走出使馆。

3日夜里，特别空勤团决定从房顶对16号进行一次侦察。行动人员从旁边建筑的天窗爬出来，小心翼翼地绕过房顶上丛林般的天线，猫着腰在瓦上行走。突然一个队员不慎踩碎一块瓦，发出了刺耳的声响。所有人都凝固在那里，直到对面屋顶上的狙击手做出平安无事的手势后，行动人员才敢接着往前走。他们找到了一个天窗口，但窗子从里面锁上了，一时打不开。于是，有人就试着先揭开天窗玻璃边上的防水铅条，然后再把整块玻璃启开来。当特别空勤团成员们终于看见窗子底下的房间时，他们当时激动的心情真是难以言表。现在，他们至少有一个可靠的入口了。

4日晚上，恐怖分子又释放出了一名正在发烧的叙利亚记者，加上此前放走，总共已有5名人质获得了自由。据出来的人说，萨利姆对他手下的人已逐渐失去控制。其他几名恐怖分子都只有20来岁，没有受过什么教育，原以为只需一天工夫他们就都能成为英雄，未曾想捱了5天后仍是前途未卜。特别空勤团成员私下里估摸实施“汽车方案”的可能性较大，但入室作战的准备仍在紧张地进行。***随着时间的推移，特别空勤团在教育队兵营里演习的“延时方案”越来越完善，指挥官甚至大胆地预测，如果特别空勤团采取行动，至少有60%的人质可以获救。***

5日上午9时，怀特劳宣布请阿拉伯国家外交官出面已没有可能，英政府将请摄政王公园清真寺里的一位阿訇充当中间人。一个小时前，伊朗外长来电再次表明他相信人质们“甘愿为真主而献身”。

在使馆里，恐怖分子的精神几近崩溃。萨利姆发现与17号埃塞俄比亚使馆共用的一面墙上有一处鼓包，这更让他火冒三丈。警方的谈判代表叫他等着听午间新闻，他则恶狠狠地说再也不谈了，要杀人。他让洛克在电话里说一名人质正被绑在楼梯的扶手上，然后人们听到一个陌生的声音说：

“我是一名人质，我叫拉瓦萨尼。”在一阵可怕的沉默后，接下来的便是人们最不愿听见的声音，枪声。

这声枪响过后，特别空勤团的成员们心头明白，武力解决看来将不可避免了。可是，在随后召开的紧急会议上，怀特劳仍坚持在证明确有人质被打死后，特别空勤团才能出击。那声枪声也可能是恐吓。

下午4时，德拉比利埃尔准将亲自视察了埋伏在前沿的行动队员。他对这些小伙子的精神状态很满意。特别空勤团成员没有表现出过度的兴奋，而是以专业态度做着战前的各项准备。他们显得很自信，尽管知道使馆里有可能安装了爆炸物，也没有表现出任何畏惧。5点时，准将向高层人士汇报说，特别空勤团已作好按延时方案行动的一切准备，所有人员已进入前沿地带。怀特劳最终同意，只要再有人质被杀，特别空勤团即可下手。

5时30分，萨利姆通知警方，如不能在45分钟内把充当中间人的阿拉伯国家外交官找来，他就再杀一名人质，并会把尸体扔出来。

▲ 准备攻击

6时20分，英方没有找来阿拉伯国家外交官，坚持让清真寺里的那名阿訇与恐怖分子通话。人们在听筒里听到对方几句愤怒的吼叫，接着就是三四声枪响。不一会儿，拉瓦萨尼的尸体被扔了出来。

在运回尸体3分钟后，怀特劳得到了撒切尔首相的指示，她说：“该是我们采取最后一个方案的时候了。”晚7时07分，特别空勤团的罗斯中校正式从警方那里接管现场指挥权。“猎人”行动正式开始了。

警方谈判人员仍在与萨利姆斡旋，企图让恐怖分子相信“客车方案”可以被接受。萨利姆果然上当，不再威胁着要杀人质，转而向警方提高价码，要求提供一辆更大一些的客车。下面是警方与萨利姆最后的通话：

“我们将车停在什么地方？”警方问。

“就停在大门对面。”萨利姆答。

“大门对面是一个模糊的概念，如果你向外看，你会发现一个停车位……”警方说。

“在我们检查后马上就开到门外。”萨利姆说。

“让我们再仔细谈一谈，你能听我说一说第一步怎么把汽车开到前门吗？”警方故意放慢谈话节奏。

没有回答。

“请你往外看，正前方就是停车位，你的右边是墙根，那儿现在有几个煤气公司的人在施工……”

“我过5分钟再打电话给你。”萨利姆突然打断他。

“不，听着，萨利姆，请听我说。”警方继续道。

“你说什么……我说3分钟后。”

“请听我说……”

萨利姆似乎被什么岔开了，“我们好像听到什么可疑的动静。”

“不会有什么可疑的动静。”

“是有动静，等着，我就回来。”

这时，从听筒里已经听到有巨大的爆炸声，而这头警方的谈判代表仍冲着电话大声叫喊：“萨利姆，没有什么可疑的动静！”

事实上，几秒钟前这名谈判代表的任务就已经结束了。50名特别空勤团成员头上的耳机里传来清晰的暗号指令：“伦敦桥。”

晚上7时26分，使馆房顶上的天窗被炸开。与此同时，12名人员分3组同时行动。其中一组从隔壁15号的阳台爬到16号二楼的阳台上，准备在这里炸开一个缺口。当一名叫麦克的行动人员正在安装引爆装置时，他脚下突然四处溅起子弹，紧接着一枚手榴弹又从外面扔了上来，幸好投弹人忘了拉引信。麦克不清楚是恐怖分子越过了警戒线跑到了外面向他射击，还是在下面担任封锁任务的警察把他误当作逃出来的恐怖分子，但他表现得很沉着，放置好炸药，撤退到安全的地方，并让同伴引爆。在半个伦敦城都能听得见的巨响后，整个阳台被掀掉了。4名行动人员乘着浓烟冲了进去，顺着走廊一间间地搜索。他们最先发现的就是萨利姆并迅速将他解决，接着他们又发现另一名恐怖分子受伤后躺在沙发上，并朝进入房间的英军开枪，这个人也很快被解决。

另两组人员从屋顶延绳而下,从背面攻打。一组目标是三楼的阳台及两扇窗子,他们进去后在一间电传室里发现一名恐怖分子并击毙了他。另一组从绳子上直接下到地面,原也打算采用爆破的方式炸开后门,但一名队员在下来时被卡住了,悬在空中一时下不来,如果炸门他就会被殃及。于是,他们只好改用大锤砸开后门。幸好后门里面没有抵挡什么东西,否则,他们不会那么轻易就得手。进到屋子里,他们首先向地下室的楼梯口奔去,发现有一个梯子横在那里。行动人员曾担心这把梯子连着爆炸装置,但结果不是。他们在地下室里没有发现任何人,于是又回到一楼,这时看见楼梯上有十几名人质往下走。耳机里不知谁在大声叫喊,“那里面有一个坏人!”刹那间几名行动人员都认出了这名恐怖分子,他手里还拿着一颗手榴弹。因为恐怖分子前后都有人质,下面的特别空勤团队员不敢朝他射击,只能迎上去用枪托猛击他的头颈部,后面追上来的行动人员一脚把他踹到了楼下,几个人蜂拥而上,把这名倒霉的劫持者被打成了马蜂窝。

在人质被全部带出来后,特别空勤团人员发现他们中间竟然还藏着一名劫持者。当有人要把这名恐怖分子拖回楼里一枪结果他时,人质中的一名妇女紧紧抱着这名劫持者的腿,并向英军恳求说:“请别杀了他,他对我们很好。”

这是惟一个活下来的劫持者,后来被判了终身监禁。后来还证实,朝阳台上扔手榴弹的确是恐怖分子中的一个,他跑出了使馆,但不多久就被埋伏在摄政王公园里的狙击手击毙。至此,战斗结束了。26名人质中,除5人先前被释、1人先被处死外,只有1名在行动开始后被恐怖分子打死,其余19人全部被安全营救了出来。这是反恐怖战斗史上的一次奇迹。

特别空勤团的成功震惊了世界,当年有2000多名英国青年申请加入特别空勤团。不过,最终只有10人如愿以偿。

2.艰巨的任务

早在1969年至1974年间,特别空勤团的D连和B连都曾先后在北爱尔兰地区执行过任务。1976年1月7日,英国首相哈罗德·威尔逊正式命令特别空勤团进驻南阿尔玛区,对付当地肆虐已久的恐怖主义活动。在最初几周,D连官兵全数到达了拜斯布鲁克米尔镇。后来,驻北爱尔兰地区的兵力被削

减至两个半排，其余人员都回到大本营里待命。

到20世纪70年代末时，特别空勤团在北爱尔兰地区的驻扎情况为：在拜斯布鲁克米尔一个排，在贝尔法斯特一个排，在伦敦德利一个排，此外还有一个机动排。

20世纪80年代情况又有所变化，英军新成立了北爱地区情报与安全部队，由一个特别空勤团的加强排和陆军第十四情报连组成。

对特别空勤团成员而言，在北爱地区执行任务有许多无奈。他们在那里的任务是支援当地的警察，协助治安。在很多时候，特别空勤团成员在各处巡逻时，随时有遭冷枪袭击的危险。这里常常有爆炸案发生，特种部队的精英们也不得不屈尊去干抬尸体的苦力。更让特别空勤团成员头疼的是，他们在北爱尔兰地区执行任务有许多约束：要最低限度地使用武力，不到万不得已不能使用武器；除非自己或是同伴的生命受到威胁，不得向恐怖分子开枪，否则，你很可能因防卫过当而被起诉，或是惹出政治上的麻烦。当狙击手们举枪瞄准时，他们不仅要保证时机最好、角度最佳，而且要保证这一枪完全合法。尽管如此，特别空勤团在北爱尔兰反恐行动中还是屡有收获，完成了不少被人们认为不可能完成(鉴于政治上和法律上的束缚)的任务。

有一次，特别空勤团接到的情报说，一名在保安部队兼职的当地送煤工，不知怎么成了一个恐怖组织准备袭击的对象。这是个臭名昭著的恐怖组织，主要成员哈代两兄弟(杰罗德和布莱恩)、肥猪穆恩早就成了警方的目标，只是从前一直没有下手的机会。

▲ 狙击手进入瞄准位置做好准备

特别空勤团先是在这位采煤工住处附近安排了埋伏，24小时不间断地监视。他们以为恐怖组织会在送煤工的家门口下手，为此，做好了各种反击的准备。可是，在那里蹲了足足三个星期，恐怖分子并没有出现，于是特别空勤团暂时撤下了岗哨。

过了几天，当特别空勤团的巡逻队暗地里跟着正在干活的送煤工后面时，几个恐怖组织的成员突然出现在后面的一辆车上。但不知为什么,恐怖分子这次并没有下手,这让在边上的特别空勤团成员松了一口气。看来,恐怖分子很可能会把袭击行动选在送煤工干活的途中,而不是他的家里。特别空勤团决定调整计划,派一名队员做送煤工的替身,驾驶运煤车吸引袭击者。

特别空勤团将行动地点选定在送煤工通常收工后回家的路上,这里地处郊区,人烟稀少,或许会被恐怖分子看作是下手的好地方。行动小组提前一天埋伏下来,计划第二天由一名行动队员化装成送煤工将车开到预定地点,然后假装因抛锚停车。

第二天一早,行动人员在路口旁布下了天罗地网。除了守在"故障车"所在路段的特别空勤团成员外,在前后必经的路口都有警察把守,还有3辆特别空勤团的车辆在附近转悠,一旦发现恐怖分子会随时通知埋伏人员。

埋伏的人员都戴着绿色的伪装帽,隐藏在路边的树丛中。他们佩带特殊的臂章,必要时可以作为识别身份的标志。化装成送煤工的队员叫戈尔弟,他个头身形与真的送煤工很相像,穿上那身皮夹克叫人难辨真假。

行动人员一直用无线电与戈尔弟保持着联络,所有对话都在基地和警察总部电台的监控下。在戈尔弟的车停下来大约一小时后,电台里突然传来急促的呼叫:"发现Ⅺ。"停顿几秒后又说,"向你们方向开去,完毕。"

这是发现目标的暗语。话音未落,只见一辆桔红色的轿车正朝伏击区驶来。这时,戈尔弟正弯腰假装在换轮胎。这辆车径直开过来,到他跟前慢了下来,车上的人显然在仔细侦察戈尔弟周围的情况。埋伏着的行动人员可以肯定这帮人是来袭击的,但他们现在还不能出击,因为恐怖分子并没有做什么违法的事。桔红色轿车擦过戈尔弟,往前开了一段后,又掉头开了回来。行动人员清楚地看到是杰罗德在开着车,边上坐着肥猪,后面是他的兄弟。行动人员以为这次他们要动手了,都把手放在扳机上准备行动。

但是,桔红色轿车上的人没有射击,他们再次从戈尔弟身边经过,一溜烟似的消失了。

在随后的半小时里,不时有车辆停在戈尔弟身边,并有人问他需不需要帮忙。当然,他不需要。每一次,行动人员都会紧张一下,因为,事先他们不敢肯定恐怖分子会不会换辆车来袭击。同时,也担心恐怖分子到来时如有其他路人在场,很可能会发生误伤。

又一段时间过去了，戈尔弟的轮胎已经换了两个半钟头了。再这么下去，眼看把戏就要被戳穿了。行动指挥部于是决定，再坚持半个小时就撤。戈尔弟只好把刚安上的轮胎又取了下来。

就在这时，电台里又传来了叫喊声，“有一辆白色福特车正向你们靠近。”几分钟后，这辆福特车出现在了伏击人员的视线里，车上坐的正是那三名恐怖分子。事后知道，他们在附近一个农场守候了许久才劫下了这部车。

在电台呼叫时，埋伏在戈尔弟车下的行动人员已悄悄爬到后面，起身躲在车背后，并随时准备出击。

“还在接近，还在接近。”电台里不停呼叫着。只见那辆白色福特慢慢地向戈尔弟这边开来，有一瞬间，因为有一段下坡，它暂时消失了，但很快它又如恶狼般扑来。在离戈尔弟100米开外时，在时速约40公里的轿车上，一个人从后窗用一支AK-47步枪开始射击。在看到枪身伸出来的一刹那，戈尔弟已飞快地跑到车后，一个猛子纵身扎进路边的灌木丛里。

埋伏着的特别空勤团成员这时一起开了火，子弹像雨一样向白色福特扫去。这辆车像发了疯的公牛一般，一头闯了过来，冲了10多米后停了下来。躲在车后的队员这时与坐在副驾驶位置上的恐怖分子几乎同时抬起枪，但还是特别空勤团队员动作抢在了前头，一声枪响后，歹徒倒了下来。在这千钧一发间，特别空勤团平日上百次的练习使他们占了上风。要知道，他们在训练时也常用实弹演习，所以，当他们面对敌人时，感觉与平时打靶没什么两样，枪弹出膛还是那么流畅自然。整辆白色福特在几秒钟里，已被特别空勤团的枪手打得千疮百孔。战斗结束得很顺利。

当特别空勤团上前检查车上人员情况时，发现坐在驾驶舱的人，头部几乎被打掉了一半，他旁边的人面目全非，而坐在后面的人也被打倒在地上。

3.成功与失败之间

20世纪80年代中期，北爱尔兰和平进程看上去仍是漫漫长路，不见尽头。爱尔兰共和军与英国政府已对峙了60年，但丝毫没有放下屠刀、立地成佛的意思，相反，其恐怖活动倒有愈演愈烈之势。人们发现，从1986年开始，爱尔兰共和军似乎把当地的警察局锁定为重点的袭击目标，到1987年初，

▼ 乘直升飞机出发“剿匪”

他们接连对分布在各地的警察局发动了22次袭击。一些爱尔兰共和军的头目人物甚至公开宣称，他们要将英军驻爱尔兰警察总局(RUE)彻底铲平。一出出血腥的暴力剧在街头上演，再这样下去，人们对和平就更不抱希望了。特别空勤团接到指令，要求他们与当地警方和军情六局联手，迅速遏制恐怖分子的猖獗活动。一场针尖对麦芒的较量不可避免地展开了。

爱尔兰共和军每次行动计划都很缜密，保密工作也做得很好，要想事先掌握敌情难度很大。有道是，魔高一尺，道高一丈。经过调查研究，特空团和警方终于找到了一个突破口。

在1986年早些时候，爱尔兰共和军曾搞过一次汽车爆炸活动。恐怖分子使用一辆在车斗中装载大量炸药的卡车，强行驶进当地一个警察局。卡车猛然撞击在紧闭的大门上，引爆了炸弹，给这家警察局带来了灾难性的破坏。特别空勤团的指挥人员分析，恐怖分子一次得逞后一定会故伎重施，因此，应该对所有类似的重型卡车失窃案件严加排查。果然不出所料，1987年4月，警方发现了一起令人生疑的卡车失窃事件，他们立即着手调查。

这辆JCB挖掘推土车，是在东泰荣的一处建筑工地上丢失的，经过对附近地区地毯式的搜索，警方终于在距离洛豪警察局16公里的一处废弃农场里发现了它。在距警察局如此近的地方发现失窃的推土车，而且车子完好无损，警方似乎嗅到了即将发生一场恶战的气味。他们迅速将情况通知了特别空勤团，并请求得到支援。没过多久，警方又发现了爱尔兰共和军的恐怖分子在偷偷地往一个废弃的谷仓里运送炸药。为了不打草惊蛇，特空团和警察没有去动那辆推土车，也没有阻止恐怖分子运送炸药。他们加大了

监控的力度,做好了随时出击的准备。

5月8日,警方截获到爱尔兰共和军内部的一个电话,证实了恐怖行动已箭在弦上,一触即发。这一情况为特别空勤团的行动人员赢得了宝贵的时间。一支由警察与特别空勤团组成的联合分队立刻赶赴洛豪警察局,他们在最短时间里悄悄将那里的人员转移,并在四周设好了埋伏。狙击手们占好了有利的射击位置,其他特别空勤团队员们则分散开来,把守住各个路口,以防恐怖分子逃掉。

等到晚上大约7时20分,一支由八名爱尔兰共和军成员组成的敢死队,开着一辆偷来的丰田面包车接近了洛豪警察局,后面紧跟着那辆JCB挖掘推土车,在这辆车的车斗里放着盛满200多公斤炸药的啤酒桶。按照恐怖分子事先的计划,5名枪手将先跳下面包车,向四周开火,这样,即使安全部队发现了他们,也无法截住行驶中的JCB挖掘推土车。如果推土车能顺利通过大门,闯进了院子,届时,另外3名恐怖分子(1名司机与2名枪手)将在最后一分钟跳出推土车,向丰田车跑去,然后一齐逃走。好在警方与特别空勤团队员们早已料到他们会走这一步,所以,恐怖分子一进入事先设定的伏击区,他们就毫不留情地开火了。

几秒钟后,推土车上的炸药桶在乱枪中爆炸了。在强烈的冲击波下,最靠近洛豪警察局的一部分建筑物被炸毁,另一座15米开外的建筑也被掀翻,大块的水泥、石灰、钢铁、木片四处飞扬。8名恐怖分子无一逃脱,全部丧身在火海之中。这时,未曾料到的情况发生了。一辆白色雪铁龙轿车载着两

▶英国军队派出的直升机很快到达事发地点,将特别空勤团队员们撤离到安全区域。

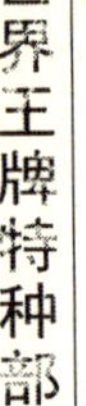

个人从外地开进了埋伏区。特别空勤团队员们误将他们视为爱尔兰共和军人员而向他们开了火。司机当场死亡,而乘客也受了重伤。经过事后调查,警方发现这两人与爱尔兰共和军毫无关系。误杀事件给整个行动带来了一丝遗憾,但不管怎么说,特别空勤团打了一场漂亮的歼灭战,他们没有给恐怖分子留下任何逃脱的机会。

战斗结束后,按照惯例,英国军队派出的直升机很快到达事发地点,将特别空勤团队员们撤离到安全区域。这么做的目的,是为了防止特空团队员暴露身份,因为现场很快就会被新闻媒体包围。

据说,在这次行动失败之后,爱尔兰共和军内部发生了严重的分歧。有些共和军领袖怀疑内部出了奸细,向英国安全部门透露了行动的细节。怀疑和猜忌的气氛,使爱尔兰共和军上上下下惶惶不安,忠诚是这个组织赖以幸存下去的基石之一,一旦它发生动摇,人心就会涣散。为了挽回局势,爱尔兰共和军进行了一次大规模的内部清洗和排查,并进一步加强了自身的安全保密措施。不用说,搜查内奸的努力毫无结果,于是,爱尔兰共和军的头头脑脑们开始寻找失败的根源。他们渐渐达成了这样的共识:连续进行同样类型的破坏行动,必定会给英军安全情报部门提供线索,要避免行动计划被安全部队识破,除了保密,行动本身应该更具有突然性。

没有人会怀疑,爱尔兰共和军迟早会对英国政府进行报复,在洛豪行动中失去8名重要成员,对他们来说是奇耻大辱。他们盼望着一场胜利,能向世人显示自己具有挑战性的存在,盼望着一场胜利能重新鼓起支持者们的信心。

经过一段时间的深思熟虑,爱尔兰共和军从众多可能目标中选择了直布罗陀。其中原因是多方面的。首先,他们认为直布罗陀是一个"软"目标,容易得手。这个英属殖民地位于伊比利亚半岛南端,濒临地中海,是著名的旅游胜地。直布罗陀驻有少量的英军部队,在贝尔法斯特执行任务的英军官兵,通常换防后会调到这个较为平静的地方执勤,这对他们从某种意义上说是放一次长假。在这里安全保卫相对松弛,驻守的英军在心理上都较松懈。这样的心理状态对于爱尔兰共和军来说,是最理想不过的,因为对手的松懈就意味着机会。此外,选择直布罗陀还有另一个重要原因,那就是它是当今世界上所剩无几的,能够代表大英帝国过去殖民帝国主义辉煌的地

方之一，而在爱尔兰共和军看来，爱尔兰也是英国殖民统治的牺牲品。如果能在直布罗陀对英军驻地发动一次袭击，绝不仅仅是干掉几名英国士兵的问题，其政治影响不亚于往英国政府的心脏上插上了一把尖刀。

三名爱尔兰共和军的死硬分子被挑选来执行这一行动，他们是丹尼尔·麦肯、肖恩·塞维奇和麦里德·法瑞尔。

与此同时，在爱尔兰的英国安全部队也没有因为洛豪一战的胜利而感到轻松，他们深知对手是不会善罢甘休的。但他们怎么也不会想到，对手下一个目标既不在阿尔法斯特，也不在伦敦，而在距英国本土千里之遥的直布罗陀。然而，幸运之神再次光顾了他们。尽管爱尔兰共和军这回采取了极度严密的安全保密措施，塞维奇和麦肯在西班牙频繁出现的行踪，还是引起了马德里情报机构的反恐专家的注意。从西班牙方面获得的情报，很快传递到了英国军情六处和特别空勤团。在英国与西班牙情报和反恐专家的共同努力下，经过数月的集中跟踪分析，逐渐缩小了排查范围。他们一致认为，爱尔兰共和军的目标很可能就是驻扎在直布罗陀的英军，而且，最有可能是在总督府门前的卫兵换岗时发动袭击。英国政府决定，仍然由特别空勤团负责粉碎恐怖分子的阴谋。这次行动的代号为“弗洛维斯”。

为了牵制对手，英国安全部门故意在报上登了一则启示，内容大致是说，直布罗陀总督府卫兵换岗的仪式将推延至1988年的3月8日，原因是卫兵室要进行预定的装修。这么做的目的是让特别空勤团的行动人员有充足的准备时间。

离换岗仪式的日子越来越近了，英国和西班牙的安全人员加紧了监控工作。情况似乎正在按英国情报安全机关预料的那样发展。3月1日，一个化名玛丽·帕金的女人走进了安全人员的视线。这位从北爱尔兰来的金发女郎似乎对地中海沿岸风光不感兴趣，只对总督府门前岗哨情有独钟，在情报人员隐藏的摄像机镜头里，反复出现她在岗哨门前出没的身影。伦敦当局认为，这个女人很可能是为爱尔兰共和军即将采取的行动踩点的，英军方面应立即进行战斗准备状态。第二天，驻伦敦的联合情报委员会(特别空勤团在委员会上设有联络官)决定，“弗洛维斯”计划正式开始执行。

3月3日，由16名特别空勤团成员组成的特殊行动分队被派往直布罗陀，他们分坐不同航班，在不同时间抵达。他们的任务是，要在恐怖分子发

起袭击前的一瞬间,将他们一网打尽。

相关的情报源源不断地送到了特空团指挥部。根据已掌握的情况分析,恐怖分子很可能携带有重型武器,而袭击的方法则可能是,遥控引爆停放在换岗位置附近的汽车炸弹。为了使特别空勤团能及时出手,上级放宽了对他们使用致命武器的限制,前提是"只要特别空勤团有足够理由相信,对方的行为可能威胁个人或多人的生命安全,或者特别空勤团确信,除了使用致命武器,没有其他方法可以阻止对方使用武力"。这些前提是至关重要的,因为恐怖分子一些细微的动作,都有可能被理解为是要按下引爆炸弹的遥控器,比方说,用手摸向口袋或皮包。

3月6日下午2时50分,三名爱尔兰共和军成员进入了市中心,这一切早被特别空勤团的行动人员尽收眼底。塞维奇在早些时候已经开着一部白色雷诺五型轿车进入中心广场, 并将车泊在即将要举行换岗仪式的位置附近。3人绕着广场遛达了片刻之后,在雷诺车前相遇了。几分钟后,3人离开了那一区域,向广场北边走去。趁着这个机会,特别空勤团的一名爆炸物处理专家赶紧跑到雷诺车前,迅速对车进行爆炸物检查。他报告说,虽然没有在车上看见任何爆炸器材,但他不能肯定车辆内部是否藏有炸弹,这需将车辆移至安全地方进行彻底拆卸后方可确认。显然,这在当时的条件下是不可能做到的。特别空勤团队员们现在只能假定雷诺车上装有炸弹,因为,从现场的种种迹象看,恐怖分子一定有所图谋。基于此,直布罗陀的总督下令,授权特别空勤团队员对可疑人员执行逮捕。在广场上跟踪那3名恐怖分子的行动人员在接到命令后,开始收紧包围圈。

然而,接下来事态的发展却令人费解。在直布罗陀警察局的指挥中心里,局长恰好正在用无线电呼叫一名警官返回到基地。这名警官接到命令后立即掉转了车头,却发现自己被拥挤的车流包围了。为了尽快回到基地,警官拉响了警笛。在不远的市中心广场,一听到警笛声,麦肯和法瑞尔本来就紧绷着的神经更加紧张起来,他们不禁停下了脚步,环顾四周,很快就发现了10米开外正向他们扑来的特别空勤团队员。

麦肯的手从身体前侧拂过,这一举动后来被认为是"具有侵略性的动作",距离他最近的特别空勤团队员开枪了,子弹击中他的背部。与此同时,法瑞尔将手伸向她的皮包,现场的行动人员都认定她是要按下藏在皮包里

▶ 正向犯罪分子扑来的特别空勤团队员

的炸弹遥控器，于是毫不犹豫地向她开了两枪，法瑞尔当即毙命。麦肯一开始只是受了伤，但看上去他仍有构成威胁的能力，于是队员又补了5枪，把他送上了黄泉路。

不远处的塞维奇听到了枪声，转身就跑，却一头撞上了守候着的另外两名特别空勤团队员。行动人员命令他举手投降，塞维奇不但没有停下脚步，反而将右手伸向自己夹克衫的口袋。队员们认为他身体的任何一部分都有藏匿炸弹遥控器的可能，连忙朝他射击，塞维奇大概中了16~18枪，整个人被打成了马蜂窝。不过是眨眼之间，三名爱尔兰共和军的恐怖分子纷纷毙命。在特别空勤团看来，他们的行动取得了成功，一场可能导致大量平民伤亡的事件被有效制止了。但事情却不像他们想象得那么简单。

在此后的几个月里，英国政府针对这一次的反恐怖行动展开了大规模的调查。起因是有人指控特别空勤团从来没有试图逮捕这3名恐怖分子，他们看上去更像是在执行一个秘密的“暗杀行动”，企图除掉这3名恐怖分子头目。现场有些目击者的证词对特空团十分不利，这些证词称3名恐怖分子当时已做出了投降的手势，但还是被开枪打死了。最让人感到意外的是，调查人员发现3名恐怖分子在被打死的时候，身上无一配戴枪支，也没有携带什么遥控引爆器。而且，最终对雷诺车的检查也没有找到任何爆炸品。

所幸，调查组最终认定开枪打死3名恐怖分子的特别空勤团队员无罪，因为他们行为完全是在授权范围以内的举动。然而，“弗雷维斯行动”至今仍是英国特种部队历史上值得讨论的一幕，为什么恐怖分子做了种种准备后，最后一刻没有在汽车上放炸弹呢？难道这是爱尔兰共和军有意设下的政治陷阱？那么，“弗雷维斯’对特空团来说，是失败还是成功呢？

俄罗斯反恐尖兵『阿尔法』

当今世界，恐怖主义称得上是最严重的社会威胁之一，从南到北、从东到西，可谓无处不见恐怖主义肆虐的痕迹。有人把这股恐怖主义狂潮称为“20世纪的政治瘟疫”，更有人惊呼这是“一场永无休止的地下世界大战”。最早的恐怖活动，可以追溯到古希腊古罗马时代。但恐怖主义真正形成，并超越国家范围还是第二次世界大战以后。特别是20世纪70年代初以来，恐怖主义更是猖獗一时。绑架暗杀、扣押人质、劫持飞机、炸弹爆炸，全世界几乎日无安宁。

在俄罗斯，每年的1月1日，当成千上万的莫斯科居民聚集在红场聆听俄罗斯新国歌、看焰火表演、欢庆新的一年到来的时候，人们不曾想到正有一支人人身怀绝技、个个武功精湛的特种部队正用机警的目光注视着广场的每一个角落。“阿尔法”别动队在近30年的风雨历程中，共参加了数十次反恐战斗，为俄罗斯的反恐斗争立下了赫赫战功。最近几年，受国内分裂势力和经济衰退的影响，俄罗斯治安不佳，恐怖绑架事件频频发生。在其他部门束手无策之时，“阿尔法”别动队却凯歌高奏，给恐怖分子以有力的打击，成为一支举世瞩目的反恐尖兵。

一、恐怖分子屡造事端

▲ “阿尔法”队徽

近几年来，俄罗斯国内安全最为头疼的就是车臣问题，这一问题由于没有得到及时解决，使俄罗斯时刻面临着遭受恐怖袭击的威胁。在俄罗斯境内发生的恐怖事件不能说全部,至少是绝大部分都与车臣有关。列举最近10多年来与车臣武装分子有关的恐怖事件,便可看到问题的严重性。

——1991年11月8日,车臣武装分子劫持了一架图-154飞机,机上178名乘客和机组人员全都成为人质,飞机被迫改变航线,飞往土耳其首都安卡拉。最后这些人质被释放。这些绑匪都是为巴萨耶夫工作的,后来他们成了车臣非法武装中的主要领导人。

——1995年6月14日，车臣叛军占领了俄罗斯南部靠近车臣地区的斯塔夫罗波尔州布琼诺夫斯克市市立医院,将1100多人扣为人质,结果造成100多名人质丧生。

——1996年1月9日~24日,约600名车臣武装分子偷袭了达吉斯坦共和国基兹利亚尔市，在基兹利亚尔和达吉斯坦与车臣的交界地区展开行动，将近3000名平民被扣为人质,这次事件造成90多人伤亡。

——1996年1月16日，一支亲车臣的土耳其突击队在黑海海岸特拉布宗港口劫持了一艘渡轮。这艘渡轮原计划开往俄罗斯,船上的255人变为人质。3天以后绑匪释放了全部人质。

——1996年3月9日,车臣叛军在土耳其的同情者劫持了从塞浦路斯起飞的飞机,以引起世界对车臣局势的关注。后来这架飞机在德国幕尼黑降落,劫机犯投降。

——1999年9月4日,俄罗斯达吉斯坦地区布音阿克斯科的军官家属区发生爆炸,64人丧生。俄罗斯指责车臣叛军应该对此事件负责。

——1999年9月9日,莫斯科东南一座9层高的公寓楼发生爆炸,造成93人死亡,车臣武装分子涉嫌参与此案。

——1999年9月13日，莫斯科南部一座公寓楼发生爆炸事件，至少有70人丧生，车臣叛军涉嫌参与此事。

——1999年9月16日，莫斯科南部800公里的伏尔加顿斯克市内一座9层高的公寓楼发生爆炸，大楼遭受严重破坏，共有20人遇难。俄罗斯官员称车臣叛军制造了此次事件。

——2001年3月16日，3名车臣分子劫持了一架从伊斯坦布尔飞往莫斯科的图-154客机。机上有162名乘客和12名机组人员。绑匪将飞机降落在沙特阿拉伯城市麦地那。第二天，在其中的50名人质被释放后，沙特特种部队突袭了这架飞机，最后3人死亡，其中包括一名女乘务员、一名绑匪和一个乘客。

——2001年4月22日，为抗议俄罗斯在高加索地区的战争，约20名亲车臣分子闯进位于伊斯坦布尔市中心的瑞士酒店，劫持了那里的120人作为人质。12小时后，武装分子释放了所有人质并向当局投降。这次绑架事件的领导人，后来在一个特赦令中被释放。据称，这名土耳其人1996年就曾率领一伙亲车臣分子参与了在黑海挟持一艘渡船的行动。

——2001年7月31日，两名持枪男子在俄罗斯南部城市斯塔夫罗波尔劫持了一辆公共汽车并射伤一位地方官员。据俄罗斯媒体透露，车上有41名外国乘客。

——2002年5月4日，一伙武装分子在土耳其伊斯坦布尔的一家旅馆内劫持13名人质，抗议俄罗斯军队在车臣地区的行动，后来这伙武装分子缴械投降。

——2002年10月23日，一伙武装分子劫持了莫斯科一家剧院，将剧院内的800多人扣为人质，即莫斯科人质危机。

纵观上述恐怖事件的解决，没有一件不与“阿尔法”有关。然而，反恐怖行动与打仗却有所不同。

▶ 反恐尖兵“阿尔法”

反恐怖行动主要包括解救人质、排除不同性质的危险物品、捣毁恐怖分子巢穴和搜剿恐怖分子等。反恐怖行动一般根据不同任务，灵活采取各种战术手段，确保反恐怖作战任务的完成。在这一方面，解救人质的任务显得更为突出。

解救人质是在和平环境条件下，解救出被恐怖分子劫持、已失去行动自由的人员的行动。它与战场营救既有相同之处，也有一定区别。其共同之处都是要确保被营救人员的生命安全。但由于被扣人员所处的背景不同，因而，他们行动的方法也不完全相同。在解救人质时，必须根据被劫持人员所处的环境，以及恐怖分子的戒备程度等，灵活运用不同的解救方法。

"阿尔法" 部队的首次作战行动是1979年7月28日在美国大使馆大楼。潜入该大楼的恐怖分子尤里·伏拉先科要求迅速提供一架飞机以飞往国外，否则，将引爆炸弹炸毁大楼。根据安德罗波夫的指示，特种兵赶赴现场。与这名叫尤里·伏拉先科的恐怖分子进行谈判的是扎伊采夫。扎伊采夫后来回忆道："我很快就意识到，这一威胁是很现实的，于是，尽最大努力软化尤里·伏拉先科的立场。当时，我称自己是外交部领事司的工作人员。我们谈了两个半小时，但遗憾的是，没能说服尤里·伏拉先科。我们收到克格勃主席射击罪犯右手的命令。当时，希望打断他按着保险销的手指。狙击兵出色地完成了任务，但尤里·伏拉先科仍然引爆了爆炸物，也炸飞了自己。万幸的是，这枚自制的炸弹由数个部分组成，只爆炸了一部分，因此，除了罪犯外，没有任何人受伤，我们也由此获得了经验。说实话，当时，没有人知道我们的事，而媒体对这一事件也只字未提。"首战告捷，"阿尔法"引起前苏联高层领导人的高度重视。

1979年12月27日，前苏联对近邻山国阿富汗采取了突然袭击的大规模军事行动，当夜，奉命调赴战场的"阿尔法"部队参加了强攻阿明宫的激烈战斗。在兄弟特种部队的配合下，"阿尔法"部队以迅雷不及掩耳之势夺占了戒备森严的阿富汗总理府，当场打死了阿富汗革命委员会主席兼政府总理阿明。"阿尔法"部队第一次真正地经受了一场"战斗洗礼"，充分展示了其独特的战斗能力，但也首次付出了牺牲9名队员的惨重代价。

1981年~1986年，前苏联境内共发生3起重大恐怖事件，但由于"阿尔法"反应快速，行动果断，这3起恐怖活动无一得逞。1981年，在萨拉普尔市，

“阿尔法”别动队干净利索地消灭了两名携带冲锋枪、将25名学生扣为人质的恐怖分子。整个别动队和学生无一伤亡。

1983年,“阿尔法”别动队又一次毫无伤亡地在格鲁吉亚首都第比利斯成功地制服了几名劫机犯。当时这几名恐怖分子劫持了一架图-154客机,并将57名旅客扣为人质。同样的战斗也发生在1986年,在苏联的乌法市,“阿尔法”队员击毙两名恐怖分子中的一名、击伤一名,己方人员和所有人质毫发未损。在谈判中,“阿尔法”部队的许多成员都表现得非常勇敢和顽强,这是因为,在每一次行动中,“阿尔法”部队经常需要耐心细致地与恐怖分子进行谈判,以降低恐怖分子的进攻性,防止他们对人质施加暴力。阿尔法部队的成员具备一套独特的与恐怖分子谈判的战术,他们具有丰富的战斗经验和生活阅历,使之能够准确地把握住犯罪分子的内心活动。

在1994年-1996年和1999年-2000年的两次车臣战争中,“阿尔法”更是锋芒毕露。1995年6月14日,车臣匪首巴萨耶夫率200余名武装匪徒,乘车潜入俄南部城市布琼诺夫斯克,劫持了近千名政府工作人员和医务人员及病人为人质,要挟俄政府停止进攻格罗兹尼。“阿尔法”别动队奉命来到车臣战场,歼敌任务异常艰巨也非常危险,好在最后联邦政府采取了退让政策,才使几十名特种队员免于牺牲。1996年,车臣另一匪首拉杜耶夫率领600余名匪徒冲入基兹利亚尔市,把3000名医生、护士及市民绑为人质。“阿尔法”别动队担任强攻突击群的第二梯队,负责最后解救人质,经过殊死搏斗,人

◀将被解救出的人质抬离现场

质终获自由。“阿尔法”功不可没。

近年来,俄罗斯连续发生爆炸事件。2000年8月8日晚6时,莫斯科市中心普希金广场地铁站内,发生严重爆炸事件,造成无辜市民8死53伤的惨烈景况。就在事发后的20分钟内,一支反恐怖小分队迅速赶到出事现场。机警的队员在不到半小时内,即从爆炸现场附近搜寻并排除了另一枚爆炸装置,避免了另一场更大的伤亡。随后,小分队根据目击者的描述,制作了犯罪嫌疑人的电脑图像,迅速出击,于翌日凌晨将两名犯罪嫌疑人缉拿归案。这支小分队就是俄罗斯的“反恐怖利器”,闻名遐迩、战功显赫的特种反恐怖突击队——“阿尔法”别动队。

“阿尔法”别动队,是个令恐怖分子心惊的名字。

二、“阿尔法”应时而生

20世纪70年代初,国际恐怖主义活动盛行,并已向前苏联蔓延。1973年,一架雅克-40型客机在伏努科沃机场遭到4名武装歹徒劫持,机上旅客全部被绑架而沦为人质,前苏联国家安全委员会(克格勃)和内务部联手采取紧急行动才解救了人质,这一事件在前苏联国内造成了巨大震荡,人们精神紧张,从而也引起了前苏联领导层的高度重视。

当时,前苏联正在全力准备1980年的莫斯科奥运会,而在1972年慕尼黑奥运会期间,中东恐怖组织“黑九月”闯入奥运村,绑架并杀害了11名以色列运动员。此事引起全世界的震惊,也给前苏联极大的触动。为预防慕尼黑奥运会以色列运动员被伊斯兰原教旨主义恐怖分子绑架后惨遭杀害的一幕再次发生,保卫预定于1980年在莫斯科召开的奥运会,同时,应付前苏联国内已经出现的恐怖主义苗头,前苏联领导人决定尽快建立一支受过良好职业训练,并可以在国内外随时随地用于打击恐怖主义的特种部队。打击劫机、绑架、暗杀、爆炸等恐怖活动,于是,“A小组”应运而生。

1974年7月29日,当时任前苏联国家安全委员会主席,后来成为苏共中央总书记的尤里·安德罗波夫签署了一项绝密命令,决定在克格勃系统内组建一支完全新型的绝密部队,其主要任务是打击恐怖主义。一般人都将

其称为“阿尔法”部队，但特种兵都称其为“A部队”。同时，安德罗波夫的命令只有一份手稿，他甚至没有让他最信任的打字员重新打印一份。这支完全新型的、绝密的部队的主要任务是什么，当时只有极少数的军官知晓。

现在关于这一决定有多种说法：A是字母表中的第一个字母；是克格勃主席安德罗波夫姓名的第一个字母；A代表反恐怖等。在该部队隶属的第7（作战调查）局经常简称其为NN，或尼古拉·尼古拉耶维奇（意指外部观察）。在“阿尔法”近30年的历史中，创造了一系列的奇迹，代价也是奇迹的：在过去进行的营救人质过程中，没有造成一名人质的死亡。但那次莫斯科人质营救行动是个例外。这一部队的军人可在35周岁时退休。这也说明了其工作强度是如此之大，更承受着巨大的压力。同年9月25日，正式确定了部队指挥官，即前苏联英雄、边防军人维塔利·布别宁。组建之初，“阿尔法”部队就已身负重任，因此，该小组对入选的成员可谓“万里挑一”。“阿尔法”部队首批成员不超过30人，他们全部是身手不凡的克格勃青年军官，并且，全都是通过了严格考试后，才得以跻身于这支最精锐的特种突击队。

▲ 万里挑一的“阿尔法”特种部队队员

1977年11月，“A部队”指挥官更迭，代替布别宁的是克格勃第7局的成员根纳季·扎伊采夫，并一直服役到1988年11月。1992年，俄总统下令，重新任命他为该部队指挥官。现在已成为将军的他表示：“‘阿尔法’部队的名称是记者于1991年想出的。当时，政府已经开始利用我们清除前苏联各共和国内的反对派运动。当国家领导人对在维尔纽斯牺牲的同事维克托·沙茨基赫拒绝承认时，这一部队首次被曝光。然后又有传闻称，在维尔纽斯的电视中心工作的人称克格勃的特种部队为‘阿尔法’。于是，这一名称立即出

现在各家报纸的版面上,并随即转移到正式文件中。但这一部队的老兵和新兵仍喜欢使用老名称,即'A部队',而'阿尔法'则更常被一般人所使用。"同时,也有人将这一部队称为"别动队"。

"阿尔法"别动队隶属于联邦安全总局,这支武装力量具有以下特点:一是执行特种任务;二是具有独特的组织结构;三是政治上具有绝对可靠的信赖性;四是经过特别挑选、训练和专业技术教育;五是直接隶属于最高行政当局;六是参与任何级别的冲突和战争。这支在克格勃领导下的特种部队与国家安全和军事情报密切相关,在情报、侦察、监视以及对实际的或潜在的敌人的资料收集和处理方面,特种部队是一个疏而不漏的网。

特种部队能实施直接攻击,执行破坏任务,在政变中夺取重要设施(如电台、机场、政府首脑机关),取代被推翻者的政治军事权力,处理敌人后方驻地部队投降之事以及执行其他特种任务。克格勃特种部队由一个几百人的小型专业核心部队组成,其中包括秘密谍报员。克格勃特种部队执行经过精选的、较少的、极其安全的任务,其中包括战略破坏和干掉一个国家或地区的政治领导人、关键人物的行动。

克格勃特种部队原则上是为进行小规模特种作战而组成的,适合在没有掩护、没有隐蔽、没有当地支持的情况下作战。当前,特种部队的任务是:根据预定目标的优选顺序收集、缴获或抑制对方设备、设施,并进行地区侦察,包括通信情报定点侦察,运送特种武器,反劫机事件,为空降兵大规模空降提供导航服务,为空中攻击或导弹攻击提供终端导航。

新部队组建后,一切都需从零开始。"阿尔法"组建初期没有秘密的场所用作其驻所与训练基地,没有武器装备,也没有人员的培训计划。同时,需要在极短的期限内组成胜任任何行动的特种部队,并且不逊色于德国的GSG-7或美国的"三角洲"。为使新的作战单位尽快立足,当时采取了一系列措施,付出了巨大的努力。情报单位送来了必要的信息,为研制特种设备和武器,召集到了国家最优秀的科学家。作战训练也在全力进行,年轻的小伙子被教授如何跳伞、驾驶装甲技术兵器、使用潜水呼吸器进行游泳等。最为重要的是,要能在极短的时间内想出在交通工具上、住宅中或生态上极为危险的地方解救人质的方法。"悄然到达、悄然捕获和悄然离开",这是在训练期间,教官对该部队成员的要求,现在仍是其工作的准则。部队成员学会的是应如何

▶ 悄然到达，悄然捕获和悄然离开，一切都那么神秘。

保护他人的生命，甚至恐怖分子的生命，要尽可能抓活的。

为了更好地完成自己的使命，“阿尔法”部队提出了新的目标，这就是“在任何一个可能出现恐怖主义的环境中，‘阿尔法’部队都要有‘自己的人’”。随即，“阿尔法”部队开始扩大规模，成员数量大增。预防性措施并非白费工夫，经过5年训练，“阿尔法”部队终于真正成为了苏联的第一支反恐怖“拳头”。在近30年的成长历程中，“阿尔法”部队参与了数十次反恐行动，屡屡大显身手，立下了显赫战功，成为世人瞩目的一支反恐怖利剑。

自成立伊始至20世纪80年代初，“阿尔法”一直战斗在打击恐怖暴力活动的战场。近年来，中亚地区及俄罗斯境内恐怖活动十分猖獗，仅近三四年来俄罗斯就爆发了十几起严重的劫机、暗杀、爆炸、绑架等极端恐怖活动，“阿尔法”别动队对于变动中的俄罗斯社会局势稳定，发挥了重要作用。

在“阿尔法”的历史上也有沉重的年代。“阿尔法”部队被企图拉进政治和民族运动之中，用于对付自己的反对派。1991年，“阿尔法”部队被划入俄罗斯总统卫队序列，任务仍是繁重的，责任仍是巨大的，但已不再是原先的那支部队了。在布琼诺夫斯克和五一城，“阿尔法”部队的士兵被用作普通的步兵参加作战行动，于是遭受到了巨大损失，经受了血与火的考验。

“阿尔法”部队哈巴罗夫斯克分部副主任尤里·布里吉金上校讲述了哈巴罗夫斯克分部的许多事情。原来，根据自愿原则，该部队的军官只进行过一次退役，即1992年。当时出现的社会问题是：“阿尔法”部队要么解散，要

么划归内务部，人们对此难以接受。这里有数代“阿尔法”战士，有在部队中服役三年的年轻人，也有从1985年便参加部队的老兵。虽然工资太低而且还时常无法及时领到，但这都不是他们离开部队的原因，他们离开的惟一原因是身体的状况。

20世纪90年代初，“阿尔法”卷入社会上层的政治斗争，使这支精锐部队的良好声誉遭受重创。1991年1月，前苏联政府派遣“阿尔法”部队前往立陶宛加盟共和国首都维尔纽斯占领电视发射塔，阿尔法部队未发一枪便顺利完成了任务，但却牺牲了一名战斗成员。当刨根究底的记者们力图弄清死者的身份时，以戈尔巴乔夫和当时的克格勃主席克留奇科夫为首的莫斯科官方却极力否认有伤亡者，但神秘的光环还是无可避免地消失了，报界终于弄清了这支特种部队就是传说已久的“阿尔法”部队。此后，高层领导人曾经不止一次地试图利用“阿尔法”部队去完成一些与反恐毫无瓜葛的任务。

1991年8月，在前苏联局势最为动荡的时候，“阿尔法”部队曾接到当局指示，要求其进攻议会大厦“白宫”并逮捕叶利钦。但许多队员认为此举会造成滥杀无辜，伤人太多，因而抗旨不遵。后来，据一位当时的“阿尔法”部队指挥官透露，如果政变领导人下定决心于19日当天进攻议会大厦，应该说还是具备很大的成功概率的。但时不我待，过了这一天，就根本不可能成功了。事件结束后，“阿尔法”领导人被革职查办，队员停发两个月薪金，全队进行深入整顿。苏联解体以后，已是俄罗斯总统的叶利钦深知“阿尔法”的救命之恩，遂将颇受自己赏识的“阿尔法”从克格勃中召至麾下，隶属于总统警卫局，专门负责总统安全保卫工作，直接受自己指挥。

然而仅过了两年之后，“阿尔法”便失宠于叶利钦。到了1993年10月，叶利钦与议会矛盾激化，以副总统鲁茨科伊和议长哈斯布拉托夫为首的反对派聚集在议会大厦，与叶利钦分庭抗争。叶利钦竟然下令“阿尔法”进攻“白宫”，“阿尔法”再次跌入政治旋涡。“阿尔法”再次“抗旨不遵”，拒绝执行叶利钦攻打号称“白宫”的俄议会大厦的命令，而是尽自己所长与议会保卫者们展开了谈判，为他们提供了个人安全保障，促使几百名议员和普通公民主动撤出了议会，避免了事态恶化和进一步流血。此后，“阿尔法”由于拒绝执行总统命令而失宠于叶利钦。同年年底叶利钦签发总统令，将“阿尔法”

剔除总统警卫局，重新回到国家安全总局的旗下，担负反恐怖任务，直至今日。

1991年“8·19”事件后，随着前苏联克格勃解散，克格勃所属的职能部门相继成为俄罗斯独立的安全保卫机构。“阿尔法”特种部队的归属问题也随之发生过多次变化。最初，“阿尔法”特种部队是直属于俄罗斯总统管辖，即俄罗斯总统安全委员会管辖的。与此同时，在前苏联克格勃九局的基础上组建了俄罗斯警卫总局，其中的大部分人员来自“阿尔法”特种部队。而后，“阿尔法”特种部队脱离俄罗斯警卫总局，由俄罗斯内务部临时代管。最终，“阿尔法”特种部队归属俄罗斯联邦安全局反恐怖局管辖，但在各地区的“阿尔法”特种部队的归属权例外，他们直接由俄罗斯总统领导。

正如”阿尔法”部队前指挥官、“阿尔法”部队老战士联合会主席贡恰罗夫所言，自组建以来，“阿尔法”部队在战斗行动中还从未失败过。但近年来，由于屡屡抗令不遵，“阿尔法”部队也引起政界一些人士的非议和责难。再加上近年来一些恐怖事件的危险性不断上升，“阿尔法”部队及其成员所面临的处境也越来越困难。目前，“阿尔法”特种部队突击队员可以授予中尉至上校军衔。鉴于任务特殊和功绩显赫，“阿尔法”特种部队突击队员可以破例享受35岁退休的待遇。

尽管从一个入选者到一个合格成员必须历尽艰辛，但俄罗斯反恐怖特种部队“阿尔法”别动队战士们的战斗生涯并不长久。当然，并不是因为这些反恐怖行家经常牺牲在执行任务的岗位上，恰恰相反，作为训练有素的

▼ 历尽艰辛的选拔训练，将向往“阿尔法”但无法达标的队员拒之门外。

职业专家,他们只有在极少数情况下才会“被允许”牺牲。由于人的肌体无法承受长期从事这种紧张工作所带来的沉重的身体和心理压力,“阿尔法”部队的战士到35岁时便成了疲惫的老兵,因此不得不提前从这份艰巨的工作中退役。

目前,“阿尔法”特种部队队长由亚历山大·古谢夫中将担任。“阿尔法”特种部队已成为俄罗斯反恐怖活动的一张王牌。任何一次绑架、劫机事件发生后,人们马上想到的就是“阿尔法”别动队。“阿尔法”别动队也总是乘飞机迅速赶到现场,与犯罪分子周旋,捕捉到时机后,果断出击,成功地完成了一次又一次惊险的任务。

总之,“阿尔法”特种部队在俄罗斯境内就像一面张开的鱼网,可随时反击恐怖分子制造的种种事端。前苏联解体之前,“阿尔法”特种部队已经从初建时期的30人扩编到500人。目前,“阿尔法”别动队有成员约700人,其中包括一支250人的精锐部队和几支较小的分遣队。

当前,“阿尔法”部队的主要任务是打击恐怖主义。叶利钦在担任俄罗斯总统期间已经发布命令,在俄联邦安全局内建立统一的反恐怖中心,负责协调各反恐怖特种部队和机构的工作,其主力便是“阿尔法”部队和另一支特种反恐怖部队“韦加”,后者主要负责打击核恐怖主义。在恐怖主义活动频发的俄罗斯,“阿尔法”部队可谓任重而道远。

三、优中选精打造精英

“A部队”成员的挑选是极其严格的,对于那些渴望迈入其门坎服役者的要求十分苛刻,淘汰率不亚于俄罗斯重点高等院校。有人称,要进入“阿尔法”部队必须“走后门”,因为它是不会接收大街上的人员,或自动申请的人员的。即使是“走后门”也保证不了能够进入这支特殊部队。要想成为其中一员,需要经过长时间的检验、测试和考试。也许,这可能将要持续数年之久。刚组建这支部队时,与候选人进行谈话的是克格勃少校罗伯特·伊冯,他后来成为新部队的副队长。最终在数百人中挑选出了30名更能胜任这项工作的人,这些人也就成为“A部队”的第一批成员。

入选者原先只能是通过考试的国家安全机关干部，但随着形势的发展和规模的扩大，现在入选“阿尔法”部队的标准稍有放宽，任何身体健康、心理稳定、年龄20多岁、服过兵役的小伙子，均可提出入队申请。如果申请人符合所有候选要求，他就有机会参加专门的考试。但这仅仅只是报名，要想正式成为成员，还必须“过五关，斩六将”。最终能够入选“阿尔法”部队的只能是申请者中的佼佼者。

入选特种部队的“精锐”战斗人员，要有两年的服役期限(海军服役期限为三年)，并要在政治可靠性、年龄、智力、体质、耐力、敏捷、技术才能以及敢于在敌后活动等方面符合条件。

▲ 空降突袭训练

挑选的主要原则和要求是：实际工作时间不超过5年、身体健壮、心理稳定性强。“阿尔法”特种部队突击队员大都是从年轻军官中选拔，通常是从国家安全机关、空降兵、边防部队、军校毕业生中的优秀年轻军官中考核筛选的。在年龄方面，他们只能在22到28岁之间，因为这一时期他们思想已经成熟，而且身强力壮。一般在数十名候选者中间才能选拔出一人。入选者个个体格健壮、身手利落、思维敏捷。

首先，这些年轻军官必须通过严格的体能测试。在身体方面，他们必须符合空降兵的身体条件。部队队员应能够长时间奔跑、游泳、射击、徒手格斗，其水平决不逊色于运动健将。对他们的要求，不仅在于看其是否达到体能测试标准，更重要的是看其身体条件是否具有发展潜力。体能测试过关后，心理测试委员会还要检查其心理稳定性，对应征者的嗜好、人际关系以

及对各种突发事件的处置和应变能力给予考察。性格怪癖的申请者根本无望入选“阿尔法”。由于反恐怖特种作战行动所处的独特环境，“阿尔法”的每一个成员彼此之间都百分之百地信任自己的同事。这不仅关系着他们个人的安危，而且关系着整个特种作战任务能否完成。

另外，入选者还要通过个性测试和面试，从而测出其智力程度。在接受教育方面，“阿尔法”的成员90%以上都受过高等教育。这些特种突击队员们多数来自著名的梁赞高等空降兵指挥学院、莫斯科高等诸兵种合成指挥学院和边防军所属的两所军事学院。之所以对教育背景如此苛刻，是因为从组建之初，前苏联政府就对“阿尔法”成员提出了极高的要求。在反恐怖行动中，“阿尔法”成员不应是行动的机器，他们不光需要有一身过硬的技艺和武功，还应成为知识型、智慧型人才，需要有精明的头脑。他们能够在异常严峻的环境中，冷静地分析局势，找出最适宜的降敌办法，做出最明智的决策。这在很多情况下比强壮的体格和高人一筹的搏斗能力更为重要。

当然，最重要的是历史要“干净”，具有良好的道德品质。有关部门还要对应征者的履历和档案进行审查，以防止那些有前科的人混入。以上测试合格后，应征者还要在“阿尔法”特种部队训练基地接受5年系统严格的训练。其间，有些应征者因身体条件不适应会随时被淘汰。“阿尔法”队员一般到35岁就要退役，前后只有10年左右服役时间。在这10年间，至少前5年主要用于训练。

“阿尔法”部队的战士都被训练成全才，让他们能干任何事情，当然也有“专才”。例如，这里有许多优秀的射手，更有负责狙击任务的百发百中的神枪手。这里人人都是游泳高手，还有专门训练的“深海杀手”——水下蛙人。这里还有艺高胆大的爆破专家、头脑灵活的电脑黑客、飞檐走壁的攀岩高手。在分队的体制中还设有分析中心，有心理医生、谈判专家。如果没有某些绝技和近乎天才的能力，就算在身体、年龄、教育背景等方面符合条件，也不一定会被选中。“阿尔法”队员个个身怀绝技，每名“阿尔法”队员都能连续做200个俯卧撑，对于任何文章看过一遍起码能记住前两页，各式汽车、飞机、轮船、装甲坦克战车能娴熟驾驶，擒拿格斗、攀岩涉水、投弹射击、跳伞越野样样精通。之所以有种种绝技，和“阿尔法”成员近乎残忍的地狱式训练是分不开的。

▲ 近乎残忍的地狱式野外训练

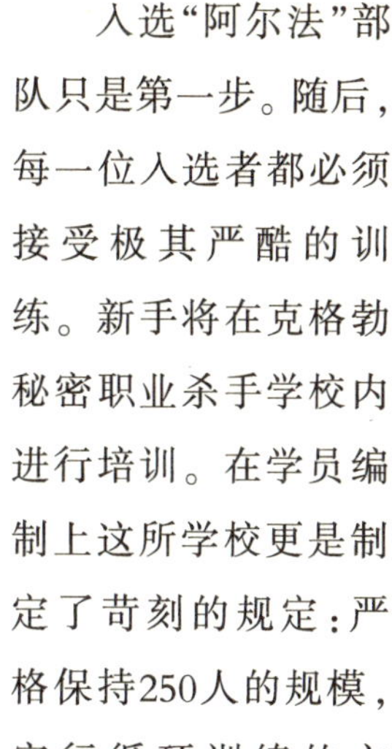

入选“阿尔法”部队只是第一步。随后，每一位入选者都必须接受极其严酷的训练。新手将在克格勃秘密职业杀手学校内进行培训。在学员编制上这所学校更是制定了苛刻的规定：严格保持250人的规模，实行循环训练的方式，走一人，补一人，决不“扩招”。这所学校隶属于克格勃第七局，即反恐怖行动局，其教员汇集了擒拿、格斗、爆破、武器、犯罪心理学、侦察和计算机等方方面面的顶级专家，专门培养“阿尔法”特种部队的队员。

“阿尔法”小组有一套自己的独特的训练方法。同时，为了保证世界一流的教学水平，该学校也大胆借鉴美英等国家特种兵训练的独特成功经验。以在制服恐怖分子时常用的近距离格斗为例，“阿尔法”小组在进行近距离搏斗训练时，就有意识地采用一些最有效的方法，目的就是训练队员们在空间非常狭小的情况下仍能同武装分子进行肉搏战。“阿尔法”别动队的训练分体能训练、基本技能训练、心理训练和特种技能训练。训练的宗旨是培养队员的单兵作战能力、协同作战能力和勇于牺牲的精神。

1.体能训练

良好的体能是完成作战任务的基础。对于以独立执行各种作战任务的特种兵来说，体能训练尤其重要。对特种部队成员的体能训练要求非常高，主要表现在训练时间长、内容多、强度大等几个方面。特种兵的体能训练，首先是从肉体和精神疲劳程度较小的科目开始，然后循序渐进地进行。随着体力的提高，不断增加训练难度和训练时间。体能训练不仅艰苦，而且枯燥，所以在这一阶段学员的淘汰率很高，凡是达不到标准的一律淘汰。

“阿尔法”特种部队突击队员的训练日安排得十分饱满。每天上午开训

之前，要完成规定指标的越野跑，或规定项目的体育训练，随后，在教官的带领下，进行1.5~2小时的徒手格斗训练。午饭后，学员们只休息片刻，便要进行特种战术和特种武器训练；晚饭后，还要进行个人单项体能训练。训练期间，还经常穿插进行射击、实际操练和野外演练等训练。

一次，在哈巴罗夫斯克一个体育场内，“阿尔法”战士正在进行训练，这时来了边疆区高级官员的三名保镖，他们都是身材高大、宽肩膀的年轻人，一看就知道经过了严格的训练且头恼清醒，而且进行过徒手格斗训练，了解特种行动。他们来到体育馆后，便观看特种队员的训练。这三人被邀请进行力量耐力测试，这也是加入这一部队的新兵所必须经过的一关。先是单杠连续引体向上17次，然后做俯卧撑40次，仰卧起坐70次。在休息5分钟后，再进行下跌训练。

当他们完成这些训练科目后已经大汗淋漓。相比之下，“阿尔法”部队的战士从外表上看与常人没有什么太大的区别，没有那些典型性的特征，身材不高，但身体强壮。在随后进行的徒手对打中，身材高大的保镖完全不是“阿尔法”战士的对手，被身高相对矮小的“阿尔法”战士一次又一次地摔倒在地上。

2.基本技能训练

对这些被挑选出来的佼佼者采用最好的、最有效的方式进行广泛的准军事训练(如射击和自由跳伞)，一般要达三个月之久。准军事训练合格者再进行语言学习和技术训练。在此基础上还要增加大量的特种部队训练项目。在提高作战能力方面，则注重基础训练。

特种部队队员首先要在训练中心学会擒拿格斗、地图识别和战场通信联络等基本技术。

擒拿格斗训练，主要是让学员掌握接近和打倒敌人的技能，以及对付敌人警卫和捕捉、绑架、俘虏的技能，包括在徒手或持枪的情况下，同敌人遭遇时的处置办法。识图训练是使学员掌握在作战过程中了解环境的能力，包括使用指南针、凭借地貌辨认地形、方位。通信训练的目的是使学员熟练掌握各种通信工具，在作战中能够在本部之外，地面与空中之间保持联系，甚至能与己方的通信卫星随时沟通。此外，他们还必须学会在行进的

坦克间穿行,在开伞高度低,着陆精度高的要求下进行空降训练。

对于"阿尔法"部队的每一位成员而言,射击则是"小菜一碟"。这是他们赖以存身的基本功和拿手戏,当然也是经常训练的重头项目。谁都清楚,百步穿杨的枪法是每一个成员都必须练就的绝技,但绝非一朝一夕之功。"阿尔法"别动队的训练主题是射击,训练结束后,每个队员都要成为弹无虚发的神枪手。特种部队狙击手训练射击,每人每天要消耗200~300发子弹,几年下来,数十万发子弹练就了他们百步穿杨的本领,颗颗弹头都会嵌进恐怖分子的脑壳或心脏。别动队每月进行一次技能考核,以巩固和掌握各种实战技能,未能达标者限期赶上,否则一律除名。我们从其射击训练就可看出其训练的强度。

"阿尔法"部队每名战士装备齐全,武器精良。这是一种合适的、功能齐全的服装和装备,他们每个人还配备有两件武器,甚至三件,包括马卡洛夫式手枪、微型冲锋枪、火箭筒、狙击步枪、多用匕首,还有各种令人惊奇的特种装备。"阿尔法"部队的武器是多种多样的,而这些年轻人都可以出色地掌握这些武器的使用方法,并在各种状态下进行快速准确的射击,奔跑中、跳跃中、下坠之中……在攻击中,他们相互进行火力支援,而且达成常人难以想象的默契和相互协同行动。也许,这一点,正是他们经过多年的心理训练的结果,即将自己融合在集体之中。

此外,对于特种作战部队队员来说,野外生存训练也是必不可少的。生存训练主要包括适应性训练、求生训练、自救和防病训练及素质训练。特种作战部队执行特殊的作战任务,大多数情况下是在敌后作战或孤军奋战,不能得到自己人的连续支援,并在极度缺少食品的环境中完成任务的。在生存训练中,受训练的队员经常被置于深山老林、荒原大漠之中,暴露于烈日酷暑、冰天雪地之下,以锻炼其在断水断粮、孤立无援的环境中,利用当地资源生存的能力。

队员要掌握的生存技能包括:熟悉兽、鸟、虫等的捕捉和野外烹调方法,能够辨别食用植物、药用植物、有毒植物,懂得饮水净水法、取火要领,以及使用帐篷或就地取材构筑防水、保温、防虫设施的方法。在恶劣的环境中作战,经常会有人员伤亡和疾病发生。因此,特种作战部队队员生存训练的内容还包括外伤、骨折的简单治疗,发烧、中暑、中毒、冻伤的紧急处置,

对溺水者如何进行人工呼吸，以及在恶劣条件下运送伤病员的方法等。同时，生存训练更能使特种作战队员培养出坚强的毅力和自制能力。

3.心理训练

一名合格的士兵不一定能成为一名合格的特种作战队员。一名合格的士兵与一名合格的特种兵之间的差异，首先是心理特征上的差异，而心理差异反过来又影响其他方面的能力。良好的心理素质是对特种作战部队队员的基本要求之一。因此，心理训练极为重要。这一切的训练，目的除了帮助每一位成员具备基本的战斗素质外，还有另一项重要的宗旨，这就是培养小组成员为他人勇于自我牺牲的精神。

特种作战部队的官兵通常是以单兵、小组或小部队的形式独立作战。由于任务特殊，环境艰苦，危险性高，作战中队员们经常遇到难以预料的困难和复杂的局面。因此，具有临危不惧、处乱不惊的心理素质，是完成任务的重要保证。同时，在训练中，“阿尔法”部队还刻意培养每—位成员独立行动的能力，这就是“阿尔法”部队的基本原则之一，即每一个成员都能够以必要的方式去独立完成所受领的艰巨任务。

训练的方法之一便是让队员在十分险恶的环境中完成任务，克服恐惧心理。“阿尔法”部队每月都要对其成员进行一次检查，对他们的能力状况做出客观评价。如果未能达到训练要求，则难以逃脱被除名的厄运。当然，对于每一位入选者来说，这种情况很少发生。他们全都明白自己肩负的重担，以及每一滴汗水与未来流血牺牲的联系。另外，别动队的每名队员都要学习犯罪心理学，实施谈判和心理战方面的训练。

4.特种技能训练

“阿尔法” 特种部队突击队员还要掌握各种轻武器和冷兵器的使用方法。每个突击队员都必须学会驾驶汽车、装甲运输车、步兵战车，还要学会跳伞、格斗、暗杀、破坏、生存、侦察、攀登、救护、审讯、隐蔽等技能。每个突击队员还要具备携带轻兵器在水下执行作战任务的本领。经过长期的严格训练，“阿尔法”特种部队突击队员都成为技能超群的职业军人。“阿尔法”特种部队使用的武器为AK-74U自动步枪和马卡罗夫手枪。同时，“阿尔法”

队员不仅要熟练掌握己方的武器装备性能及使用,还要了解敌方武器装备的性能及使用,以备在行动中可以取敌用为己所用。

此外,合成训练也是"阿尔法"队员训练的科目之一。特种作战部队的作战小组是执行任务的基本单位。作战小组的组成主要是考虑非常规作战任务的需要,一般将作战、情报、武器、工程、医疗及通信等专业人员编在一起,以便作战中相互协调、相互支援、相互补充。要在作战中充分发挥整体威力,需要进行艰苦的分组合成训练。这要求特种部队作战队员在作战中至少要能承担两项以上的任务。因此,队员不仅要熟悉自己的专业,而且要进行交叉训练,以便作战中有人员伤亡时,能够相互替补,继续完成任务。特种作战部队作战小组的组成非常灵活,主要根据任务而定,这也要求特种部队作战队员要掌握广泛的知识和技能。

5.反劫机训练

最典型、最知名与最早被定位的恐怖行动,当推20世纪70年代的劫机潮,为了有效扼制这股歪风,一批被精挑细选的军中精英,成为各国特种部队的先驱,反劫机则是他们的第一个任务要求与训练科目。与此之后针对公车、地铁、教室、办公大楼、立体建筑、特殊建筑的各种新式恐怖行动纷纷出现,特种部队的训练课程也相对增添了相关的训练项目与进度。由于长年累月地以恐怖分子的思维与作业模式进行反恐怖训练,许多反恐怖小组的队长或指导教官本身反而成了极度危险的恐怖专家,他们进而设计出了许多连恐怖分子都想不到,或做不到的项目来训练手下的特种部队成员。假若这些特种部队成员有朝一日成为恐怖分子,那非得老长官出马不可了。

一般来讲,"阿尔法" 队员应了解俄罗斯所有型号民用飞机的主要情况,包括飞机座舱内的座位数量、布局、各种设施的配备情况,更要了解飞机的整体结构,以便找到进行突击的进入点,保证在最大限度减少或避免己方突击队员和人质伤亡的情况下,击毙或生俘劫机者。当然,外国制造的飞机也在了解之列,以便在各种情况下也能采取突击行动,解救人质。在"阿尔法"部队的训练科目中,有一项便是飞机的驾驶技术,要求所有队员了解飞机的驾驶原理和实际操作,以便在实施空中突击或恐怖分子在空中

枪杀飞行员的情况下，能够操纵飞机，最后安全着陆。

除需要掌握突击所需的技术外，“阿尔法”队员还要学会相应的战术和技巧，包括学会心理战技术，尽量采取说服的方法，使恐怖分子放下手中的武器。

一般来讲，在进行机场内的机上人质解救过程中，首先是由地勤人员给予电源、食物、饮水及相关支持，实施拖延战术不给予油料，并在此时间内进行政治作业，期以和平方式解决。倘若无法和平解决，则一般建议在落地后72小时至96小时之间采取行动。选择此时段的理由是：若时间太短，恐怖分子的体力与注意力仍处于集中状态，强行攻入则可能会对机上人质和进攻的队员造成不必要的伤害；若是时间太长，恐怖分子则可能因暴躁，或精神无法集中而做出非理性行为(例如屠杀人质)。而正确的攻击时间则由特种部队指挥官决定。一般在与劫机者谈判的过程中，指挥官与心理专家都会根据交谈内容来判定机上恐怖分子的精神状态。有许多恐怖分子为了保证行动时其手下成员的精神维持在亢奋状态，经常会发给兴奋剂供其服用，以撑过劫机期间连续数日的庞大压力。但服用兴奋剂(不论是哪一种)会有一个后遗症的问题，那就是当药效过了之后，精神会变得相当的差，注意力与判断力都会随之降低，就算及时再服用双倍的兴奋剂通常也不会再产生作用。而药效的开始与退却的时间都可由其语气、用字遣词与音调高低判断出来，若是判定其药效开始退却，而政治手段仍无法解决，当局高层亦授权指挥官见机行事时，指挥官便需决定是否下令开始行动了，因为最佳的时机便是此刻。

为了在反劫机的作业中能表现得正常与良好，大部分的特种部队作战人员都必须学习机务与地勤人员的相关技术与知识，以便在恐怖分子要求饮食、航空燃油与发电机车、登机梯车等地面支持时，能完美地假扮工作人员直接了解机上情况与伺机反应，而这些知识

则能更进一步地帮助特种部队队员了解整个现场的运作情势，并汇报实际情势供指挥官做出最佳的评估与判断。在过去的20年间，各国发生了各种理由与状况的劫机，这些劫机事件确实让各国的反劫机部队多了许多案例与经验。顶尖的特种部队队员或许会谦虚地否认个人的战绩，但他们大都有能力搞定八成以上的武装劫机事件，而将整个事件的冲突与伤亡降至最低。保护人质的性命永远是反劫机小组的第一任务，其次才是制服劫机者，控制局面。队员们要在和平的日子里继续无休止的训练，他们希望永远不要正式出击，但同时又做好所有的准备，随时准备给予劫机者致命的一击。

四、栗色贝雷帽

对特种部队成员最严格也最正规的测试，是力争戴上"栗色贝雷帽"的训练。对所有的人，不管年龄多大、军衔多高、担任什么职务要求都是一样的。他们必须每年接受一次考核，考核分三部分，第一部分是体能和心理测试。体能测试时，要求进行8公里越野赛跑，其中还要穿越较长一段沼泽地，或者让他们穿越"污染地带"，就是说要戴上三防面具奔跑。在跑得筋疲力尽以后，紧接着还要进行一次100米短跑。为了增加难度，在沼泽地带还设

◀ 默默无声地忍受，也是一项严格的训练。

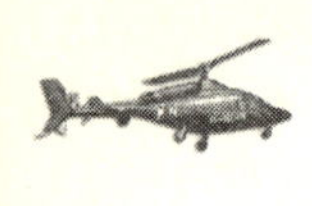

置了雷障、火障或烟障的特别跑道。另一些地带还有悬挂的卡车轮胎，他们通过火障时有可能碰到，并且还要冒着“枪林弹雨”匍匐前进或快速奔跑，直至通过测试为止。

心理测试的内容是让他们应付那些试图挑动他们发怒的“捣乱分子”。其办法是，这些“捣乱分子”跑到他们身边，辱骂他们，往他们身上扔泥块和火球等。应试者不得和这些人交谈，默默无声地忍受侮辱。通过这项测试以后，中间不休息，接着进行4×400米的赛跑。赛跑之后，再接着做引体向上和俯卧撑。只有成绩优异者才算过关。

第二部分测试内容与第一部分密不可分。每个应试者都要在下述武器的发射中取得优异成绩。这些武器包括：RPG-7反坦克火箭筒、AGS-17自动榴弹发射器、PK/PKT通用机枪、AK-74M突击步枪、斯特金和马卡洛夫手枪以及SVD狙击步枪。

第三部分测试内容可能是最严格的科目。这项测试总共才12分钟，但应试者却觉得自己就像是度过“地狱般的12小时”。这12分钟分4次进行，每次3分钟，相当于徒手格斗的一个回合。每个回合换一个新对手，而每个新对手都是已戴红色贝雷帽的老队员。格斗时，出现打腹部以下的次数很少，因为不允许。测试的确是冷酷无情的，简直叫人无法相信，有被打掉门牙的、打裂嘴唇的、鼻子被打出血的或者眼睛被打青的，这些都不值一提。

五、阿尔法的武器装备

为了保证各种反恐战斗任务的完成，“阿尔法”的成员在专业上也进行了全面的分工：有百发百中的狙击手，有翻江倒海的战斗蛙人，有技能高超的密码破译专家，有胆大心细的爆破专家，有迅速敏捷的无线电专家，有具备顶尖生化知识的生化武器专家等等。“阿尔法”的每个成员都配备有马卡洛夫式手枪、微型冲锋枪、多用匕首等全套特种作战装备。除了这些常规作战武器外、“阿尔法”的成员们还配备了各种特殊的反恐怖兵器，如特制的手榴弹和特种杀伤性武器等。

为了应付日益复杂的恐怖活动和狡诈残忍、装备先进的匪徒，俄罗斯目

前又为包括“阿尔法”在内的所有特种部队研制并装备了新型防弹背心、短身枪、夜视仪，以及能从空中打击隐藏在建筑物、墙壁、障碍物后面的恐怖分子的新式武器。前不久，“阿尔法”别动队还配发了一种叫做“佩尔森”的电子按钮，它可用以对恐怖分子的遥控爆炸装置实施干扰，使之失灵。

另外，为了随时应付可能发生的突发事件，“阿尔法”的每一位成员都配有一部即时通讯设备，从20世纪70年代的对讲机，到现在的移动电话。一旦发生紧急情况，从收到作战命令到装备齐全，登机出发，最多只需要1.5小时到2个小时。而且，20多年如一日，常年累月，“阿尔法”部队时刻都有一个作战部队处于整装待发的战斗值勤状态。

特种部队在执行任务时，通常携带防弹背心以及独特的武器装备，包括7.62毫米AK-74M无声突击步枪（多数配备100发子弹和夜视或望远用的瞄准镜）、马卡洛夫无声手枪、榴弹发射器、战刀、脉冲式收发机等。脉冲式收发机主要用来测试驻地处和设伏在路线上活动的小型物体。还可根据任务需要携带RPG-7、RPG-18轻型反坦克火箭筒、AGS-17自动榴弹发射器、PK/PKT通用机枪以及SVD狙击步枪。数种外国制武器也同样被使用，包括簧压式的刀子，其刀锋发射后可横跨过一个房间的距离；锐利的筑壕工具，可以当做斧头甩出。

例如，特种部队在阿富汗的战斗中使用了数种新武器，但却不曾在传统步兵大军手中见到。他们曾使用无声武器，如1950年制造的斯特金机关枪和快速装上7.62毫米步枪的消声器。特种部队也是最早使用5.45毫米AK-74突击步枪的单位之一，后来又尝试AKS-74U突击步枪，这是一种缩小型的冲锋枪，并装以折叠式枪托。他们穿上身体护具并在机关枪上使用瞄准镜与夜视装备。20世纪80年代中叶，某些特种部队甚至使用单发的榴弹发射器，它可装在一把卡拉什尼科夫步枪的枪管下，就像美国的M203装于M16之下那样。

此外，为配合特种部队的行动，还有可能配备其他武器装备和交通运输工具，如汽车、坦克、装甲运兵车、步兵战车、直升机、快艇等。例如在攻打阿富汗的阿明宫时，特种部队队员便是乘坐装甲运兵车和步兵战车冲进阿富汗总统府的。

▼ *PM 与 PMM 的对比,从握把形状就可以分辨出这两种型号。*

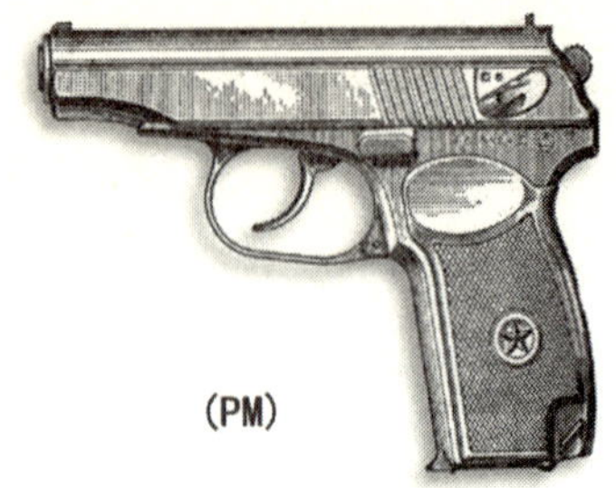

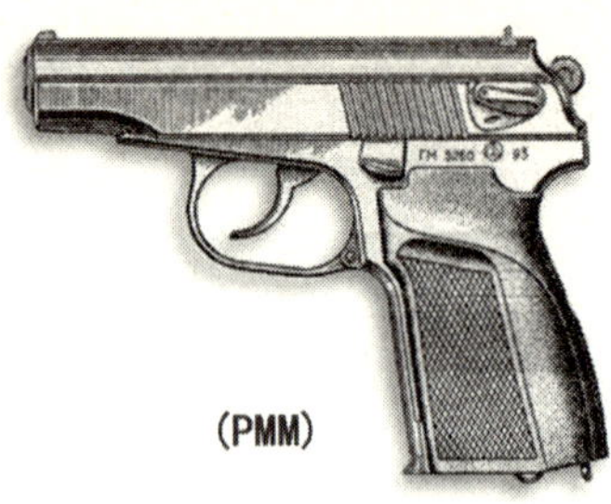

1.马卡洛夫手枪

马卡洛夫手枪又简称PM手枪,PM是Pistol Makarov的缩写,PM手枪研制于1950年。前苏联军事专家发现手枪在战场的使用比例极低,主要仅供军官或高级将领自卫之用,制式TT-33手枪威力过大,且枪身体积庞大携带不便,另外单动扳机已是一项过时的设计,于是便开始研制新一代自动手枪。为了能缩短研制时程,决定以德国纳粹秘密警察使用的华尔瑟(Walther)PP型双动扳机自动手枪为基础。PM马卡洛夫手枪基本上就是PP手枪的翻版。例如手枪的分解,只须先拉下扳机护弓,再拉滑套到底往上一提,滑套与枪身就分开了。这与PP手枪完全相同,但马卡洛夫手枪有六个地方做了修改:一是PM手枪省略了子弹上膛显示器;二是PM手枪为左旋复进簧;三是PM手枪的击槌头不同;四是PM手枪装置了滑套卡榫,当最后一发子弹射完后,弹匣托板会顶住卡榫,使滑套固定在后方,射手换装弹匣后,再以拇指按下卡榫就能完成上膛程序;五是PM手枪的弹匣卡榫改在握把底部;六是PM手枪将击槌击发弹簧改为弹片。

前苏联同时研制了一种新型子弹配合PM手枪的使用。前苏联已从欧战中领教过9毫米子弹的威力,9毫米子弹拥有比7.62毫米子弹更强的杀伤威力,所以用9毫米为新枪口径,为了有别于北约的弹药规格,所以弹壳长度为18毫米,此种9×18毫米的子弹遂成为华约组织制式用弹。该枪的主要参数为:口径9毫米,全长161毫米,枪管长93毫米,全重730克,弹匣容量8发。

2.AK-74 系列突击步枪

卡拉什尼科夫冲锋枪,是当今世界使用最为普遍的步兵自动武器。现在全球共有超过50个国家以上的陆军单位使用AK系列步枪或其衍生型。卡拉什尼科夫冲锋枪广泛用于越南、阿富汗、尼加拉瓜、非洲大陆、中亚地区和数十个“热点”地区的军事行动中,不止一次地证明了该武器的实力,同

时该枪也以出色的可靠性、有效性和结构简单而著称于世。AK冲锋枪是可靠武器的象征,它在最激烈的战斗中仍然保持自己的生命力。在一项统计中,有这样一组数据:在越南,美国方面有30%的有生力量损失,是因为所使用的步兵武器发生故障。使用AK冲锋枪的一方则没有此种痛苦的统计数据。因为即使在最严酷的使用条件下,AK冲锋枪都不会出现此种问题。无论是在泥泞地区还是在尘土中,无论是在高湿度天气或在炎热条件下,AK冲锋枪都能够完成现实战斗条件对其的要求。

AKM是改良自AK-47的产品,但为了快速生产并出口到第三世界国家,便放弃了以往将钢材切削加工的做法,而是采用较快的钢板压铸焊接法。这也使得AKM比起AK-47重量稍轻。不过,因为击锤上方采用了减速器,所以单位时间射速稍低于AK-47。

AK-74突击步枪实际上是AKM的小口径型,于1974年11月7日在莫斯科红场阅兵式上首次露面。该枪有多种变型枪,包括标准型AK-74式、折迭枪托AKS-74式、短枪管型AKS-74U式和改进型AK-74M式,已成为一个枪族。除步枪外,AK-74式枪族中还包括采用重枪管和大容量弹匣的轻机枪型RPK-74式及其各种变型枪。

AK-74式突击步枪于20世纪70年代初装备前苏联军队,与AK-47不同的是,它采用了较小口径的5.45毫米弹药,因此在枪口减震与抑光部分有所加强,逐步取代AKM7.62毫米突击步枪。东欧一些国家也装备了此枪,并作了某些改进。AK-74步枪结构简单、动作可靠,轻便灵活、威力强大,实际上是冲锋枪与步枪的混血儿,具有两种枪的特点。该枪采用的5.45×39毫米枪弹,质量小,长径比较大,弹性系数好,命中目标后容易翻滚造成严重的创伤。该枪采用了一个新的膛口装置。新的枪口制退器结构复杂,呈圆筒形,前端两侧各铣有一直切缺口,后端右上方开有三个小孔。根据气体动力学原理,自枪口喷出的火药气体在枪口装置中进行两次冲击、两次膨胀,

▲ *AK-74M 突击步枪及可挂装置*

并有部分气体从右上方三个小孔喷出，因而具有制退和减震的综合作用。两次冲击可以制退，两次膨胀可以消焰，向右上方喷出气体可以减轻枪口射击时上跳，这也利于提高射击精度。AK-7454式的枪口装置在原来的基础上又做了改进，它有两个敞开的气室，擦拭保养时不必从枪管上取下。

AK-74式上装有双刺刀卡榫，一个在活塞筒下方，另一个在准星座下方。前者在取下枪口装置安装空包弹发射器时使用，后者则在带枪口装置的情况下使用。全新设计的刺刀全长273毫米，其中刀身长150毫米，连同刺刀鞘总质量480克，可当钢丝钳、锯使用。导气箍下方有一凸起，用以下挂BGl5/25榴弹发射器。该枪的瞄准距与AKM的基本相同，不过现在可以配装光学瞄准镜。AKS-74突击步枪空弹匣不含刺刀全重约3340克，枪托伸展时全长933毫米，折叠时为694毫米。

为空降部队特制的AKS-74以塑料制造前握把、护手与弹匣，后端为金属质折叠式枪托。空弹匣不含刺刀全重约3200克，满弹匣则为3500克，枪托折叠时为700毫米。AKS-74口径5.45毫米，膛线数4条，弹匣容量30发，瞄准距离1000米，出口速度900米/每秒，有效杀伤距离1350米。

AK-74M冲锋枪是为了满足对“可靠性”有极高需求的执法单位，或维护秩序部队而制造的，它有一具可折叠的塑料枪托，便于在战场上持握。此外，枪机下亦可安装光学、夜间瞄准器，便于夜间、黎明作战时使用(型号为AK-74MN2/3)。枪管下方可附加榴弹发射器，适应徒手近战的需要，它也可以装上刺刀。

AK-74U自动步枪自1979年装备部队，改良自AKS-74。不过在零件与战斗特性上已有所变更，其出口速度较慢，但(单位时间内)连射发数多，连射时间也相应变短。该枪是AK-74的短枪管之一，采用200毫米长枪管，重新设计了护木。该枪的机匣盖用一个铰接装置同机匣连接在一起，以

▲ *AKS-74U短突击步枪*

便于分解结合。AK-74U采用专用翻转的U形照门，标尺射程为200米和400米，安装在机匣盖上。该枪管有一个膨胀腔式的膛口装置，并有一个喇叭状消焰器。

与AK-74相较，它是配发给空降部队、执法单位等特殊单位，以及信号员、工兵、车辆驾驶员、导弹发射员等。它还有可装夜间瞄准器的样式。AK-74U口径5.45毫米，全长730毫米（枪托展开时）或490毫米（枪托折叠时），枪管长210毫米，准星、照门间距235毫米，弹匣容量30发，瞄准距离500米，空重2710克。

AK-74U加装榴弹发射器，这是将AK-74U的枪口装上PBS消音器，枪管下方附加BS-1榴弹发射器而成。榴弹口径30毫米，全长900毫米，枪管长210毫米，加装PBS与BS-1后空枪重5430克。

PRK式7.62mm轻机枪和PRK74式5.45mm轻机枪实际上是AK步枪的重枪管型，原理和结构同AK式步枪没什么差别，都采用导气式工作原理，枪机回转闭锁方式，盒式弹匣供弹，既能单发射击又能连发射击。主要区别是：加重加长枪管，增加两脚架，改变了护木和枪托的形状，取消刺刀座，增大标尺射程。PRK采用40发弹匣或75发弹匣供弹。PRK-74采用45发弹匣供弹。

此外，俄罗斯现在已经研制出“AK-100”系列突击步枪，包括AK-101，AK-102、AK-103、AK-104、AK-105小型突击步枪，外观相差无几，主要区别在于口径的不同，AK-101、AK-102、AK-105使用北约的5.56毫米弹药，而AK-103、AK-104使用俄罗斯标准的7.62×39毫米子弹。

六、反劫持，屡建功勋

为与劫机犯罪活动作斗争，世界各国都相继组建了空中反恐特种部队，如美国的“三角洲”特种部队，奥地利的“眼镜蛇”特种部队，德国的“GSG9”特种部队，俄罗斯的“阿尔法”特种部队等。这些特种部队都有不凡的战绩。俄罗斯“阿尔法”特种部队就是打击空中恐怖犯罪活动的佼佼者。

随着世界各国民航事业的迅速发展，恐怖分子劫机犯罪率呈上升趋

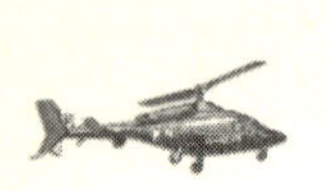

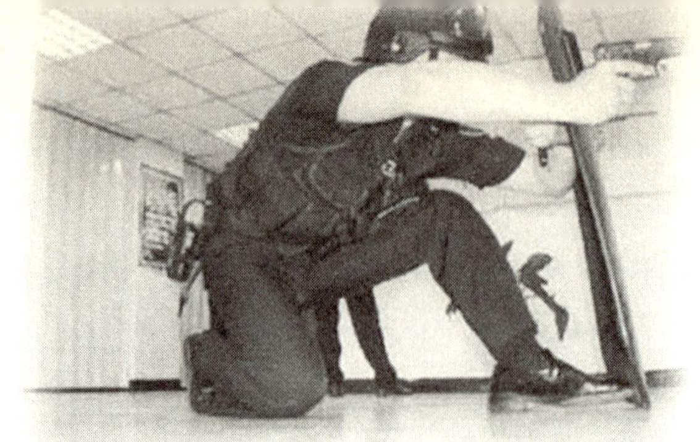

严阵以待中的特战队员

势。因此,“阿尔法”特种部队与空中恐怖分子作斗争的任务也越来越繁重。为更好地与劫机犯罪作斗争,“阿尔法”特种部队十分注重与其他部队的协同作战。尽管任务分工不同,“阿尔法”特种部队始终与其他部队保持密切的联系,交换情报信息,并进行协同演练。近几年来,“阿尔法”特种部队经受了严峻的考验,他们常常执行一些超出自己职能范围以外的任务,并都出色地完成了任务。

为有效地与劫机犯罪作斗争和确保机上人质的人身安全,“阿尔法”特种部队具有很强的快速反应能力。目前,“阿尔法”特种部队从接到命令,到乘坐飞机抵达打击劫机犯罪地点的时间不超过1.5小时。除莫斯科以外,“阿尔法”特种部队在克拉斯诺达尔、叶卡捷琳堡和哈巴罗夫斯克都设立了与空中恐怖分子作斗争的特种部队。在前苏联解体之前,阿拉木图、基辅和明斯克同样部署了“阿尔法”地区特种部队。尽管这些地区特种部队已经归属宣布独立的独联体成员国家指挥,但是,他们同样成为对付劫机犯罪的骨干力量。

在解救人质的战斗中,各国特种部队也曾有过一些失利的例子。如:以色列特种部队在乌干达恩德培机场解救被恐怖分子扣押的机上人质时,有数名作为人质的乘客被恐怖分子打死。埃及特种部队在马耳他首都瓦莱塔机场营救被恐怖分子劫持的机上乘客时,伤亡60余人。美国“三角洲”特种部队在德黑兰为营救53名机上人质时,专门拟定了“沙漠-1”作战行动方案,结果,这项精心筹划的营救人质方案惨遭失败。

在俄罗斯也有许多最终功败垂成的事例。如一个名叫奥维奇金的俄罗斯人,为了谋取一批不义之财到国外定居,采取了劫持机上人质的卑鄙手段。奥维奇金伙同家人劫持了一架由伊尔库茨克飞往列宁格勒的班机。当时,驾驶员以机上燃油耗尽为理由在列宁格勒郊区一座军用机场降落。担

任这次营救班机和人质任务的是俄罗斯国防部所属的一支部队。当飞机降落后，这支部队立即与机上恐怖分子发生了激烈的枪战，致使班机起火爆炸，旅客伤亡惨重。

1994年7月28日，在俄罗斯北高加索地区的矿水城机场发生了半年来的第四次劫持人质事件。当时，四名车臣恐怖分子身藏武器，在矿水城机场附近劫持了一辆载有41名乘客的公共汽车。恐怖分子要求政府支付1500万美元的赎金，并提供两架配有驾驶员的直升机。俄当局一方面与恐怖分子进行谈判，一方面向矿水城调派了当时隶属于内务部的"信号旗"特种部队。29日凌晨3时，当直升机准备起飞时，特种部队发起攻击。这时，一名恐怖分子在机舱内拉响了一枚手榴弹，直升机顿时燃起大火。尽管机场及时采取了灭火措施，但直升机还是全部被烧毁。事件中，有5名人质死亡，恐怖分子有1人被炸死，其余被捕。特种部队成员也被炸伤或受枪伤。

相比之下，"阿尔法"特种部队在营救机上人质和保护被恐怖分子劫持航班的作战行动中表现是很出色的。这也可以说是有目共睹的。"阿尔法"特种部队在参加的数十次解救机上人质行动中，曾创造无一人伤亡的纪录。这个纪录是十分罕见的。由于"阿尔法"特种部队享有很高的威望，外国驻俄罗斯的许多大使馆经常邀请该特种部队为其乘坐的班机保驾护航。以色列驻俄罗斯大使曾高度赞扬"阿尔法"特种部队是世界上出色的空中反恐特种部队。

1973年，一架雅克-40型客机在弗努科沃机场遭到四名武装歹徒劫持，机上旅客全部被绑架而沦为人质，前苏联国家安全委员会(克格勃)和内务部联手采取紧急行动解救了人质，这一事件在前苏联国内造成了震荡，人们精神紧张，从而也引起了前苏联领导层的高度重视。

到了20世纪80年代，空中恐怖行动极为猖獗。现在任何人也不敢轻易以自己的脑袋为代价来劫持飞机逃到国外，但在当时，对于许多人来说，这似乎是惟一可行的和成功机会也较大的做法，甚至不惜以无辜乘客的生命作赌注。因此，"阿尔法"部队成为反空中劫机的主力军。

1993年，俄罗斯民航一架伊尔-86客机从矿水城飞往莫斯科途中，被一名叫扎哈里耶夫的中年男子劫持。他在交给空中小姐的纸条上要求："立即安排我会见俄罗斯总统或司法部长，否则将遥控爆炸本班机和三个地面设

施。”机上有347名旅客和16名机组人员。飞机最后紧急降落在莫斯科附近的伏努科沃机场。“阿尔法”别动队闻讯出击,趁夜悄然从飞机底部的货舱进入客舱。一场短兵相接,劫机者束手就擒。

1997年,又一起劫机案发生,“阿尔法”别动队临危受命并果断出击,劫机者被捕,142名乘客安然无恙。当时的俄总统叶利钦曾称赞说:“在他们的功劳簿上,记录着避免了几百个爆炸装置的爆炸,解救了几百名人质。”现

▼“阿尔法”队员乘直升机迅速赶到现场

在,“阿尔法”特种部队已成为俄罗斯反恐活动的一张王牌。任何一次绑架、劫机事件发生后,人们马上想到的就是“阿尔法”别动队。“阿尔法”别动队也总是乘飞机迅速赶到现场,与犯罪分子周旋,捕捉到时机后果断出击,成功地完成了一次又一次惊险的任务。

1.矿水城人质事件

1988年,在矿水城,几名武装分子劫持了一辆载有32名学生和老师的大轿车。“阿尔法”别动队迅速赶到出事地点,通过无线电与匪徒进行了长

达一天一夜的艰苦谈判，最终靠自己的“文功”让歹徒放下了武器，释放了所有人质。

2001年7月31日，在俄罗斯南部斯塔夫罗波尔边疆区，又发生了一起巴士被劫持事件。早晨7时，一辆巴士被劫持，车上40人被扣为人质。劫匪凶悍，枪口指向司机。在劫匪威逼下，巴士转变方向，开往附近的矿水城机场。

大巴在高速路上奔驰，俄罗斯各部门也紧急行动起来。警察曾试图阻拦劫匪开枪射击。俄罗斯安全局官员伊戈尔·特鲁比岑称，劫匪蓄谋已久，穷凶极恶，装备精良。他手中除有机关枪外，还有炸弹以及TNT高能炸药。

机场迅速被警方包围。警察与劫匪开始处于对峙状态。太阳越升越高，天气越来越热。气温达到了38度，车内更是燥热异常。为通风，人质战战兢兢地砸碎了窗玻璃，为遮蔽阳光，窗帘被拉了下来。

劫匪开始提出条件：释放1994年被抓的5名恐怖分子。1994年，这5名恐怖分子涉嫌劫持了29人，后被抓获投入监狱。劫匪并不知道，这5人中，有一人因肺结核已在监狱中死去。谈判在紧张进行，劫匪的价码不断加高，他又要求提供武器和一架直升机。俄联邦安全局成立解救人质指挥部，由副局长叶什科夫挂帅。俄总统驻南方联邦区全权代表卡赞采夫也亲临现场。俄总统普京也在关注着事态进展。

在苦口婆心的规劝之下，劫匪释放了一些妇女和儿童，但对所提条件则始终不松口。下午5时40分，劫匪开始铤而走险：一名26岁乘客被击中，并被扔出车外；劫匪向空中开枪，声称如果在晚9时前不满足他的要求，将杀死所有人质。时间一分一秒的过去，谈判仍在继续，劫匪态度依然嚣张。人们的心都提到了嗓子眼上。

谈判陷入僵局，情况万分紧急。时间一分一秒的流逝，夜色开始笼罩大地，不能再等了。晚8时左右，紧急调来的联邦安全局“阿尔法”别动队开始行动，震荡炸弹投向巴士尾部，烟雾随即笼罩整个汽车。劫匪猝不及防，伸出头想看个究竟。眼疾手快的狙击手迅速开枪，正中劫匪头部。身着厚防弹衣的“阿尔法”特种兵随即以迅雷不及掩耳之势冲进大巴，30秒钟，战斗结

束，一切干净利落，人质无一伤亡。经查明，劫匪名叫苏丹·赛义德·伊季耶夫，是一名正被通缉的车臣匪徒。俄总统普京迅速发表讲话，高度评价“阿尔法”别动队的行动，向全体战斗人员表示感谢。

2.红场人质事件

1995年10月14日，莫斯科红场像往常一样游人如织。下午5点多，一队来自韩国的游客参观完红场，拖着疲惫的步伐走进红场西侧瓦西里耶夫斯基教堂后面的停车场。他们三三两两地回到包租的旅游车上，寻找着自己的座位，并兴致勃勃地谈论在红场游览的所见所闻。负责这个韩国旅游团的俄罗斯女导游，在车上走来走去，忙着清点人数。旅游车的俄籍司机懒懒地倚在方向盘上，眼睛无神地看着广场上的行人。

此时，谁也没有注意到停车场上出现了一位不速之客。

下午5时半左右，不速之客突然戴上面罩，尾随最后一名韩国游客登上了这辆旅游车。蒙面人的出现并没有引起俄籍司机和女导游的注意。汽车开动起来。此时，几个韩国游客注意到不属于这个集体的蒙面人。但是，在陌生国度里，对一切都不清楚的韩国人来说，对于这时出现的一点小小不正常根本没当回事。

就在这个时候，蒙面人右手拔出一支手枪，左手举起手榴弹，用俄语大声地威胁道：“所有的人都不许乱动，你们被劫持了！”

这车游客大都是韩国现代电子产业派往国外受训的企业管理人员。当女导游用英语对他们述说发生了什么事时，大多数人以为这只不过是个玩笑，或是莫斯科人别出心裁有意安排的什么观光项目，甚至还有人认为，此人不过是想搭车去什么地方而已。有几个年轻的韩国人竟指着这个蒙面人哈哈大笑起来。此时，蒙面人举枪朝车顶扣动了扳机，“砰”的一声，客车的车顶盖被子弹射穿，车上的韩国人这才恍然大悟，明白了他们已经成为人质。

在劫持者的恫吓下，司机不得不把旅游车停在瓦西里耶夫斯基教堂以西几百米处的桥畔。趁着车尚未停稳，司机打开了车门，两位机灵的韩国年轻人趁机跳下了客车，消失在莫斯科市中心的车流中。气急败坏的蒙面人马上命令司机关闭车门，并威胁说，谁再试图逃跑，他就要杀人了。随后，蒙

面人大声宣布了释放人质的条件：第一，要莫斯科市政府立即拿出赎金3000万美元；第二，用这辆旅游客车送他到莫斯科一号国际机场，并保证他安全飞往国外，否则，他将炸毁汽车，杀死所有人质。为向俄政府通报以上要求，蒙面人释放了一名略上年纪的韩国人。

接到报警后，莫斯科市政府和俄联邦安全局迅速做出反应。莫斯科市警察局派出大批武装警察，封锁了这辆旅游车周围的道路，并在附近建筑物上部署了狙击手。俄联邦国家安全局迅速派出了反恐专家和“阿尔法”小组。在莫斯科市政府官员、市警察局和联邦安全局三方参与下，成立了解救人质临时指挥中心，并明确了当前任务：一是指挥协调在场的所有警力，对被劫客车实施严密封锁、监视和控制；二是选派训练有素、富有实战经验的“阿尔法”小组军官与蒙面人谈判，对其展开心理攻势，制止可能出现的极端举动，同时稳住车上人质的情绪，进一步观察和了解事态的发展情况。

得知韩国游客被劫的消息后，韩国使馆官员也马上赶到了出事现场。在莫斯科市长卢日科夫的陪同下，韩国大使和政务参赞在仔细了解情况后，郑重要求卢日科夫无论使用什么方法，一定要保证所有韩国公民的生命安全。为了让车上的同胞知道韩国政府的存在，韩大使命令政务参赞留在现场协助处理危机，并保持与使馆的联系。

▲ 特种作战队员在绑架现场警戒

为了稳住劫持者，不使其滥杀无辜，在莫斯科市政府的协调下，临时指挥中心开始筹集蒙面人

索要的巨额赎金。同时,派谈判小组登车与劫持者交涉,要求其保证所有韩国游客的安全,并释放其中的妇女和老年人。此外,临时指挥中心还以时间有限为由,要求劫持者降低赎金,允许分次付款,以借此拖延时间,创造制服恐怖分子的机会。

经过艰难交涉,蒙面人答应将赎金降到100万美元,并同意在第一笔赎金送来后,释放旅游车上的所有妇女。

天色渐渐暗了下来,"莫斯科"银行的工作人员送来了第一批赎金——47万美元现款。当伪装成银行职工的联邦安全局特工上车交付这笔赎金后,蒙面人履行了他的承诺,释放了车上所有妇女和老人。

入夜,莫斯科下起了蒙蒙细雨。夜幕中,特工们又送来了第二笔赎金。接到这笔钱后,车上的恐怖分子基本听信了联邦安全局谈判的许诺,以为剩余的钱很快就可以拿到手,因此,又释放了其他大部分的人质,车里只剩下最后5名韩国旅游者。

此时,制服恐怖分子的行动计划亦已酝酿成熟。临时指挥中心在旅游车四周架起多盏高瓦强光照明灯。强烈的灯光使汽车四周如同白昼,车里的活动被清楚地展现在"阿尔法"小组特工的视野里。在灯光的掩护下,驶来一辆车,车尚未停稳,几名身穿黑色迷彩服的"阿尔法"小组队员携带武器和特种作战装备窜了出来,他们利用高低起伏的建筑物阴影和强光造成的视觉盲点,神不知鬼不觉地接近离旅游车最近的隐蔽地点,开始为突袭做最后的准备。

午夜过后,游车上的蒙面人再也沉不住气了。凌晨一点多,恐怖分子再次向警方发出威胁,要求当局马上满足他的条件,最后一笔赎金必须在一小时内送来,然后护送他去机场,否则,他就要杀死人质,炸毁汽车。

临时指挥中心借口旅游车的汽油已不多,难以开到机场,提出更换另一辆汽车的建议。然而,对这个用意十分明显的建议,劫持者断然拒绝。

一个小时过去了。临时指挥中心认为时机尚未最后成熟,遂再次通过谈判小组向蒙面人转达,由于银行都已下班,一下筹齐大额现款困难,要求劫持者再宽限一些时间。与此同时,则向埋伏在汽车周围的突击队员发出准备实施攻击的指令。

当克里姆林宫塔楼的大钟指向午夜2点45分时,攻击命令下达。

两名化装成“莫斯科”银行员工的“阿尔法”小组特工，携带最后一笔赎金来到旅游车门前。当两名特工与站在车门里的恐怖分子交涉赎金交付的方式时，几名全副武装的”阿尔法”小组的突击队员迅速而隐蔽地跃到了旅游车尾部。

蒙面人坚持要送款的“阿尔法”小组特工将钱送到车上，并命令司机打开车门。就在车门刚刚开启的一刹那，一名“银行职工”迅速向站在车门口准备接钱的恐怖分子投掷了一枚特制的强光强震手榴弹。这是一种非杀伤性武器，爆炸的瞬间会产生定向冲击波和强烈的闪光，使目标在短时间内失去反抗能力，同时却不会对人体造成致命的伤害。

手榴弹准确地落在了蒙面人的面前。随着一道强烈的闪光和沉闷的爆炸，恐怖分子被炸倒。隐藏在车后和四周的“阿尔法”小组突击队员迅速冲进了车内。同时，一辆早就做好准备的无篷卡车从黑暗中高速驶来，在旅游车左侧的最近位置上戛然而止。车上几名身着黑色迷彩服、脸上蒙着黑面罩、手持铁锤的“阿尔法”小组成员在同车战友的掩护下，三下两下把旅游车左侧的车窗玻璃砸碎。

被手榴弹震倒的恐怖分子并没有完全失去知觉，在“阿尔法”小组队员准备接近他时，他绝望地开了数枪，但都未击中人。突击队员本能地做出反应，将恐怖分子击毙。与此同时，卡车上的突击队员已通过车窗把韩国人质全部救出。

韩国驻莫斯科大使馆政务参赞在不远处的车旁，通过望远镜目睹了行动的全过程。他抬起手腕看了看表，从临时指挥中心发出攻击命令到行动结束，总共只用了45秒钟。

3.“霹雳”行动

1988年12日1日，前苏联北高加索地区奥尔忠尼启则市发生一起令人震惊的劫持人质事件。以维佳为首的4名恐怖分子利用欺骗手段劫持了31名小学生和1名女教师，要求前苏联政府提供毒品、外汇和大型运输机，前往国外，并要求释放其关押在监狱里的同伙。前苏联当局经过周密计划，制定出解救人质的“霹雳”行动计划。

前苏联当局先是决定武力解救，计划由特种部队狙击手在暗中快速击

毙恐怖分子。在形势发生变化后,为保证孩子们的安全,营救指挥中心决定放弃武力解救计划,转而采取智取行动。先答应恐怖分子的一切要求,救出人质,让恐怖分子离开前苏联。恐怖分子在要求得到满足后,便劫持飞机,飞往以色列。之后,在以色列政府的积极配合下,化装成机组成员的前苏联特种部队队员和以色列军警一举将劫机者擒获,并将其引渡回前苏联,"霹雳"行动顺利结束。此次解救行动,前苏当局处置得当,方法灵活,没费一枪一弹,没伤一兵一卒,既保证了被劫持人质的安全,又将恐怖分子一网打尽。

1988年12月1日,天气出奇的冷。前苏联北高加索地区的奥尔忠尼启则市,受到来自西伯利亚寒流的袭击,天上飘着纷纷扬扬的大雪。女教师叶菲莫娃带着31名小学生,到印刷厂参观印刷流程。参观结束时,恐怖分子维佳等人开着一辆墨绿色的大轿车在印刷厂大门外等着孩子们上车,他们假装是工厂派他们来接孩子回学校的。孩子们看到汽车,都争先恐后地跑了上去。最后叶菲莫娃也上了车,车门被司机关上了。然而,万万没有想到的是,此时此刻,魔爪正向孩子们伸来。大客车后座上突然冒出三个青年男子,他们把厚厚的窗帘全部拉得严严实实,然后,又从座位下拿出几个3公斤重的汽油桶,并打开桶盖。维佳掏出了打火机,把手放在按键上,然后对孩子们说:"你们现在是人质了!要老老实实与我们合作,否则,我将点燃汽油,引爆汽车。"

孩子们吓得瞠目结舌,胆怯地向女教师望去。柔弱的女教师一时间没了主意。这一切发生得太快、太突然了。

当天下午4点25分,北奥塞梯自治共和国内务部副部长巴塔洛夫上校接到紧急报告:在州党委机关的广场上,有人从一辆大轿车上向一辆警车开枪,并打伤了警车司机。原来,恐怖分子头目维佳欲使用这种特殊的手段与政府人员取得联系。巴塔洛夫急忙赶到现场。维佳向巴塔洛夫提出,要求政府迅速提供毒品、外汇和一架配备机组人员的大型运输机,他们要飞往以色列,并要求把其同伙克利沃诺索夫从监狱释放出来。恐怖分子还威胁称,如果他们的要求得不到满足,就将点燃汽油,炸毁汽车,杀死人质。

前苏联共产党总书记戈尔巴乔夫接到这一消息时,正在主持一个有关

▲ 俄特种部队士兵听到警报后迅速集合。

改革的重要会议。在了解事件的严重性后，他立即中止会议，放下手中的工作，召开紧急会议。他当场下令成立由克格勃、内务部、外交部及民航等部门经验丰富的官员组成的营救指挥中心，营救总指挥由克格勃副主席波诺马廖夫担任，营救行动代号“霹雳”。前苏联特种部队亦集结待命，准备随时展开营救行动。

制服暴徒，最迅速的方法是诉诸武力，但由于人质是手无寸铁、年幼无知的孩子，他们不懂得怎样配合，武力解决对人质的安全没有绝对把握。因此，多数官员主张同恐怖分子谈判解决问题。在特种部队官员谢里耶夫的一再坚持下，总书记最终同意了武力解决方案，但要求一定要保证人质的绝对安全。

武力营救计划很快制定出来：先派人与恐怖分子周旋，分散他们的注意力，然后由埋伏在四周的特种部队狙击手在10秒种内击毙恐怖分子。

然而武力解救计划尚未开始实施，形势发生了变化，恐怖分子将汽油洒满了车厢，一旦开枪，就会引起爆炸，造成人质大量伤亡。总指挥波诺马廖夫将军迅即放弃武力解决方案，决定先答应恐怖分子的全部要求，把人质解救出来。很快，内务部准备好200万美金，民航部门迅速联络莫斯科，准备飞机。政府答应了恐怖分子的条件，同时，派遣一名胆大心细的联络员去

与恐怖分子周旋，以稳住他们。联络员的任务便落在特种部队指挥官谢里耶夫上校身上。营救工作进入实质性阶段。

12月2日清晨4时许，黑暗的天空中仍不断飘着雪花。载着31名孩子和女教师的墨绿色大轿车出现在矿水城机场。

谢里耶夫按照恐怖分子的要求，携带200万美元现金及防弹背心等来到恐怖分子身边，与此同时，一架四引擎伊尔-76运输机也降落在机场跑道上。谢里耶夫交涉说："你们要求的东西，200万美金、防弹背心、武器、飞机都可以提供，但只有一个条件，释放所有的孩子。"在谢里耶夫的要求下，恐怖分子开始放人。但狡猾的维佳并没有释放全部人质，而将10名学生和女教师留了下来。

伊尔-76运输机组共有8名成员，其中5人是由特种部队队员装扮的。谢里耶夫告诫特种部队队员，保护孩子们的生命安全是第一位的，不到万不得已，不要使用武力。

维佳及同伙将飞机里里外外检查了一遍，又搜查了机组人员的全身，并给机组人员戴上了手铐。在确认没有危险后，他命令10名孩子和女教师上了飞机。在此情况下，谢里耶夫提出用自己交换剩下的人质，维佳同意了。孩子们和女教师叶菲莫娃被释放了。至此，31名小学生和女教师叶菲莫娃全部脱离了险境。见目的已经达到，恐怖分子把谢里耶夫也赶下了飞机。

12点25分，在众目睽睽之下，由劫持者控制的伊尔-76型飞机腾空而起，在机场上空盘旋一周后，向着以色列飞去。为了孩子们的安全，这是前苏联当局20多年来第一次向恐怖分子作出妥协。但是，恐怖分子做梦也不会想到，"阿尔法"部队的队员一直与他们同行。而且，前苏联方面居然把"钓大鱼"的长线从前苏联一直"放"到了以色列。

飞机一升空，前苏联外交部副部长立即打电话给其驻以色列领事馆负责人马尔基罗索夫，要他立即与以色列政府联系，希望以色列给予协助，允许飞机降落，并逮捕劫持者，再引渡给苏方。以色列政府很快答复，愿意配合，以对此给予高度重视，并成立了专门领导小组，以色列国防部长拉宾亲自坐镇领导，经验丰富的反恐专家、武装部队参谋长沙龙亲赴现场指挥。飞机降落之前，特种部队和武装警察已经封锁了位于特拉维夫东南10公里的本·古里安机场，数十辆军车和警车层层排列着，将停机坪和候机大楼围得

水泄不通。

几小时后，飞入以色列境内的前苏联伊尔-76型飞机与机场塔台联系，请求降落。

3点47分，在以色列空军一架战斗机引导下，被劫持飞机在距候机大楼5公里的军用跑道上降落。没等飞机停稳，以色列特种部队士兵立即冲了上去，将飞机团团围住，一架担任警戒的直升机则在天空中盘旋。

恐怖分子头目维佳打算第一个走下飞机，但当他打开舱门看见机场上黑压压的特种部队队员时，脸色顿时变了。他随手扔下装有美元的箱子，企图拔手枪负隅顽抗，然而为时已晚。伪装成机组成员的“阿尔法”队员们掏出藏在腰带夹层内的匕首，抓住时机，以迅雷不及掩耳之势干净利索地擒获了维佳及其3名同伙。“不许动！”维佳身后传来一声威严的吼声。维佳回头一看，一把明晃晃的尖刀正顶着他的脖子。维佳的另外三名同伙也受到同样的“待遇”。维佳惊诧不已，怎么手铐也不见了？“阿尔法”队员拍了拍腰间的腰带，“记住，下次一定要先搜查腰带呀。但是，你们没有下次了。”原来，特种部队队员腰带的夹层里藏有尖刀和开锁工具。

恐怖分子随即被押上警车，送往特拉维夫附近的阿布·卡比尔监狱。傍晚，一个由19人组成的前苏联特种工作组在谢里耶夫的率领下乘一架图-154型客机飞抵本·古里安机场。四名恐怖分子被押上飞机，飞往前苏联。一场历时60个小时的劫机事件以没费一枪一弹，没伤一兵一卒而告终。代号为“霹雳”的行动，在没有枪声的伴随下顺利结束，全凭与恐怖分子斗智斗勇营救了32名人质。

尽管1988年的前苏联已经陷入解体前的风雨飘摇之中，但此次不费一枪一弹便成功解救所有人质的“霹雳”行动，仍显示出这个超级大国在解决恐怖危机中的高超技能和特种部队的过硬素质。整个营救行动从计划到实施，充分体现了前苏联政府在解决危机时的气魄和大手笔，沉着应对、周密计划、灵活应变、果断实施的反恐行动风格，也被今天的俄罗斯继承了下来。

最后，四名恐怖分子被判终身监禁，当电视转播劫机事件的经过时，谢里耶夫对身边一起看电视的女儿说：“记住，千万不要轻易相信别人哟！”

4.莫斯科人质危机

由于“阿尔法”部队多年来神出鬼没，外人对他们的了解甚少，直到2002年莫斯科发生人质危机，世人才看到了“阿尔法”的战斗风貌。现在我们就从莫斯科的轴承厂文化宫说起。

2002年10月26日，莫斯科时间清晨，俄罗斯特种部队战士冲进被车臣叛军占领的剧院，消灭了大部分绑匪，成功解救出大部分人质。在俄罗斯特种部队开展的这场成功的联合解救行动中，立下头功的便是名扬俄罗斯和全世界的俄罗斯最精锐的反恐突击队——“阿尔法”(Alpha)部队。

2002年10月23日晚9时(莫斯科时间)左右，四五十名车臣非法武装分子闯入莫斯科东南区轴承厂文化宫，将在那里看音乐剧的700多名观众、100多名演员及文化宫工作人员扣为人质，制造了震惊世界的“莫斯科人质危机”。他们此次行动的目的是，逼迫俄罗斯联邦当局停止在车臣的军事行动，并从车臣撤军。这次恐怖活动影响之大、被劫持人员之多，令全世界为之震惊。此次人质危机是俄立国以来，在首都莫斯科市发生的规模最大、影响最恶劣的劫持人质事件。绑匪携带了大量爆炸物，混杂在人质中间，随时准备炸掉整个剧院。面对极其险恶复杂的局面，俄最高决策层确定了谈、打两手准备，立足武力解决的方针。各强力部门为武力解救人质进行了认真的准备，围绕着防爆炸、歼匪首两个重点，制订了周密的预案。俄罗斯政府立即成立指挥部，与绑匪进行谈判，但毫无进展。同时，车臣非法武装分子已经枪杀了多名人质。

莫斯科当地时间26日5时30分(北京时间10时30分)，挟持了剧院三天两夜的车臣叛军，在谈判失败后，开始发怒，枪杀人质。在这种情况下，“阿尔法”部队忍无可忍，在请示指挥部后，决定采取突击行动，以避免更多无辜的人质受到伤害，并宣布对行动的全部后果负全责。埋伏于剧院内

▼ 埋伏于周围的队员已作好准备

外的特种作战部队向绑匪发起迅猛攻击，经半小时激战，一举击毙了50名绑匪，其中包括车臣非法武装劫持人质的头目巴拉耶夫，成功地防止了大爆炸的发生，解救了800余名人质，在此次行动中，特种部队无人牺牲。

这也是近几年来最成功的解救行动。纵观俄成功解决人质危机的整个过程，可将其分为三个阶段：第一阶段是营救准备阶段，从23日夜成立应急联合指挥中心至26日凌晨突击行动打响前；第二阶段是营救行动实施阶段；第三阶段是善后及清剿残敌阶段。

这次发生的莫斯科劫持人质事件是车臣非法武装一手策划的。俄安全部门根据掌握的绑匪头子巴拉耶夫的通话记录，以证明车臣非法武装头目马斯哈多夫和巴萨耶夫直接参与了制订劫持行动计划。非法武装分子的目的是在俄罗斯的心脏地带制造骇人听闻的大规模流血事件，给坚持打击民族分裂势力不妥协的普京政权以致命一击，摧毁俄罗斯人民维护国家统一的决心，并唤起国际社会的关注，从而挽救处于穷途末路的车臣非法武装。

在讲述莫斯科人质危机事件时，不能不首先介绍一下这一事件的直接组织者莫夫萨尔·巴拉耶夫和他的“寡妇敢死队”。直接指挥此次劫持行动的恐怖分子头目，名叫莫夫萨尔·巴拉耶夫。此人25岁，是2001年6月被击毙的著名车匪头目阿尔比·巴拉耶夫的侄子。阿尔比·巴拉耶夫死前是车臣非法武装第四号头目，曾任车臣非法武装“国民卫队”参谋长、“第29自杀突击师”师长，在车臣非法武装中以凶狠残忍著称，生前曾策划多起绑架事件，并亲手杀死170余名俄军官兵和车臣合法政府官员。巴拉耶夫一家在车臣是一个大家族，控制着当地的石油走私活动，在阿尔比担任家族大族长期间，家族的“事业”达到了顶峰，不仅石油走私“生意”搞得红红火火，还兼营贩毒、绑票之类的“买卖”。那时候，刚20岁出头的莫夫萨尔就已经是叔叔最主要的帮手了。1998年10月，阿尔比、莫夫萨尔叔侄绑架了在车臣维修电信设备的四名英国工程师，向英国勒索1000万美元的赎金。后来“基地”组织得知了这个消息，愿意出3000万美元买这几个人的人头，于是莫夫萨尔亲手将这4人的头颅砍下。

2001年6月阿尔比被俄军击毙后，莫夫萨尔立誓要为叔叔报仇，于是车臣“总统”马斯哈多夫封其为“伊斯兰特种战团”团长，接管了巴拉耶夫家

族。莫夫萨尔在其队伍中组织了一支由寡妇组成的敢死队。这些寡妇的丈夫生前都是车臣非法武装的成员,在战斗中被俄军击毙。所以寡妇们对俄罗斯政府、俄罗斯军队及俄罗斯的一切都怀有刻骨仇恨,她们在接受了射击、刺杀、爆炸技术训练后,算得上是亡命之徒,成为莫夫萨尔团队战斗力的中坚力量。此次参与莫斯科劫持事件的恐怖分子中就有"寡妇敢死队"的18名成员。这些寡妇身披黑纱,腰捆炸药,混在人质中间做"人体炸弹",为俄强力部门在制订解救计划时最头痛、最难对付的一伙人。一些经历了三天三夜惊天恐怖的获救人质告诉记者,这些"寡妇敢死队"成员对待人质比男人们要狠得多。这些女恐怖分子清一色的打扮:除了露出一双眼睛外,全身上下都用黑布裹得严严实实,头上还扎着一条写着阿拉伯语的头巾。

此次劫持人质事件是经过长期策划,精心组织、内外呼应的一次恐怖活动。早在六个月前,车臣绑匪就已经开始策划在莫斯科搞恐怖活动了。当时车臣绑匪的目标并不仅仅限于此次的轴承厂剧院。从被击毙的车臣绑匪身上搜出的录音带显示,莫斯科另一家剧院也在他们的袭击之列。而且更为惊人的消息是,车臣绑匪还计划袭击莫斯科附近的一家核电站!但在他们踩点之后,发现核电站周围戒备森严,于是,车臣匪首巴拉耶夫亲自下令取消了此次袭击计划。在经过多方侦察和研究后,匪徒将目标锁定在轴承厂文化宫。

发生人质危机的"戏剧中心"位于莫斯科市的东南区梅利尼科大街7号,原是一个轴承厂的文化宫,由一家商业组织承包后,经过翻修,改建为一座可容纳1400名观众的大型剧场。绑匪之所以选择在这里作案,是经过精心考虑的。第一点是剧院位置有利。"戏剧中心"距克里姆林宫只有4.5公里,又坐落在相对偏僻的工厂区,安全警卫松懈。第二点是常有外国人光顾。车匪认为,只有绑架较多外国人质,才能引起国际社会更多关注,从而为外部势力干涉车臣事务创造条件。第三点是该剧院上座率高,观众较多。该剧院是莫斯科东南部最现代、最舒适的剧院,除了剧场大厅外,剧院里还有舞厅、歌厅、带有歌舞表演的餐厅和脱衣舞表演厅。为吸引顾客,剧院还采取了赠票等一系列优惠措施。据称,在23日遭到劫持时,剧院上座率达到50%。第四点也是最重要的一点,这座剧院里有车臣匪徒的秘密窝点。

早在2002年夏季,一个名叫鲁斯兰的车臣商人找到剧院管理部门,高

价租下剧院地下室的一部分，开设了一家名叫“中央车站二号”的夜总会。装修时，鲁斯兰以了解剧院结构为名，索要了整个剧院的设计图纸，使恐怖分子得以详细了解该剧院的建筑结构，为其制造劫持计划、安放爆炸物提供了方便。鲁斯兰还在剧院入口处开了一个小酒吧。酒吧是观察人员出入，及剧院保安活动的最佳位置。一些经常出入这家剧院的戏迷们后来回忆起，在劫持行动发生前的几个星期里，不断有来自车臣的“老乡们”造访鲁斯兰的夜总会，他们在主人殷勤招待下，看剧、喝酒、跳舞，参观剧院各个部分，了解剧院的一切，但当时并没有引起人们的警觉。10月底，这家夜总会正好在装修，因此，多名车臣绑匪就伪装成建筑工人，把炸药和枪支偷运到了夜总会的储藏室。

车匪在莫斯科的地下组织预先通过关系，在郊外靠近机场的一个偏僻地方租用了一栋民房，作为秘密储存武器的仓库。在当今枪支走私盛行、治安管理松弛的俄罗斯，从非法渠道获得武器并不是一件困难的事。到事发前，匪徒们已经在这栋民房里存放了数十件各类枪支和近两吨爆炸物。

俄警方经清点后宣布，在此次人质事件中，绑匪共使用了120公斤炸药、114枚手榴弹、15支狙击步枪、11支手枪和其他武器装备。俄警方透露，这些武器装备直接来自于车臣首府格罗兹尼，经伪装后用长途车运到莫斯科。这一秘密运输工作早在袭击前半年就已经开始了。

行动前3个星期，匪徒们开始按计划陆续离开车臣，出境方式包括：化装成老百姓合法出境、偷越封锁线、绕道国外等等。这些人一到莫斯科，即得到车臣地下组织的接应，迅速“消失”在茫茫人海中。根据俄当局的事后调查，发动此次人质事件的车臣匪首巴拉耶夫早在袭击开始前两个月，就从俄罗斯南部坐火车秘密进入了莫斯科。而他手下的部分“寡妇军”成员也在10月初搭乘长途汽车，从与车臣接壤的达吉斯坦共和国进入了莫斯科。从被打死的车臣“寡妇军”成员身上搜出的车票证明了这一点，俄警方甚至已经顺藤摸瓜追查到了这辆挂着达吉斯坦牌照的车子。除他们之外，其他的车臣绑匪可能是从俄全境各地向莫斯科汇集的。

目前在莫斯科生活着十多万车臣人，主要以经商为生，控制着当地的一些集市。由于各种原因，在莫斯科的车臣人形成了一个很大程度上由犯罪团伙控制的封闭的小社会。这个小社会组织严密、纪律森严，主导其运转的是车臣传统的宗法制度，而不是俄罗斯法律。尽管它长期存在于莫斯科，但安全部门却渗透不进去，根本无法安插"卧底"，因此，对其知之甚少。来到莫斯科的绑匪一进入这个小社会，就如老鼠进了洞，安全部门很难掌握其踪影。必须承认的是，车臣绑匪处心积虑地部署还是非常有效的。直到人质事件发生之后，俄警方才如梦初醒，但为时已晚。

近年来，俄当局虽高度重视反恐工作，但对匪徒在大城市，特别是首都地区制造大规模恐怖事件缺乏充分的思想准备，防范措施亦不得力，形成"灯下黑"。车匪为在首都绑架人质，进行了精心策划和长期准备。此前，已在莫斯科地区制造了数起恐怖事件，但并未引起有关部门的高度警惕。此次恐怖分子在安全部门的眼皮底下集藏了大批武器，数十人从千余公里外的车臣地区分批秘密潜入莫斯科，后又多次混入剧院踩点侦察，安全情报部门事先竟毫无察觉。这既表明俄当局对反恐斗争的残酷性、复杂性认识不足，也暴露出有关职能部门在首都安保方面存在较大疏漏，特别是对枪支弹药和爆炸物缉查不力，反映出情报部门缺乏有效手段及时获取有关车匪重大恐怖活动的情报，对恐怖分子中的重点头目侦控不力。

到10月23日，匪徒一切准备就绪。当晚21时许（北京时间24日凌晨1时），巴拉耶夫率领40多名车臣恐怖分子，携带机枪、自动步枪、手枪和爆炸物，乘坐4辆汽车来到"戏剧中心"，迅速冲入剧院，按事先部署控制了剧院的各个关键位置。当时剧场内正在上演一部关于飞行员生活的戏剧，第三幕刚刚开始。突然，几名身着迷彩服、手持武器的蒙面人冲上舞台，将不知所措的演员推到一边，并向空中鸣枪，随即喊道："你们还不知道发生什么事吗？我们是车臣人，都不许动！"

在劫持发生之际，剧院内的观众、演员共有近千人，其中60多名外国人。开始时，许多观众并没有意识到这是一起巨大劫持行动的开始，还以为是演出中临时加上的闹剧，然而听到了真正的枪声后才如梦方醒。当绑匪冲上舞台后，一些机灵的观众和演员乘乱跑出剧院。稍后，绑匪为了向公众显示其"善意"，又释放了十几名儿童和妇女，当晚，总共有150余人脱险，但

被扣在剧院中的人质仍有800多人。

▲ 俄人质危机中一名队员迅速占领有利地形

现场有观众打手机报警。附近的治安警察和特警部队接到报警后迅即赶往剧院,并与恐怖分子发生交火。一名恐怖分子受伤，人质中的一位医生为其包扎了伤口。恐怖分子喊道:“我们全身绑着炸药，还在楼里布设了炸药，如果你们不停止攻击,我们就炸毁剧院,跟人质同归于尽！”现场警察感到事态严重,于是停止进攻,向上级报告情况,请求支援。

在3天的劫持行动中,绑匪使用了心理战术对付人质,进而逼迫联邦军队动手。例如,绑匪强迫人质在剧院的桌子上反复做“起来和趴下”的动作,并且,寻找性格软弱的人质先下手,不断摧毁人质的心理承受力。突击行动结束之后,俄罗斯军方宣布,在绑匪中确实有一位懂得心理学的人,他曾经参加过车臣非法武装以前劫持人质的行动,在这次劫持行动中,他为匪首巴拉耶夫在对付人质方面出了一些主意。

事件发生后,车臣恐怖分子在自己的网站上发表了声明,卡塔尔“半岛”电视台也很快播放了恐怖分子事先录制的录像带,声称,此次行动惟一的目的就是要求俄政府从车臣撤军,结束车臣战争。恐怖分子还威胁称,若政治要求在7日内得不到满足,就将炸毁剧院,与人质同归于尽。后来,7天的期限又改为3天。他们警告:警方每打死他们一人,他们就杀死10名人质。于是,震惊世界的人质危机发生了。

劫持事件发生时,普京总统仍在克里姆林宫办公。得知发生人质危机后,普京总统大为恼火,立刻召集总理、各强力部门领导人,及莫斯科市市长到克里姆林宫开会。经过短暂交换意见,普京制定了“决不妥协、谈判和动武两手准备、立足武力营救”的方针,责令强力部门以此为依据,迅速制

定行动计划，在最大限度保证人质安全的前提下，坚决消灭恐怖分子。此外，普京还取消了对德国、葡萄牙的访问，及参加APEC成员国峰会计划。当天晚上，普京总统就出现在各大电视台的新闻节目中。总统镇定地向俄罗斯人民报告了莫斯科所发生的事情，呼吁人民团结起来，勇敢地应对恐怖势力的进攻。

事件发生后，普京当场下令，立即在紧靠现场的地方组建了以联邦安全总局局长帕特鲁舍夫为首的联合应急指挥中心，具体领导危机处置工作，并直接对总统负责。该指挥中心成员包括内务部、国防部、紧急情况部和莫斯科市内务总局等部门的领导人。联邦安全总局第一副局长则担任现场指挥，负责指挥协调各强力部门参战部队。莫斯科市长卢日科夫和总统助理亚斯特任布斯基指挥谈判工作。

此前，最早得到警报的莫斯科市内务总局，在第一时间内，向现场派出了莫斯科内卫军区第55内卫师和第1特种大队共450人，于当晚22时抵达现场，迅速包围剧院，控制附近制高点，并在距剧院100米和300米范围内设置两道封锁线，着手疏散附近居民。差不多在同时，联邦安全总局所属"阿尔法"特种作战小组也全副武装赶到。为防恐怖分子声东击西，在莫斯科制造更大规模的恐怖活动，内务部和国防部于当晚迅速调集大批军警加强市内巡逻检查及对重要目标的守控。

人质事件发生后，市政府、紧急情况部门迅速组成了隶属于营救指挥中心的紧急救助指挥部，在其统一部署下，营救、消防、疏散、医疗等各项工作均有条不紊地进行。电话局迅速设立了寻亲热线电话，向人质家属提供信息。紧急情况启动了储存物资调配机制，从各仓库紧急调运食品、水、药品及消防等物资。为稳定人心，防止人质家属干扰整个营救工作，卫生部会同内务部及联邦安全总局专家距现场不远处成立了"心理救助中心"，接待人质家属、安置脱险人员。莫斯科市交通局则调集数十辆大巴，在现场集结待命。

遵照指挥中心的指示，莫斯科市各大医院也做出部署，要求所有医生及护士无故不得擅自离开岗位，随时准备行动。各病房腾出床位，做好收治伤员的准备，100多辆救护车随时待命。

10月24日凌晨，根据统一部署，有关方面开始同绑匪接触，首先争取政治解决危机，至少暂时稳住绑匪，为解救行动赢得时间。当时，至少有5条接触渠道：一是由联邦安全总局牵头的应急联合指挥中心与恐怖分子保持着联系。二是有车臣背景的人士，包括车臣驻杜马的代表，及一些在莫斯科的知名车臣政治、文化和工商界代表，这些人最早开始与绑匪谈判。三是红十字会、“无国界医生”组织，这些组织的工作人员以探视、救助人质为由进入剧院，与绑匪接触，争取软化绑匪立场。四是美、德、奥等外国人质所属国家的驻俄大使，也前往剧院，试图与绑匪进行接触。五是杜马中的右翼党团领导人，出面与恐怖分子进行谈判，如涅姆佐夫等人。一些政治家在电视节目中表示，愿意把自己交给绑匪充当人质，把其他人质换出来。

各种渠道时断时续地与恐怖分子进行着接触和谈判。14日至25日白天，谈判在向人质提供食物、药品，争取释放妇、幼、弱人质方面取得一些进展。绑匪同意医生为伤病者提供治疗，甚至允许个别记者携带摄影设备进入剧院拍摄人质的状况。据访问者说，绑匪们对待人质总的来说还算文明，基本没有打骂人质的现象。一名获救人质说：“绑匪们既没有喝酒，也没有抽烟，更没有打骂人质，他们很守纪律。”生命随时处于危险之中的人质们无可奈何地坐在座位上，场面基本平静。人们可以获得水和食物，甚至可以小声聊聊天，听收音机，但不能随便走动。为了防止人质逃跑，绑匪禁止人质使用剧院大厅的厕所，要方便只能到舞台前的乐池里，因此大厅里空气污浊不堪。

10月25日，恐怖分子态度趋于强硬，声称，除非把俄罗斯政府承认的车臣最高行政长官卡德罗夫交出来，否则，再也不会释放人质。25日下午，俄政府谈判代表报告说，绑匪发出威胁，如果当晚10时不满足俄军撤离车臣的要求，就开始对人质下手。

鉴于武力营救的准备工作尚未最后就绪，指挥中心遂决定想办法拖延时间，尽力稳住绑匪。下午4时45分，联邦安全总局局长帕特鲁舍夫宣布，只要释放人质，俄政府保证提供一切必要交通工具和其他条件，让所有恐怖分子前往第三国避难，免于刑事起诉，保障其生命安全。当晚8时，在绑匪规定的最后期限前两小时，普京总统再次发表电视讲话，表示愿意与恐怖分子进行谈判，但必须释放人质。同时，普京还指示指挥中心，无论恐怖分子

要求与何人谈判,指挥中心都要满足其要求。

25日晚,普京总统在克里姆林宫内亲自约见前总理普里马科夫,希望这位德高望重的重量级人物能亲自出面斡旋,尽量稳住绑匪。老普同意试一试,随即来到现场与绑匪谈判。俄罗斯几位著名的政治家,包括俄罗斯前总理普里马科夫和与车臣接壤的印古什共和国前总统阿谢夫先后进入剧院,与车臣武装分子展开了谈判。谈判只进行了30分钟后即告结束。据普里马科夫后来讲,巴拉耶夫彬彬有礼、思路清晰,但态度非常强硬,除了一再要求俄从车臣撤军外,其他什么问题也不愿意谈。此后,绑匪宣布不再与任何人谈判。

同时,克里姆林宫高层官员还试图联络车臣"总统"马斯哈多夫,因为俄罗斯坚信,正是马斯哈多夫一手导演了这起震惊世界的恐怖事件。俄罗斯国家电视台播出了相关的证据:2002年6月录的一盘录像带。在录像上,马斯哈多夫扬言,车臣武装将改变战略,从"游击战"转为"主动出击"。他说:"我肯定,在最后的阶段,我们将发动更加与众不同的行动,比如说自杀行动。通过这样的行动,我们将把我们的祖国从俄罗斯侵略者手中解放出来!"不过,克里姆林宫几经努力也没有联系到这个家伙。

◀手持AK—74待命的特战队员

夜幕降临的时候,车臣武装分子突然改变了主意,不但不释放外国人质,还拒绝继续跟俄罗斯官员谈判。他们要求换人,换受车臣人尊重的俄罗斯女记者安娜·波利特科夫卡娅。虽说克里姆林宫没多少人知道安娜是谁,但这位女记者在车臣人中还是蛮有名的,因为她写了不少批评俄军在车臣行动的报道,说了一些挺让车臣人受用的话。被火速接到现场的安娜没有犹豫,直奔剧院与车臣武装分子展开对话。

午夜时分,带着一脸疲倦的安娜走出剧院的时候,她手里多了一张写满车臣武装分子具体要求的纸张,并且警告说:“剩下的时间不多了,因为车臣绑匪威胁说,天亮的时候,也就是五六点,最晚不过七点钟,他们开始枪杀人质!”在这些要求中,最引人瞩目的两条是:普京总统立即宣布停止车臣战争;俄军立即从车臣任何一个地方撤军,以示诚意。如果上述要求能得到满足,并且能得到确认保证的话,那么,他们将立即释放人质。上述条件是否真实,须得到欧洲委员会委员洛德·杰德(此人多次到车臣调查所谓的人权问题)的确认,否则,他们就在26日太阳升起的时候开始枪杀人质!

在谈判的同时,武力营救的准备也在紧锣密鼓地进行。虽然俄方已经接受了恐怖分子的许多条件,但在这种情况下,车臣恐怖分子仍然开始杀人,现在惟一的办法就是对剧院发动闪电突击。在人质安危系于一旦的危急情况下,普京签署了突击命令。

突击计划早在人质事件发生之初便由俄内政部、内卫部队、联邦安全局、紧急情况部拟定好了。参加突击行动的部队,即“阿尔法”、“信号旗”和内卫部队也早就到位。其中“阿尔法”在行动中唱主角,“信号旗”负责支援突击,内卫部队则负责支援突击队的任务。据内务部人员透露,在三天事件中,特种部队人员一直准备作战,他们早已在剧院后面的外墙挖了洞口,特种兵早已潜入剧院内,并隐蔽起来。一些记者事后想起来,从出现人质危机的23日那天起,就看见一些“工人”在剧场附近“施工”,挖开或凿开排污管道和暖气输送管道。

“阿尔法”特种部队的军官透露,其实发动强攻的想法,在恐怖分子劫持人质的第一天,现场指挥部就已经开始考虑了。之所以这样考虑,是因为指挥部的高级指挥人员不愿意看到1995年车臣绑匪在布琼诺天卡劫持人

质的悲剧在莫斯科重演。现场指挥部当时坐落在工会大街上。他们很担心决定提前进攻剧院的消息被走漏，因为当时俄罗斯安全局人员已经通知他们，在人质被扣押的剧院附近，发现绑匪的帮凶通过手机给里面的绑匪通报部队的调遣情况。

在发起突击之前，“阿尔法”和“信号旗”的指挥官再次向突击队员们强调了两条原则：一是无论如何都要确保人质的生命安全，这就要求突击队员必须在第一时间内快、准、狠地歼灭所有身上携有炸弹的车臣寡妇敢死队员；二是千万不要导致剧院倒塌，这就要求突击队员们决不容许恐怖分子引爆埋设的地雷和安放在剧院支柱上的炸弹。为保证突击行动的最大成功性，突击队员进行了精心准备。根据俄罗斯总统于事发当天制定的“决不妥协、谈判和动武两手准备、立足武力

▲ 行动中的“阿尔法”队员

营救”方针，应急指挥中心便开始根据各种可能情况拟定多种作战预案，筹划武力营救实施准备工作。

首先是进行周密的侦察。一是侦察部门通过各种手段查明剧院内的情况。这些手段是技术侦察，包括侦听绑匪电话、技术测向定位等。二是潜伏侦察。“阿尔法”小组的队员通过地下道潜入剧院下面，在一些部位安装了摄像头。三是询问脱险人员及与人质电话交谈(上面说过，绑匪允许人质与亲属通过手机通话)。在人质与亲属通话时，侦察人员就接过电话，询问剧院内的情况。此外，进入剧院谈判、治疗、送食物的人员也可以向安全部门提供一些信息。通过以上手段，指挥中心基本判明恐怖分子的具体位置，所携带武器种类、爆炸物性能，并根据剧院的建筑结构绘制了作战详图。

其次是进行有针对性的作战训练。为以最小的代价赢得胜利，指挥中心制定了周密的作战预案，并组织参战部队反复进行针对性演练：一是明确分工。各参战部队被分成狙击、潜伏、突击、排爆、支援等若干小组，各小组任务明确，既独立行动，又相互支援。二是重点演练多路向心突击。“阿尔法”小组提前潜入剧院隐蔽，一但接到攻击命令立即从内部攻击；内务部特战部队埋伏在剧院各处通道和主要出入口，突击时使用高爆炸药炸开门窗和墙壁，从多个方向向剧院迅猛突击；莫斯科市特警部队则待剧院内部战斗打响后从正面突击，合力歼敌。三是轻重装备搭配。为防止人员在行动中遭到袭击，俄将装甲输送车等重装备部署在剧院正面，一旦行动开始，增援人员立即在装甲车掩护下迅速接近目标。

第三是确定突击行动的战法。在制定营救计划时，最让指挥和参谋人员头痛的就是如何防止恐怖分子狗急跳墙引爆炸弹。事后查明，绑匪们携带有130公斤的爆炸物，包括两枚152毫米口径榴弹炮炮弹、18枚手雷、80余件其他炸弹。18名女绑匪携带着这些爆炸物，均匀地分布在人质之间，随时准备与人质同归于尽。据专家说，即使只有一枚152毫米榴弹炮弹爆炸，就足以将大厅内的所有人炸死。在这种情况下，传统的作战方法都无法保证在绑匪引爆炸弹之前就将其全部消灭。指挥中心遂决定打破常规，采用特殊战法制敌。同时，考虑到匪首巴拉耶夫凶残狡诈，具有丰富的作战经验，指挥中心做出了专门布置，力争在战斗一打响就将其击毙。

25日晚上，俄情报部门切断了绑匪与外部恐怖组织的通信联络，恐怖

分了得不到上面的指令，变得焦急不安。莫斯科时间26日凌晨2点，一名年轻男子因为嘟囔了几句话而被打死。随后，绑匪又向一名妇女开了枪，之后又打伤两名人质，引起人质恐惧和躁动。还有一种说法是，26日凌晨，一名惊慌过度的小男孩“突发脾气”，跑出座位向匪徒投掷瓶子，便引发其开枪射击，子弹击中一名男子头部和另一名女子的腰部。26日凌晨5时30分，恐怖分子拒绝与俄罗斯任何方面继续对话。接电话的一名车臣恐怖分子明确地告诉俄政府谈判人员说：“一切都已经太晚了，谈判已经失败了！”更令人不安的是，俄罗斯联邦安全总局监听到剧院内的恐怖分子打给国外同伙的一个电话说：“行动将在明天开始，我们将处决最应该被处决的人！”俄官员在与绑匪通话时，发现绑匪情绪很不稳定。随后便传出恐怖分子枪杀两名人质，打伤两名人质的消息！在太阳升起的时候，恐怖分子真的开始杀人了！

当时，几个特种小组已通过地下管道潜入剧院，他们观察到了绑匪枪杀人质的情况，但由于未接到行动命令，没有采取行动。鉴于绑匪随时有可能大规模屠杀人质，为避免更大损伤，俄高层在关键时刻遂定下立即进行武力营救的决心。

绑匪确实杀害了人质，但突击部队并不是发现绑匪开始杀害人质才仓促发起攻击的。实际上，解救部队事先就对情况有所预料，根据预案主动实施了解救行动。发起突击的时机是指挥中心精心选定的。选定这一时间考虑到了绑匪打算26日杀害人质、绑匪身体心理状态、营救部队准备情况等诸多因素。绑匪们连续几天几夜处于高度紧张之中(许多人质后来证实，多数绑匪这几天根本没有睡觉)，到26日凌晨已十分疲惫；绑匪们当时估计俄方不敢贸然发起攻击，危机还将持续相当长时间，因此警惕松懈。据参加这次营救行动的特种部队士兵称，首先，特种部队赢得了心理战的胜利。恐怖分子原以为突击行动会在夜间3时开始，但进攻并没有进行。夜间5时，就在恐怖分子放松警惕的时候，进攻开始了。同时，参战各部队经过两天紧张的筹划、实战训练、部署，各项准备已经就绪，特殊气体也已到位。另外，政府面临的压力也越来越大，一些人质亲属25日已经上街游行，要求政府从车臣撤军，右翼政客也蠢蠢欲动，打算借题发挥。一切情况都表明，夜长梦多，不宜久拖了。

当地时间5时30分(北京时间26日10时30分),应急指挥中心发出攻击命令。埋伏于各处的突击部队一跃而起,从各个方向向绑匪发起迅猛攻击,随即炸开剧院外墙,冲入剧场,与绑匪激烈交火。“阿尔法”突击队员以迅雷不及掩耳之势,从五个方向向剧院同时发起了进攻。特种部队声东击西,趁绑匪把两名人质尸体搬出剧院之际假装交火,却从剧院后门冲入。特种兵通过排风扇投进了催眠瓦斯弹,而且有数枚投进剧院大厅中。最为重要的是,为尽量避免人员伤亡。特种兵冲进大厅,向正在睡觉的恐怖分子射击。大厅内一片慌乱。

一是施放特殊气体,防止大爆炸。劫持人质的车匪携带大量爆炸物,其匪首巴拉耶夫是具有丰富恐怖活动经验的亡命之徒。防爆炸、歼匪首是营救行动成败的关键。为此,指挥中心有针对性采取的措施之一便是使用特种武器制敌。参战部队提前施放失能性气体,使身绑炸药的绑匪丧失了活动能力,无力进行抵抗并引爆爆炸物,从而避免了大爆炸的发生。这在成功解救人质中发挥了关键作用。据俄内务部副部长介绍,“阿尔法”小组预先施放了特殊气体,战斗打响时,剧院大厅内的匪徒已经中毒,丧失了行动能力。同时,冲在最前面的突击队员眼疾手快地向人群最密集的地方接连投掷手榴弹,爆炸声过后,人群倒下一大片!

不过,别担心,突击队员们投掷的是一种名叫“昏迷气体手榴弹”,可施放催眠气体,从而避免了人员的伤亡。这种刚刚配备给俄罗斯反恐突击队的新式非杀伤性武器,在爆炸之后,其产生的弹片不具杀伤力,而是释放出一种可以致人在短短3秒钟之内立即昏迷倒地的化学气体。该气体对人无致命伤害。正常情况下吸入这种气体的人半个小时后自动苏醒,但如果吸入过量的话,那么也可能导致生命危险。

紧接着,戴着防毒面具的突击队员快步冲进剧院大厅,里面灯光很亮,完全可以辨认出绑匪,他们正在椅子上睡觉,于是突击队员冲着绑匪就是一通扫射,或者直接抵近射击那些昏迷的绑匪,绝大多数绑匪都是当场被击毙的。然后,突击队员卸下了绑匪身上绑着的炸药。

守卫大门的车臣恐怖分子来不及反应就被打倒在地。几个守在走廊里放哨的绑匪，向从正面进攻的俄军投掷手榴弹，并向从里面跑出来的人质开火，但被特种兵迅猛准确的火力歼灭。还有几个绑匪闻声朝特种兵跑过来，可是他们还没有来得及有任何动作，就被结果了性命。

当时，从剧院的内部传来激烈的枪声，部队的装甲车和其他作战车辆准备向剧院门口驶去。随后，联邦突击部队监听到绑匪的未加密通话，绑匪告知同伙俄军发起了进攻，并且说他们已经向俄军突击部队投掷了手雷。这就是后来剧院外面的人听到的连续爆炸声。不久，等候在剧院外面的记者们看到，突击部队在50辆装甲车和军车的掩护下，已经径直进入剧院大门口，接着剧院里面又响起4声剧烈的爆炸声。

二是多路突击，内外夹攻。战斗号令发出后，预先埋伏在地下通道、楼顶、两侧和正面的突击队员从五个方向冲进剧院。其中，地下和楼顶突击是主攻方向，剧院正面的突击是佯攻。至少有一个突击小组预先通过地下通道潜入剧院地下，战斗打响后从乐池出口冲出，发起突击，这发挥了重要作用。

突击队员在冲进大厅的时候，射出的子弹打到了二楼的看台上，可是没有射到什么人。藏在那里的几个绑匪，在突击队士兵的扫射后，突然从二楼的座位上跳了起来，但是很快就被战士们击毙了。可能是突击队员们的动作实在太快，也可能是临死最后时刻犹豫的缘故，反正身系炸弹的“车臣寡妇敢死队”队员没有一个成功引爆绑在她们身上的炸弹，有的甚至根本没有想到要引爆身上的炸弹。18名“车臣寡妇敢死队”队员悉数倒在突击队员的弹雨下。40分钟之内，战斗全部结

▲ *4人小组在楼梯间内攻坚走位*

束。在剧院对面居民楼里一位居民躲在家里用家用摄像机拍下全部战斗过程。

三是重点突击，力毙匪首。击毙匪首巴拉耶夫的战斗尤其精彩。匪首巴拉耶夫是具有丰富恐怖活动经验的亡命之徒，因而，击毙匪首也是营救行动成败的关键之一。鉴于匪首指挥部设在剧院二楼，指挥中心在剧院墙外专门埋伏了负责歼灭匪首的一个突击组。当战斗打响时，正在饮酒作乐的巴拉耶夫，及其同伙还未意识到发生了什么事情，即被破窗、破墙突入的特战队员以迅猛、准确的火力击毙，使绑匪陷入混乱，未能及时组织有效抵抗。

在莫斯科电视台播出的行动结束后剧场内的镜头中，出现了绑匪首领巴拉耶夫仰面躺倒的尸体，四周满是玻璃残片，这名前车臣叛匪头目阿尔比·巴拉耶夫的侄子手中还握着一只法国白兰地酒瓶。

在七个小时后举行的新闻发布会上，俄内务部副部长瓦西里耶夫承认，特种部队使用了“特别手段”。除使用新型“毒气弹”外，还采用了心理战。据一名参加解救人质的“阿尔法”特种兵说，解救人质的过程中，俄罗斯军队的突袭采用了心理战的方式。原来他们放出风来说，要在26日凌晨3点开始发起进攻，于是绑匪开始等待，可是到了3点却悄无声息，绑匪懊恼得胡乱开枪。

根据心理学家事先的分析，此时绑匪的士气开始处于低落状态，精神也就放松下来。在后来，俄罗斯提供的电视画面上可以看到，不少绑匪直接被击毙在座椅上，他们差不多是在睡觉的时候被击毙的。曾在现场采访的《莫斯科共青团报》新闻部记者德米特里说，绑匪被击毙与联邦特种部队使用了催眠气体的作用有关，也有心理战对他们的影响，这次俄罗斯突击队对绑匪使用的是生理加心理的双重干扰。匪首巴拉耶夫被突击部队击毙的时候，手里还拿着白兰地。可以看出一方面是为了给自己壮胆，另一方面也是其烦躁不安的表现。

其他一些绑匪的尸体则呈现出了睡眠状。蒙面女绑匪基本上都是在大厅的座位上被当场击毙的。原来这里坐的都是儿童。不少女绑匪的身上还绑着至少800克到1.5公斤的炸药。莫斯科法医还说，从被击毙的绑匪生理情况来看，他们在死之前都喝了酒，身上散发着浓烈的酒精气味，其中还有人吸食过毒品。在绑匪的遗留物品中，突击队员除了武器和炸药之外，还发现

了吸毒的工具。所以，这些绑匪在突击队员冲进大厅之前，早已经处于精神恍惚状态。

26日俄内务部公布，参加营救行动的各部队无一牺牲；50名绑匪被击毙，3人被俘；人质当时有67人死亡，750人被救。28日又宣布，死亡人质增至118人。当人质们被带离剧院，恐怖分子被带上警车之后，武装工兵和警犬训导员同时进入剧院。训练有素的嗅弹犬很快就排除了剧院里恐怖分子们遗留的炸弹和埋设的地雷。清点剧院现场的爆炸物，令人不寒而栗的是，嗅弹犬先后在剧院内发现了30余个爆炸装置，包括剧院中央一枚巨大的炸弹。如果不及时采取突击行动的话，那么，用俄罗斯内务部副部长的话说"就会有1000人被炸死"。

提前进入剧院地下的"阿尔法"潜伏组应是在26日凌晨5点以前就开始释放麻醉气体。参战人员事后透露，潜伏小组共施放了两次气体。第一次施放后，潜伏小组发现不起作用，遂补充施放。后来发现，施放的剂量超过正常剂量的5倍。剂量过大是造成后来上百人质死亡的原因。不过这也很难责怪营救人员，因为谁也不知道在容纳近千名急躁不安、身体虚弱人员的封闭空间内，应该施放多大剂量的气体，才能既迅速又安全地达到既定目的。恐怕连当年研制化学武器的科学家们做梦也没想到，会在这种条件下使用这种气体。

应该指出的是，当潜伏组施放气体时，剧院内的人们是有察觉的。不少获救人质后来说，大约在攻击前的一个小时，就有人发现奇怪气体从通风口散出，随后人们陆续失去知觉。这从一个侧面也反映出，俄罗斯的化学武器并不如人们想象的那么高明。现在的问题是，为什么在许多人质都发现有人施放气体时，同样呆在大厅内的数十名绑匪却没有察觉？如果他们察觉了，为什么不引爆身上的炸弹？由于在现场的绑匪大多被击毙，这只能是一个千古之谜了。也许，是上苍在冥冥之中保护这些无辜的人质吧。

▲ 潜伏队员开始施放气体

在武力营救行动中，特种部队虽解救出大部分人质，但施用失能性气体导致100余名人质中毒不治死亡，这是近年来解决人质危机中伤亡较多的一次。医学专家认为，这种损伤本来是完全能够避免的。无论是对芬太尼还是吗啡，医学上早有特效解毒针剂。如果医务人员能够及早得到有关信息，在实施营救行动时带上足够的解毒剂，进入剧院后，立即给每个昏迷者打上一针，所有中毒者都能存活。如果行动部门当时这样做的话，死亡的人质数量将会降至个位数，这次营救行动无疑将成为世界反恐史上一个完美无缺的范例。但遗憾的是，行动部门为了保密，事前不通知医务部门将使用化学气体，事后也不告诉医院应该用什么解药，致使中毒者被送到医院后，得不到及时有效的治疗，上百人因此死亡，这不能不说是此次营救行动的不可原谅的失误，其教训十分深刻。

近年来，俄已初步建立起一套行之有效的应急机制，即由总统领导的国家安全会议，由担负主要任务的强力部门负责人领导的应急联合指挥中心，和由其副职担任现场指挥的三级危机处理机制构成。此次危机中，以普京总统为领导的国家安全会议制定了“谈判和动武两手准备、立足武力营救”的基本方针；以联邦安全总局局长为首的应急联合指挥中心具体领导及处置工作，并直接对普京总统负责；联邦安全总局第一副局长则担任现场总指挥，负责指挥协调各强力部门参战部队。与此同时，根据指挥中心的统一部署，各强力部门抽调精锐力量，密切协同，形成整体合力，俄内务部副部长瓦西里耶夫在行动总结中称：“各参战部队均表现出较高的专业素质和协同能力。”

营救行动之前，指挥部对行动之后的疏散救治工作做了认真的安排。俄军控制剧院后，700多名救援人员迅速跟进疏散和救助人质，由于吸入毒气，多数人质都处于昏迷状态。这些人质都被抬上等候在剧院外的上百辆救护车，送往莫斯科市十几家大医院进行治疗。此前成立的“心理救助中心”也迅速派人到各医院对人质进行心理安慰。但另一方面，救护工作显然没有估计到使用化学气体的严重后果，没有采取有效的应对措施。

营救行动结束后，俄内务部长格雷兹洛夫下令彻底清查“车臣恐怖网络”，全力追捕残余匪徒和里应外合之徒，坚决遏制可能出现的极端主义浪潮。俄联邦安全总局局长帕特鲁舍夫也称，反恐行动并未结束，俄各强力部

门正在对此事进行深入调查,并全力追捕绑匪同伙。因为有迹象表明,在危机期间有匪徒的同伙隐藏在剧院周围及莫斯科市内某些地方,向剧院内的绑匪通风报信。特种部队拘捕了数名藏匿于剧院及混在人质中的恐怖分子,并在附近街道和居民区挨家挨户地进行搜查。莫斯科警方也在全市展开大搜捕,逮捕了30多名向绑匪提供情报的内奸。俄内务部还加强了对居民区、学校、医院及机场、车站等交通枢纽、重要设施的警戒和保安。据称,俄警方对遍布全国各地的武器弹药和爆炸物存放点加强了警卫。

对于没死的恐怖分子,俄军警早有准备。剧院四周和整个莫斯科市都部署了整整四道防线:从里向外分别是突击队包围圈、特警队包围圈、内务部队包围圈和武装警察包围圈。由于现场四周的居民们已经在人质事件发生之初就被全部疏散,所以搜捕歼灭"漏网之鱼"不算难事。构筑四道防线的军警装甲车、宣传车上的高音喇叭以及俄罗斯电台和电视台反复播放俄罗斯内务部副部长弗拉基米尔·瓦西里耶夫的指示:***"严正警告那些正在逃亡的匪徒:缴枪不杀。继续逃跑,或者负隅顽抗都是死路一条!"***

为防止恐怖分子混在人质中潜逃,警方对被营救出来的人质进行"过滤"——核对他们的身份。而紧急情况部更是将每个人质的详细资料送交收治伤员的各家医院,让警方和医院核实伤员中有无恐怖分子,内务部还专门开设了一条热线电话,以供人质家属核实亲人的身份。莫斯科警察局一名高级官员透露,莫斯科警察局02局奉命记录莫斯科公民提供的一切可疑人员的电话报告。另外,莫斯科警察局已经弄到了从剧院逃脱的恐怖分子的名单,所以想轻易逃出莫斯科恐怕没有那么容易。

一名恐怖分子混入了剧院外的记者群中,试图潜逃,但很快就被发现,当即被逮捕;另一名恐怖分子也被捕获。虽然行动得手后,一些俄罗斯媒体报道称部分绑匪混迹于人质中间逃出了剧场。一些政府官员也曾向莫斯科市民发出了协助搜索绑匪的呼吁,但联邦安全局局长帕特鲁舍夫几个小时后,面见总统普京时报告说,所有绑匪无一逃跑,或被击毙,或遭生擒。据悉,共有50名绑匪被击毙,其中男性32人,女性18人,2名匪徒遭生擒。

在发生挟持人质事件3天之内,俄罗斯当局采取断然措施,迅速予以化

▲ 普京发表电视讲话

解,从而避免了一场有可能愈演愈烈的人道灾难,甚至是一场潜在的政治和社会危机。在解救行动中,共有100多名人质不幸丧生,这是令人非常遗憾的。但从全局着眼,我们必须承认,这是一次相当成功的反恐行动。

此次莫斯科人质危机中,普京总统态度鲜明、立场坚定,坚持不向恐怖分子妥协,要求强力部门在最大限度保证人质安全的同时坚决消灭恐怖分子。在恐怖分子开始枪杀人质后,俄高层迅速定下动武决心,果断下令特种部队按预案营救人质。

普京总统2002年10月26日向全国发表电视讲话,高度评价强力部门在解救行动中的工作,称“做了几乎不可能做到的事情”,同时,对未能救出所有的人表示歉意,“希望死难者的家人和朋友原谅我们”。总统坚定地表示,“我们以行动证明,任何人都无法使俄罗斯屈服。”“恐怖分子只有死路一条,而我们前途无量!”面对恐怖主义分子直捣莫斯科的政治威胁,普京强调,“我们不能允许事件朝消极的方向发展,或向挑衅屈服”。

就全球而言,莫斯科人质事件至少在两个方面给人以深刻的启示。

首先,它再次提醒我们,虽然人类能够凭借智慧和能力最大限度地避免常规战争的灾难,但在恐怖主义的威胁之下,现代文明社会却已经变得比过去更加脆弱,尤其是无辜的群体越来越容易遭到恐怖分子的袭击,他们甚至已经成为恐怖主义最主要的攻击目标。

从“9·11事件”到巴厘岛爆炸,一直到莫斯科人质危机,凡是受到恐怖袭击的地方,通常都是被认为安全无虞,并且毫无防备。这就说明,在恐怖分子越来越极端残忍和无孔不入的现代社会里,我们的安全环境已经发生了巨大变化。因此,现代社会的安全观念、安全战略、防范目标、国际合作以及相关的配套措施,都有必要得到及时的调整和更新。

其次,各国必须以强硬的手段对付恐怖袭击活动,绝不能对恐怖分子做出任何妥协,更不能屈服于他们的要挟与恐吓,否则就会起到纵容的负面作用。

近来,国际恐怖袭击事件似乎再次出现了上升趋势,不同地区的恐怖组织遥相呼应,并且结成了紧密的国际恐怖网络。俄罗斯政府这次以坚决的态度和果断的措施,毫不手软地粉碎了车臣恐怖分子的行动与图谋,从而也沉重打击了国际恐怖主义的气焰。

在赞赏普京政府处理恐怖事件的同时,我们更希望看到其他国家,特别是恐怖组织比较活跃的东南亚周边国家,也能够拿出同样的勇气和魄力,防止莫斯科人质事件在本地区重演。

莫斯科媒体在人质危机结束之后,立即发表文章指出,此次人质危机,“阿尔法”特种部队成功击败车臣绑匪而取得胜利,说明车臣挟持平民与联邦政府为敌,以达到其分裂国家的目的是行不通的。俄《时事观察》认为,未来车臣非法武装的领导人马斯哈多夫必须无条件停止所谓“游击战争”,否则既无助于与联邦政府的对话,也还会牺牲包括车臣人民在内的无数俄罗斯平民的生命。

在解决了莫斯科人质危机后,俄军抓住有利时机,在北高加索地区发起了代号为“高加索”的反恐行动,以进一步扩大反恐战果。俄军驻北高联合集团司令部宣布,北高军区26日起,在北高加索,特别是车臣地区开始大规模清剿行动,对匪患较重的几个地区实施重点清剿。12月初,俄罗斯总统普京已经命令反恐精英特种部队——“阿尔法”,前往车臣境内擒拿车臣叛军首领巴萨耶夫。

俄罗斯情报部门表示:2002年10月莫斯科人质危机的绑匪头目莫夫萨尔·巴拉耶夫,就是受到巴萨耶夫的指令执行大规模绑架任务的。一位不愿透露姓名的俄罗斯高级官员表示:正是莫斯科人质危机,使普京总统下定了擒拿巴萨耶夫的决心。

在莫斯科人质危机成功解决后,立下大功的“阿尔法”部队并没有停息,而是飞赴车臣,展开大规模的“斩首行动”。去搜捕车臣非法武装的头目——“高加索狼”。

以色列特种部队

20世纪50年代初期，伴随着经济困难和国防经费紧缩，年轻的以色列国防军也步入了一段困难时期。全军仅保留了三个正规旅和少数营连级部队，训练水平和士气都跌至最低点，当然更顾不上培养特种部队。因此，当20世纪50年代早期阿拉伯人开始频繁越境袭击以色列人定居点时，国防军发现他们面临着一个类似于用高射炮打蚊子的问题：他们不可能把正规军分散到每个村庄去当警卫，也不可能为报复这种零敲碎打的袭击而发动一场战争。更重要的是，正规部队未必能够胜任这种战争——国防军发动的仅有的几次报复性袭击，统统由于士气低落、指挥不当和训练无素，不是没有完全成功就是彻底失败。因此，以色列人觉得有必要建立一支特种部队，以便进行报复或发动先发制人的打击。

一、以色列之王

1953年6月，步兵第16旅(耶路撒冷旅)旅长沙哈姆得到总参谋部的批准，对当时有名的阿拉伯武装领导人萨姆伊里的家乡，约旦的内毕·萨姆伊尔村进行报复袭击。沙哈姆把这个任务交给了他的一个年轻的营长阿里尔(阿里克)·施奈曼。这个旅是预备役旅，阿里克当时正在耶路撒冷的希伯莱大学学习中东历史，同时兼任营长。

阿里克征募了七个人，五个是他原来的老战友，另外二个比较有意思——是他在学校里认识的同学。八个人匆匆忙忙地上了路，在夜晚潜入了那个村庄附近，准备炸掉那里几栋无人居住的房屋。但他们的炸药只把房子去掉了一层皮，而爆炸声却惊动了约旦军队，他们只好逃走，却又被大雾困在约旦领土上整整一夜，直到天亮才回来。

沙哈姆对这次狼狈袭击的评价还是积极的：他们进行了报复，两次爆破，没有伤亡，没有被发现，可以说达到了目的。但阿里克可不这么想，这种拖泥带水的行动只能说明他们的手太生了，国防军必须建立一支训练有素的，胜任这种任务的特种部队。沙哈姆当然也清楚这一点，因此，当总理本·古里安的首席军事顾问第二天来询问这次行动的情况时，沙哈姆乘势提议在这一地区建立一支特种突击队。

他的计划被分别送交总理和总参谋长，很快就得到了批准。总参作战部长摩西·达扬要求沙哈姆亲自指挥这支部队，沙哈姆却推荐了阿里克。

达扬问沙哈姆："你认为他愿意放弃他的学业吗？"

当沙哈姆把这个消息告诉阿里克的时候，他的反应果然是："我马上要参加历史考试了。"

于是，沙哈姆向他说出了那句有名的话："为什么要学习历史呢？去创造你自己的历史吧！"

一个月后，25岁的少校阿里克被指定为这支部队的指挥官。大约一年后，这位年轻人改名为阿里尔·沙龙。

沙龙给新成立的特种部队取了一个有点神秘的名字"101部队"。这个出身"哈加纳"的指挥官亲手挑选所有战士。他得到授权，可以在全军范围

内挑选人。因此，在两个月的时间里，大约有30名战士由于对他们所在部队不满意，纷纷投奔到这支全新的部队中来。沙龙的风格令这些战士着迷：他亲自接待他们，在吃饭时和他们自由地聊天，此外，他不像正规部队的指挥官那样麻烦，让士兵没完没了地擦武器，打扫营房。和他们先前部队的盲目指挥和机械服从截然相反，沙龙和他的军官小组鼓励首创精神，和有独创性的作战思想，并允许士兵们使用任何他们喜爱的武器，甚至不用穿统一的军服。沙龙使他的士兵意识到，他们是一个特殊的战斗集体，一支精心挑选的、出类拔萃的、个性鲜明的部队。

▲ 在以色列-约旦边界附近旧布雷区中工作的特战队员

在整个国防军里，关于驻扎在耶路撒冷地区的，一支神秘部队的传闻不径而走，这种神秘感吸引了更多的志愿者来投奔。这些人是一个奇怪的混合体：其中一些人是冒险家；另一些人是无法适应正规部队纪律森严的生活；还有一些人是真正意识到了建立这支部队的必要性，并愿意投身其中，这一部分人大多是前“帕尔马赫”的成员。然而，这种门庭热闹的局面并没有降低沙龙的择人标准，多数人因达不到要求不能被录取，一些人则在加入后又被淘汰。101部队在人数最多时也没有超过50人，它在全程中只保留了一支仔细筛选过的精干分队，这个核心为今后的特种部队在人员水平

上树立了一个标准。

对于局外人来说，坐落在耶路撒冷群山中的101部队萨塔夫基地更像是一个美国西部的小镇。基地的大门通常有两个武装警卫站岗，他们不刮胡子，穿着平民的汗衫，有时是缴获的敌人制服，戴着澳大利亚草帽或是埃及警察带穗的红毡帽，甚至是阿拉伯人的大头巾。手里的武器也是形形色色，从第二次世界大战时德国的MP-38到美国的汤姆森冲锋枪。

越过门口的两个牛仔，基地里，三四十个士兵在摆弄着花样繁多的装备，包括各式各样的冲锋枪、步枪和突击队匕首。国防军发给这支部队数量上不受限制的武器弹药，101的士兵成了这些军火毫不吝啬的"消费者"。他们常常即兴选择各种打靶目标，包括随手扔起来的罐头、无辜的鸽子和营房的墙角。此外，他们每天都要进行新奇的勇气和技巧的试验，如自己站在房子下面，向这座房子的顶上扔手榴弹，或是向岩石陡峭的悬崖上边冲锋边射击。

一间小屋里，沙龙正在设计每一天的训练计划，他把士兵们分成几个班，在他们中间造成一种紧张气氛，使他们彼此对立，从而形成毫不留情的竞争局面。渐渐地，沙龙开始将一些战斗小组派出去进行侦察和设伏训练。出发前，队员将讨论他们的行动计划、行动意图，毫无顾忌地提出自己的想法，最后由沙龙在这个基础上定下具体的行动方案。一旦方案定下，每个人都必须执行，但沙龙从不忘明确一点：如果偶然情况迫使他们不得不改变原计划(这在战场上是经常遇到的)，那么，他希望他们发挥创造力，使用必要的谋略完成任务。这一套制定作战方案的程序，后来成了以色列特种部队的一种典范。

士兵们化装成平民穿越边界，没有电台、医生，也投有任何后备的支援或营救措施。训练归来，每个人都必须如实地汇报，不能对战斗实况进行精确描述的士兵会受到严厉的惩罚，甚至被开除。

训练了约两个月之后，总参谋部开始派101部队出去执行任务。沙龙早就对国防部的消极措施感到极端不满。他认为，对付阿拉伯人袭击的最好办法就是主动进行强有力的攻击。在他的这种思想的指导下，这支部队执行了一些极不光彩的打击行动。1953年9月，他们在袭击加沙地带的巴勒斯坦难民营时，沙龙要求两组士兵用交叉火力射杀阿拉伯难民，结果，难民营

中的15户居民遭到杀戮，其中包括很多妇女和儿童。

那一年10月13日夜，以色列平民苏扎尼·肯尼亚斯和她的两个孩子在睡梦中被杀害。国防军决定对约旦城镇基比雅进行报复性袭击，那里住着约2000户居民和约旦警卫部队、国民自卫队。101部队和伞兵营一起接受了任务，由沙龙统一指挥。下达的命令是炸毁一些居民房屋，将居民赶走。沙龙有两个方案可供选择，行动的规模可大可小。但当他命令将1300榜炸药装车的时候，101部队的士兵都明白这意味着什么。

他们在夜色中袭击了基比雅，炸毁了至少45间房屋，致使69人死亡，一半以上是妇女和儿童。***这次袭击成了举国上下激烈争论的话题，批评的人责问，为什么要造成这么多的平民伤亡。***

本·古里安总理在召见沙龙后颁布了一个公报称，袭击发生的那天晚上，没有任何一支国防军部队离开过基地。但事实上，政府的窘于承认，正说明了这件事给他们造成的巨大难堪。不久之后，101部队被解散，然而，这个举措与其说是国防军对这支部队的惩罚，还不如说是另有文章。实际上101部队得到了扩编——它的成员并入了890伞兵营，指挥官仍是沙龙。而沙龙很快将890营改造成了一个大号的101部队。

101部队前后只存在了五个月，但它在以色列特种部队历史上的地位无疑是里程碑式的。除了团队精神以外，在非常规作战战术，以及与此相应的训练和策划行动方法等方面，对后来的部队建设有着重要的影响。此外，101部队是第一支由总参谋部直接领导的(虽然编制在耶路撒冷旅)，执行高度敏感任务的部队。它使得军方乃至国家的最高领导层直接意识到了特种部队的作用。尽管它在更多的时间里是在打击平民，但从军事角度上说，它使得当时相对虚弱的国防军，第一次有了可以成功地执行越界打击的力量，这为以后各支特种部队的相继建立埋下了伏笔。

101部队和伞兵营合并之初，自认为是精锐的伞兵们并不想把自己交给野蛮粗鲁的101部队的长官去指挥。沙龙刚上任，大多数伞兵军官便递交了辞呈，他冷静地一一接受，然后把自己的人派上岗位。在很短的时间里，他通过严酷的筛选，和101式的训练——徒手格斗、夜战、射击等等，将伞兵

营变成了整个国防军里战斗力最强的一支部队。在接下来的两年里,890营几乎包揽了全军所有的越界作战任务。

对于特种作战,沙龙有着其独特的,有时是异想天开的想法:当上面要求他抓一名叙利亚人以交换一名被抓的以色列人时,他命令伞兵们把一只大桶点上火放在公路中央。一名倒霉的叙利亚司机路过时,对这个突兀的大火盆甚是纳闷,因而停下来想看个究竟,伞兵们没费任何力气就捉住了他。还有一次,上面命令这个营去攻占一座埃及人占领的小山,当部队接近目标时,沙龙命令打开全部车灯,从正面大摇大摆地上去。他认为,强烈的灯光和有恃无恐,会让埃及人误把他们当成一支坦克纵队。事实证明,当汽车队在小山附近来回转时,埃及人退却了,根本没有对真正的袭击部队作出任何抵抗。

另一方面,战斗的胜利使得沙龙故态重萌,这支部队不久就表现出了101部队综合症。简言之,就是每一次任务,沙龙都以特有的狂热,使它超出上级原定的范围和程度,而且在事后总有理由阐明,为什么扩大行动是必要的。国防军当然需要他这种指挥官,但同时也深深地感受到了他的不可驾驭和捉摸不定。但这时的政治环境对沙龙是有利的,一方面,总理本·古里安、总参谋长摩西·达扬和新入主外交部的梅厄夫人都是对阿拉伯世界持强硬态度。另一方面,这支频频执行越界行动的部队,成了“整个国家进行集体报复的工具”(出自时任代总理的摩西·沙里特的日记)。伞兵部队的行动,甚至对中东地区的格局都产生了影响。1955年2月,以色列在加沙对埃及的军事基地进行了一次袭击。38名埃军士兵被杀,44人受伤,沙龙的部队阵亡8人。埃及的纳赛尔总统表示,由于这次袭击,他确信埃、以间的和平已成泡影,他被迫转向前苏联以获得援助,并与原捷克斯洛伐克签订了军售协议。说一次,不如说是这一年多来的一系列特种作战,而使得地区战略

格局发生如此巨大的变化，进而在次年导致一场全面战争，这在特种部队战史上是不多见的。

同年，890营和新建的“纳哈尔”空降营、预备役伞兵营合并为202支队，沙龙任司令。至此，从101演变而来的这支特种部队，开始迈入大规模的正规军行列，并最终成为陆军最精锐的两支部队之一：第35伞兵旅。沙龙作为特种部队指挥官的经历也大致结束。

1973年，随着埃及新总统萨达特的就职，埃、以的紧张关系在表面上有所缓和。沙龙从国防部长摩西·达扬处被告知，他不可能获得总参谋长的职务，而且，在年底南部军区司令任期届满后，连这一职务也将被解除。他递交了辞职书并获得了批准。他于7月离职，立即加入了自由党，准备在政界发展。但仅仅三个月后，10月6日，埃及和叙利亚利用犹太教的赎罪日(那天，大多数以色列人都在犹太会堂祈祷，然后在家中静坐禁食)，出动200架战机和6000门火炮同时从南北方向向以色列发动突袭，以色列三分之二的军事目标在10分钟内被摧毁。埃及突击队强渡苏伊士运河，使以色列耗资2.5亿美元经营的巴列夫防线成了第二个马其诺。任南部预备役装甲师师长的沙龙再次被委以重任，率部从两个埃及军团的缝隙中强渡苏伊士运河，使埃及第三军团陷入重围，为以军在南线的胜利奠定了基础。10天后，埃及被迫宣布接受联合国停火决议。就是在这次战争中，沙龙装甲师的士兵用白灰在坦克上书写了这样的字句：

“阿里尔，以色列之王！”

二、阿尔依将军和他的战士

“这是一支不存在的部队，过去和现在都不存在，也许将来也永不会存在。”

亚伯拉罕·阿尔依少校为自己正在计划组建的部队竭尽了心力，他预感到他们总有一天会成为全国防军最精锐的刀锋，以色列国不可缺少的力量之一。几十年后，当他长眠于耶路撒冷军人公墓时，他的国家对他的评价是：“陆军准将，保卫以色列国家安全的无名英雄。”就一位将军而言，阿尔

侬的确默默无闻，即便是在军界，因为他的贡献大多数是不能够公开的。

也许，每一个以色列民众都能够真切地感觉到这种贡献，在本·古里安国际机场，在贝鲁特，在突尼斯，在乌干达，在他们与劫后余生的亲人流着泪拥抱的时候，这支部队确确实实地存在着。在新闻保密检查极为严苛的以色列，这支部队时而被称为“国防军某精锐部队”，时而被称为“伞兵某部”，时而被简化成“某部”，而在无话不说的国际互联网上，它又被传为“269部队”，“参谋本部侦搜队”……

事实上，所有这些称呼都意味着同一支部队：SayeretMatkal——国防军第262部队，总参谋部直属侦察营。

以色列官方的立场是，这支部队过去、现在和将来都不存在。

曾有一名美国人为全世界的特种部队推选排行榜，将这支神秘部队的综合战斗力排为世界第五。的确，总参侦察营的装备水平远非世界最先进，官兵待遇也远谈不上最优越，但在冲突不断的中东，战斗本身就是这支部队最主要的训练课程之一，这是其他任何部队都无法比拟的，认真论起实战来，这个营的排名可能还要靠前一些。

▲ *Sayeret MATKAL* 徽章

任何国家的任何军队，都毫无例外地珍视自己用血写的荣誉，每一支王牌部队都有自己独一无二的故事，总参侦察营的故事是这样的：

“阿尔侬少校成了情报部队中的教父，就像地下世界万能的主宰者那样，如果出现了什么用常规手段难以应付的棘手问题，人们会去找他。”一位美国人在撰写有关阿尔侬的文章时，很自然地说出了上面的这段话。的确，阿尔侬和好莱坞那位著名的柯利昂先生有一定的相似之处：他们都亲手缔造了一个坚忍、高效、但

不能公之于众的行动组织。在这方面,他们的地位是至高无上的,但在阳光下面,他们则尽量做到默默无闻。

亚伯拉罕·阿尔俟1930年生于耶路撒冷,他一生中对国家最大的贡献就是组建并塑造了总参侦察营。

他出生的年代正值动乱时期,故乡耶路撒冷当时正是一座被暴力和仇恨包围的孤城。阿尔俟很早就参加了以色列人的武装组织——17岁那年,他参加了"帕尔马赫"。一年之后,他已是著名的"哈雷尔"旅第四营的战士,在伊扎克,拉宾旅长(后任以色列总理,1995年11月4日,因倡导中东和平遇刺身亡)的率领下,参加了以色列独立战争中最残酷的打通耶路撒冷交通生命线的"血路"之战,和战争后期在南线的大反攻。

这名经常沉默寡言,很少流露感情和想法的战士,很快就被上级认为是搞秘密情报工作的天然材料。战后1949年,他被选调到作战部情报局,即后来的总参情报部。27岁那年已升至少校军衔,负责一个向阿拉伯国家布建间谍网的秘密单位。这个单位的全部工作就是为以色列收买间谍和告密者。阿尔俟经常行踪诡秘地出没在耶路撒冷和其他城市的穷街陋巷,在不惹眼的安全点内与各色各样的情报贩子和敌国叛徒接头:付钱、收货、布置任务、讨价还价……这是一件肮脏的工作,天生伴随着敲诈和背叛。但阿尔俟不得不耐心地、日复一日地与这些人打交道。事实上,由于没有像样的侦察情报部队,这些人在当时几乎是国防军惟一的情报来源。

使阿尔俟决定放弃这项工作的重要原因是:这种获取情报的方式和他本人对侦察情报工作的理解相差甚远。告密者提供的情报质量不高,经常是第二手甚至是第三手的,可靠性值得怀疑,但又根本无法证实。此外,情报局当然想主动地搜集自己感兴趣的东西,但阿尔俟只能从告密者提供的情报中进行挑选,就好像在一家别扭的餐厅里,不能点菜,只好有什么吃什么。

在那些日子里,阿尔俟看得最多、反复琢磨的一本书是英国特种部队创始人大卫·斯特林上尉的回忆录《勇者胜》(Who

Dares Win)。上尉在书中回忆了二战期间指挥突击队在北非沙漠中与德军战斗的经历。这无疑是一本引人入胜的书，但阿尔侬可不是看来解闷的，这位沉默而睿智的情报官在多年的工作中已经建立起了这样一个坚定的观点：以色列国防军必须建立一支侦察部队去从敌人那里主动直接地获取情报。而为了有能力这样做，这支部队必须由最优秀的人组成，接受最先进的训练。斯特林上尉创立的英军特别空勤团（SA-Special Air Service）是一个现成的、再理想不过的范本。

在建立侦察部队这一点上，阿尔侬的观点与总参谋长摩西·达扬将军是一致的，将军本人也从一个更高的角度意识到了这个问题，并提了出来，但不幸的是他不久就退役了。继任总参谋长拉斯科夫将军在这个问题上的想法恰好相反：经过1956年的第二次中东战争，周边环境相对安定，国防军要做的是大力加强常规部队的建设，以色列国防的基石是空军、装甲兵、伞兵、海军……要花钱的地方很多，建立情报部队并不是一件急着非办不可的事情。将军手下的参谋们，大多数一直在正规军中服役，当然也是这样想的。

于是，阿尔侬关于成立侦察部队的建议在总参谋部及作战部情报局里，成了一件很令人头疼的麻烦事——少校坚韧得像一株老藤，他不停地游说、争取，向所有的上级和同事们反复说明，为什么国防军需要情报部队，尽管他们对他的构想和蓝图根本不感兴趣，但阿尔侬兴致高昂，而且百折不挠。最终，受够了折磨的总参谋部决定和阿尔侬幽默一下——默许他着手组建和指挥一支他想要的那种特种部队。在阿尔侬看来，这当然是个伟大的胜利。但上面的真正意思其实是图个耳根清净，把这个成天啰嗦的家伙打发到荒凉的沙漠里，去训练那支不存在的部队好了，他可以随便干点什么——只要离开特拉维夫。

欢天喜地的阿尔侬准备着手征募部队，但他还没真正开始，就有传言出来说，上面已经对这个决定感到无味，要终止计划。恼怒的阿尔侬开始给他认识的高级军官们打电话，请求他们帮忙，

这些军官不久也被他烦得不行了，开始躲避。看到这一招没有效果，焦急的阿尔侬，甚至对上级用上了他搞情报的那一套：1957年的灯节，他给总参谋长拉斯科夫将军送去了一柄贵重的镶满黄金和宝石的阿拉伯弯刀。这次幼稚的行贿当然没有成功，但过了不久，阿尔侬终于情急智生，为拉斯科夫将军安排了一次异想天开的绝密演习：他将手下的一名精干军官埃利·吉尔打扮成阿拉伯人，在他的大背袋里放满了标有“绝密”字样的“国防军文件”，然后，将他打发到戒备森严的北方叙利亚和以色列的边境处。只有拉斯科夫将军、阿尔侬、国家警察总监和吉尔本人知道他的真实身份。吉尔在重兵把守的边境地区转悠了好几天，才被以色列边防警察抓住，警察被从他身上搜出的东西吓了一跳，立即将他逮捕，连续审问了两个星期——据说中间还夹杂了一些拷打——但这个操着纯正阿拉伯语的间谍，只承认自己是达乌德，其他的一概不招。两个星期后，国防军出面从无计可施的警方手中领走了这个间谍。阿尔侬向拉斯科夫将军保证，“达乌德”将是这支侦察部队中每一名官兵的范本。

这次演习收到了比弯刀更好的效果，印象深刻的总长终于签署命令，正式授权阿尔侬去沙漠里组建国防军第262部队。当然，总长屈服的主要原因，大概仍是因为受不了纠缠，但阿尔侬得到这纸形同充军的命令后还是大喜过望，意气风发地揣上一本《勇者胜》，上任去了。

在给阿尔侬的命令里，并没有附带通常应该有的一些配套内容：262部队的人员编制、作训任务、相应的教材和教员、经费、后勤保障……实质上，这不过是一纸空文罢了。阿尔侬首先找到他在“哈雷尔”旅4营时的老上级，时任装甲兵司令的大卫·埃拉扎尔将军，将军慷慨地向这支不属于自己麾下的部队，提供了给养和必要的装备器材，这才使部队得以生存下去。事实证明，这支部队后来在将军担任总参谋长期间没有令他失望。

在人员方面，最先参加这支部队的只有“达乌德”和阿尔侬在“帕尔马赫”年代的几位老战友，还不到一支篮球队的规模。阿尔侬首先要自己出去

招兵买马，在20世纪50年代，这种征兵方法在国防军内相当普遍。他首先想到了前国防军内最有本领，同时也是最不遵守纪律的战士：从101部队和后来的伞兵侦察连退役的老兵。阿尔依翻查了这两支部队封存已久的老档案，从中挑选出了第一批中意的战士。他们中间的大多数人退役，是因为101部队和伞兵合并后，受不了正规部队一本正经的纪律约束。而阿尔依恰好对形式上的东西倒并不在乎：和一般想象中的不同，262部队在起初很长一段时间内，看上去是松松垮垮的，官兵们早上穿着拖鞋和睡衣三三两两地溜达到食堂，打着哈欠自己煮咖啡和煎鸡蛋。后来，当262部队开始向正规化发展时，后任的营长们花了不少力气纠正这种从“帕尔马赫”部队一脉相承下来的游击习气。值得特别提出的是，阿尔依从原101部队里发掘出了梅厄·哈峋。哈峋是101部队侦察兵出身，与伞兵合并后担任过伞兵侦察连长，曾被摩西·达扬誉为，以色列最出色的突击队员，后因伤残退役。阿尔依通过哈峋的几个老伙伴将他请出山，聘请他担任部队的第一任教官。在哈峋为部队编写的第一批作训教程前，262部队惟一的教材就是那本《勇者胜》。在沙漠和荒野上的无数个夜晚，262部队的第一批战士围坐在帐篷里，无比激动地聆听阿尔依朗读书中的章节。直到今天，总参侦察营的新兵在新训合格正式入伍的时候，仍然会得到一本《勇者胜》。到了后来，部队朗读的教材又多了一项：***每个周末，官兵回家过安息日之前，阿尔依都会把他们聚集到一起，给他们朗读哈峋的作战日记。***

渐渐地，阿尔依的旗下聚集了一批101部队的老兵，形成了部队的骨干。但为了扩大规模，262部队当然要从常规部队中选拔人才。当时，全国没有几个人知道这支部队。在很长一段时间内，所有的新成员都是由老成员介绍，再由阿尔依亲自考核合格后再加入的，这一点并不像军队，倒像个严格一些的俱乐部。比如说，某个老兵向阿尔依推荐了一个有潜力的战士，阿尔依便会不动声色地赶到那个部队去，暗地了解“发展对象”的情况。觉得满意后，阿尔依会为他安排一些题目去做，这些题目当然不会很容易，甚至还显得有些奇怪。比如，阿尔依会要求一个候选者，给他来一次间谍电影里的那种接头：候选者穿着指定的衣服，在指定的公共场合，腋下夹着指定的

报纸或杂志，等着和他根本不认识的人接头，直到这时他本人也不会知道，这是因为有一支部队看中了他，正在考试。在进行这种考试时，阿尔依无一例外地亲任考官，候选者在执行指令上的任何一点错误和纰漏都不会被原谅。

除了作为特种兵的能力之外，阿尔依并不挑剔候选人的其他条件，如族群等。以色列从建国前就一直存在着阿什肯纳齐犹太人和塞法拉迪犹太人两个族群，前者是指从东欧回来的犹太人，这一批人大部分是建国前移居的，是以色列建国的主干力量，一般来说，相对教育程度高，生活水平也要好一些。后者是指从中东和北非移民回来的犹太人，很多是建国后才回来的新移民，相对贫困，教育水平低，在社会中的地位也低。应当说，直到今天仍受到一定的歧视。但阿尔依则认为这些人更熟悉阿拉伯国家情况，这是他们得天独厚的优势，因此，向他们敞开了部队的大门。后来，从这些人中间走出了非常多的优秀特种战士。阿尔依当然也同样招募从美洲移民的犹太人，这位队长只关心一件事，候选人能否成为优秀的战士。和塞法拉迪犹太人相比，阿什肯纳齐犹太人在加入部队前还要多过一关——去内格夫沙漠的贝都因人部落中，填鸭式地学习阿拉伯人的风俗习惯。

262部队是一支情报侦察部队，它的成员必须是一种复杂而全面的战士。也就是说，要一点狡黠，一点无畏，一点冷酷，一点凶狠，一点隐蔽……阿尔依要做的就是在这些因素中寻找出一个完美的平衡。

262部队的侦察兵必须精通化装渗透、判图行进、侦察和情报搜集、冷兵器格斗、轻武器射击、爆破……教官哈峋在训练方面表现出了无可争议的重要性，他将他在步兵分队侦察和战斗方面的一身本事，都尽量传授给了其他官兵。特别宝贵的是，他向新队员传授了101部队和伞兵部队越界作战的经验，而这正是他们所缺少的。在一些方面，哈峋有时甚至比阿尔依对士兵的要

▲ 精通化装渗透的262部队侦察兵

求更为严格。阿尔侬要求士兵能够掌握他们在战场上可能找到的一切武器，而哈晌则进一步命令他们必须能用这些武器进行最熟练和最准确的攻击。在行军的时候，身有残疾的哈晌，比部队里身体最好的小伙子都走得更快和更远。他的学员认为，他所做的已经超出了人身能承受的极限，而他对此的解释是：如果说，在沙漠的烈日下武装行军50公里而不准喝水，是一种残忍的训练方式的话，那么，在敌国的领土上武装行军100公里而得不到一粒水米，则是一种几乎注定要出现的情况，262部队的每一个官兵必须要能够毫无痛苦地承受这一切。而他本人就曾带领伞兵侦察连的部队，创造过连续行军200公里的纪录。此外，由于阿尔侬的努力，部队得以和以色列空军的第一支直升机部队进行协同训练。因此262部队也成了全军中最先掌握了利用直升机进行机降、侦察、攻击和撤离的部队。

在所有这些训练中，最为别致的一项被称为“解放”，就是说，乘夜间潜入附近的“基布兹”村庄，偷偷地解放老百姓关好的羊和鸡……然后再摘一些水果蔬菜，把它们带回驻地吃掉。有时这种“解放”行动是作为夜间野外识图训练后的一个即兴节目，后来在更多的时候则是专门训练项目。阿尔侬认为这种行动是训练夜间渗透的绝好方式，队员们也的确从中磨练出了一副来去无踪的身手。后来，营里一个机灵的小个子兵埃胡德·伯鲁格将这一点发扬光大，“解放”到北部军区司令的头上去了——偷了这位将军座车的汽油。由于后来这位小个子兵改名为埃胡德·巴拉克，成了一个尽人皆知的人物，这个故事也变成了在以色列国防军中代代流传的趣事。

▲ 与直升机部队协同训练

1965年，未上完中学的巴拉克通过自学，同时考取了耶路撒冷希伯莱大学和海法工学院。他找到阿尔依，告诉他自己决定退伍。巴拉克的理由是：以色列看来很快就要与周边国家和解，军队已经不再是寻找挑战的年轻人应该呆的地方了。他甚至对阿尔依描述出一幅十分乐观的前景："再过13年，我就可以带着儿子去黎巴嫩滑雪了。到那时，以色列需要的最后一种职业才是军人。"尽管阿尔依对此坚决反对，巴拉克还是离开了军队。这使得阿尔依非常生气。此后的两年中，他不肯直接与巴拉克进行任何联系，连个电话都坚决不打。但与此同时，他几乎是不断地派出手下所有和巴拉克有交情的人去游说他回来。两年后，"六天战争"打破了巴拉克的求学梦，他以预备役身份回到侦察营参战。战争结束后，他决定重新加入现役。然后，他的第一个要求就是要与阿尔依见面。

巴拉克任营长期间是侦察营行动最为活跃的时候，虽然这一时期他指挥的绝大多数行动直至今天仍未解密，但仅从3次见诸公开报道的行动中，人们完全可以看出这位指挥官大胆而又缜密、果断而又灵活的指挥艺术。这3次行动是：1972年卢德机场反劫机运动，巴拉克和他的战友们开创了世界反恐怖作战史上的首次反劫机成功战例；同年底，他又指挥部队在黎以边境地区设伏，活捉了5名叙利亚高级军官，用于交换3名被俘的以军飞行员，行动代号是"板条箱"；第三次是震动了整个中东的"少年之春"行动，基本上消灭了"黑九月"的领导层，直接导致了这个狂热组织的迅速消亡。巴拉克离开侦察营时，胸前已经挂上了四枚奖章和一枚勋章，这是以色列国防军的最高纪录，至今无人打破。

三、痛苦的铸造

以色列国防军对于特种部队在常规战争中的作用一直搞得不清楚。1976年10月，"赎罪日战争"爆发。战争初期，以色列形势岌岌可危，全国动员搞得手忙脚乱，但总参侦察营却和在"六天战争"中一样，不知道自己该做些什么——没有人给他们任务。侦察营的官兵们在基地里如坐针毡，最后，军官们开会决定：不等命令，也不向总参报告，自行去战事吃紧的北线

参战,基地里只留一个小队看家。当时形势一片混乱,他们找不到去北线的交通工具,便在路上截住了一队到北线参战的装甲车,冒充参战部队随车队混到了前线。他们赶到坦克战打得最为惨烈的戈兰高地,找到正在指挥作战的装甲师长艾坦,要求组成反坦克分队,深入敌后猎杀叙利亚坦克。但艾坦的情报官告诉侦察营,除了前线以外,他们不知道战线后方叙军的坦克集结地在哪里。

于是,营长吉奥拉留在艾坦的机动司令部(设在一辆装甲车上)等待任务。副营长约尼·内塔尼亚胡和穆基等军官带着约100名官兵在纳法村装甲师师部待命。第二天清晨,侦察营哨兵在晨雾中发现3架叙利亚军用直升机从北方飞来,立即发出了警报。开始大家还以为这些直升机是运送给养过路的,但不一会儿,三架直升机在纳法村东北方向约两公里处降落,消失在小山背后。约尼和穆基立刻回过味儿来——叙军机降部队!目的很明显,纳法村的以军师部!他俩当即命令全体官兵紧急出动。

侦察营部队在山背后下了装甲车,徒步向一山之隔的机降点发起进攻。侦察兵完全没有利用地形掩护, 而是扣住扳机边打边迅速冲向被叙利亚突击队员占据的山头。离山头很近的地方,侦察兵同时投出手榴弹,随着爆炸的烟雾冲上了山顶。没有给敌人半点喘息之机,迅速消灭了山上还没来得及散开的叙利亚突击队。然后,约尼和穆基各带一个分队在山上搜索战场,在一个反坦克壕中,发现了叙利亚突击队的残部,将其全歼。叙利亚突击队的少校指挥官投降。据这位指挥官交待,叙利亚突击队共有42名。经打扫战场发现,叙军突击队41人被击毙,1人被擒。侦察营仅亡2人,几人轻伤。

纳法村战斗后,侦察营的一支分遣队配合装甲部队参加了对叙利亚的反攻,另一部则参加了戈兰旅反攻叙利亚境内赫尔蒙山的战斗,攻克了赫尔蒙山主峰。还有一支侦察营的分队在战争后期转到了南线,配属给了沙龙的装甲师。

在这场战争中,侦察营从始至终没有接到过明确的任务,当然也没有发挥特种部队的独特作用,基本上被打散了分给各部队当步兵使用。战后,侦察营针对这个问题,对部队的职能定位进行了重新的思考,并进行了一系列改革,主要是研究特种部队在战争中的角色和作用,平时如何在训练和装备方面做准备。在这次改革中,侦察营建立了一支"翠鸟"预备役侦察

分队，准备在战时配合空军作战。穆基·贝策尔上尉担任了“翠鸟”的第一任部队长。这支分队后来脱离了侦察营，被划归空军。

尽管侦察营努力使自己向配合常规战争的方向发展，但形势似乎注定这支部队要在非常规战场上发挥更大的作用。从1974年开始，巴勒斯坦的一些激进派别开始在以色列境内发动一连串以劫持人质为手段的恐怖活动。这使得侦察营必须回过头来，认真面对这个问题。

1974年5月13日晚，3名属于巴解“民阵”的恐怖分子从黎巴嫩潜入以色列。第二天，他们在公路上扫射了一辆过路的坐满纺织工人的卡车，打死两名妇女，打伤司机，车失控后带着其他乘员坠入山谷。当夜，3人又潜入距边境约8公里的马阿洛特村，在杀死一名市政厅工人后闯入村民科恩家，杀死了科恩夫妇和他们3岁的孩子。次日清晨，这些杀手又闯入村里一座3层楼的学校，将100多名中学生和教师扣押在2楼，要挟以色列释放20多名巴解“民阵”人员。北部军区驻军和警察迅速包围了学校。但未采取行动，等待总参侦察营到场。

侦察营赶到现场后立即制定营救计划并进行部署，首先是安排狙击手从远处先击毙一名恐怖分子(狡猾的恐怖分子从不3人同时露面)，然后由连长阿姆拉姆·列文率领一组从楼梯向二楼进攻，穆基率另外一组架梯子从窗口进攻。但是，侦察营当时虽然是全军最有特种作战经验的部队，但却从未进行过专门的营救人质训练。下午5点，政府批准了武力营救人质的计划。于是一连串的失误开始了：首先是狙击手为求准确没有瞄准恐怖分子的头部，而是瞄准胸部。被击伤的恐怖分子向同伙发出了警报。这样，从窗口突击的小组被警觉了的恐怖分子投出的手榴弹所阻挡。从楼梯进攻的那一组居然在忙乱中错跑到了3楼，耽误了宝贵的时间。折回2楼后，一名队员又错

◀ 利用两脚架进行腰际射击的队员

投了发烟弹,致使室内什么也看不见,突击队员不敢开枪。而丧心病狂的恐怖分子却立即向拥挤在教室里的学生开枪扫射,并投掷手榴弹,造成20多名人质死亡,50余人受伤。

马阿洛特惨案震动了以色列全国。已经升任北部军区司令的艾坦将军事后将侦察营长吉奥拉等军官叫到办公室。将军的批评虽然很尖刻,但也非常切中要害:

"也许你们懂得战斗,也许你们知道怎么越过敌人边境行动,也许你们在夜间突击中表现得十分出色。但在这一点上你们不行。我应该让戈兰旅的部队去干这件事,他们会干得更好些。只要我还在北部军区,你们就不要再想到这儿来执行任务了。"

总参侦察营当然感到无比的阵痛和耻辱,从另一方面来说,也更加清醒,立即进行了部队职能的第二次自我完善。根据总参的命令和授权,部队开始加紧准备国防军的全套人质营救作战方案,并召募了40名新兵,组建了一支名为269部队的新分队,专门研究和训练与人质营救有关的课题。根据穆基的回忆录,269部队研究和训练的主要内容是:夺取别墅、楼房、船只、火车、飞机、公共汽车等任何可能被恐怖分子占据的目标,突入布满人质的房间,迅速辨认出恐怖分子并将其击毙。由于各种目标的结构都不相同,因此,对突击人员进入目标的方式、武器和火力的配置,以及行动人数等方面的要求也各不相同。侦察营为此认真制定了不同的战斗预案。然后,他们在各种建筑物和公共交通工具的模型和实物上反复演练,很快就研究出了包括狙击、通联、爆破、战斗和营救等一整套手段在内的人质营救技能。269部队集中了营里最优秀的官兵,成了一支专业化最强的人质营救分队(侦察营的其他分队也要协助269部队参加反恐怖作战,因此,全营官兵都要学习这些人质营救技能)。由于这支分队后来执行任务的机会较多,有些报道便误将269部队当成了侦察营的番号。

但是,所有的成就都不会一蹴而就。如果说总参侦察营今日能以其过硬的三大本领——特种侦察、非常规作战和反恐怖作战。而稳居以色列国防军头号特种部队的地位的话,那么,其中每一项本领和成就,都浸透了无数的汗水和心血,更包含着痛苦的教训,这支部队辉煌的纹章是用鲜血铸造的。

四、兵员和训练

随着部队的正规化发展，阿尔侬时代俱乐部式的征兵方式已经结束。目前，侦察营和其他特种部队一样，每年直接从应征入伍的适龄青年中招收新兵，但与正规部队相比，具有优先权，可以提前招兵。部队派人在征兵中心向应征者介绍部队情况，报名者便可参加入队选拔。选拔内容主要是各种严格的体能和智力测验，淘汰率高达80%~90%。

和以军多数特种部队一样，总参侦察营的新兵训练期为20个月。以色列实行义务兵役制，士兵一共只服役3年（就是说，用于训练的时间超过服役期的一半多）。但侦察营这样的特殊部队，可以和新兵在入队前签署超期服役半年的合同（超期服役期间士兵享受合同兵待遇，月薪1500~1700美元，一般的特种部队付不起这笔薪金）。

以色列特种部队新兵训练主要分为三部分：

步兵基础训练、步兵高级训练、特种训练。

步兵基础训练为期四个月，各特种部队的新兵集中统一进行，训练地点原为国防军亚当特种训练基地。从1993年改为伞兵旅的萨努尔训练基地。主要训练内容是：步兵基本武器操作射击和单兵战术。与一般国家军队不同，以色列新兵基本训练课程中很少有通常的军人姿态和队列等内容，

▼ 进行轻机枪射击训练的伞兵

因为国防军极为重视士兵的实际战斗能力，对他们认为是“形式上的东西”能省便省，特种部队更是如此。

步兵高级训练为期两个月，在各部队基地进行。包括连规模战斗、近距离巷战、野外识图常识和直升机机降渗透基础等课程。

在步兵训练完成后，侦察营的新兵开始了漫长的特种训练，这是成为一名特种兵战士最重要的课程，科目繁多，难度很大，只有很少的人能够通过全部训练，成为侦察营的一员。主要训练内容有：

跳伞训练（三个星期），包括大高度高开伞（正常跳伞）和大高度低开伞（自由降落至低高度后手动开伞）。这部分训练在国防军伞兵学校进行。

特种部队小分队指挥培训（1~2个月），包括地形识别和特种部队小分队野战指挥。

反恐怖作战和人质营救训练，这是侦察营的重点训练科目之一，分基础和高级两个阶段。基础训练三个星期，高级训练五个星期，均在反恐怖学校进行。但学员完成训练回部队后，还要继续进行八个星期训练，由营里的教官执教。

全天候、全地形野外识图训练，这是特种训练最重点的科目之一，是侦察兵的基本功，也是最难通过的课程。各部队视各自需要不同，自行确定训练时间，侦察营的训练时间要长一些。这种训练通常在沙漠和丘陵等恶劣的自然环境下进行，要求士兵在规定的时间内到达地图上标定的数十个坐标点，并留下标记。一次野外识图训练，通常要持续几天甚至一星期，行程上百公里。1991年，总参侦察营两名新兵在内格夫沙漠训练时因脱水而死。但侦察营并未因此放松在这个项目上的训练。

狙击训练一个半月，分两阶段进行。

第一阶段：

在亚当特种训练基地国防军狙击学校进行步兵狙击训练，为期3周，主要内容是野战条件下的远距离狙击。

第二阶段：

在亚当基地国防军反恐怖学校进行人质营救狙击训练，主要训练150米内的近距离精确狙击，同样为期3周。单兵特种技能训练，包括工兵爆破、越野驾驶、徒手格斗等内容。

情报搜集训练，主要是培训观察、侦察技能和熟练使用通信器材。这部分训练在国防军情报和侦察学校进行，也分为基本侦察训练和高级侦察训练两个阶段。

阿拉伯语培训，总参侦察营原则上希望所有战士都掌握阿拉伯语，但是实际执行起来很难，所以只能对有语言才能的战士进行特别培养，对其他语言才能不太好的战士只能作一般化的要求了。

渗透和野外生存训练，这一部分的训练内容非常广泛，要学习在昼、夜和各种气候条件下，从陆路、海上、空中向敌后渗透，并在野外条件下生存的技能。在进行这部分训练时，受训的新兵要分别赴北部军区高山部队学习滑雪和严寒条件下的生存技能；去海军潜水学校进行潜水训练；在温盖特军体学院学习攀登和索降；还要去南部内格夫沙漠中的贝都因部落里学习阿拉伯人的生活习惯。

五、武器装备

在总参侦察营的训练课程中，很重要的一部分是要求士兵学会熟练使用各种武器装备。到目前为止，侦察营使用过的武器装备也的确是五花八门。在单兵武器方面，有以色列自产的，如“乌齐”式和“加利尔”式自动步枪；有从他国购买的，如美制M-16系列自动步枪；还有从战场上缴获的，如前苏联的AK-47自动步枪。总体而言，20世纪60年代的主要武器是“乌齐”，20世纪70年代是AK-47，20世纪80年代是“加利尔”，20世纪90年代是M16系列卡宾枪(20世纪90年代初期是从M16A1改型的CAR-15，20世纪90年代中期换成了新型的M4)。

目前，总参侦察营的标准单兵武器是美制M4卡宾枪（M16A2短枪管型)和同属M16系列的CAR-15卡宾枪。美军特种部队现在也装备M4卡宾枪。它的通用性较好，可装备各种附件。在进行人质营救作战时，以色列特种部队通常根据不同需要在枪上加装以色列自产的反恐怖作战套件，包括准直式反射瞄准镜、4倍昼间瞄准镜、战术电筒、激光瞄准具、脚架、消音器和夜视仪等。此外，这种枪可外挂M203榴弹发射器，发射40毫米低速小型

◀ 使用装有M203榴弹发射器和日间瞄准镜的改进型AK47的队员。

榴弹，最大射程400米，杀伤半径5米。

以色列特种部队在20世纪90年代中期全面换装M16系列卡宾枪。其实，以色列自产的“加利尔”也是一种不错的武器，惟一的缺点是不够轻便，不大适合特种部队使用。以色列决定用美制M16系列卡宾枪替换“加利尔”的另一个原因就是财政问题——由于中东和平进程在20世纪90年代有较大进展，以色列国防预算逐年削减。M16可直接用美对以军援款从美国购买，比从本国订购“加利尔”要划算得多。

在近战武器方面，以色列特种部队使用由以制“乌齐”式冲锋枪改进而成的“微型乌齐”。这种枪比大口径手枪略小，便于携带，射速为每分钟1500发。近年来，西方各国特种部队普遍使用德制MP5系列冲锋枪，这种枪几乎在各个方面均优于“微型乌齐”。但以军特种部队仍独一无二地坚持使用“乌齐”，其主要原因可能还是预算问题——MP5系列极为昂贵。

对于从事人质营救作战的特种部队来说，手枪是一种非常重要的武器。20世纪70年代，总参侦察营主要使用意大利制造的0.22英寸“贝雷塔”小口径手枪。主要是因为这种枪威力小，即使误伤人质也不易致命。但在1973的“少年之春”和1976年的恩德培行动中，小口径手枪的缺点暴露了出来：突击队用装了消音器的“贝雷塔”手枪向哨兵射击，两次均未能一枪致命，从而使哨兵来得及发出警报。从此以后，以军特种部队基本不再使用这种手枪。目前主要使用的是瑞士与德国合资制造的9毫米“西格绍尔”P226手枪和比利时FN“勃朗宁”手枪。

狙击步枪也是特种部队的重要武器，侦察营对于这一点尤为重视——根据以色列反恐怖作战大纲，侦察营担负反恐怖作战任务，因此，其每个小

队中都配有4名狙击手，是一般特种部队的2倍。根据作战距离和要求的不同，各狙击手分别配备“毛瑟”SR86型、美制7.62毫米M24型和12.7毫米“巴雷特”82A1等型号的狙击步枪。有独立预算的总参侦察营还拥有其他部队想都不敢想的名贵武器——德制“黑克勒-科赫”PSGl半自动狙击步枪，每支单价在15000美元以上。

总参侦察营和其他两支担任人质营救值班任务的部队(海军13中队和警方的“雅曼”特警队)都有三套武器装备：第一套是日常训练和作战的标准装备，称为“蓝色装备”，由队员随身携带。另外两套是在进行人质营救作战时使用的装备，一套存放在值班直升机内，称为“红色装备”，另一套存放在值班机动车里，称为“黄色装备”。在进行人质营救时，首先考虑用直升机赶往现场，在不能使用直升机时则乘车前往。

总参侦察营当前的驻地是以色列中部的希尔金基地，总参侦察营的实力一直是对这支部队感兴趣的人们关心的问题。但到目前为止，没有任何一种猜测和说法是有现实依据的。下面所说的也仅是一个推测：

以色列特种部队的编制以小队为基础。但各支部队的小队人数差别很大，通常为10~15人，近似一个班的规模。在一些规模较大的特种部队里，小队以上还有近似连级分队的建制，可称之为“连”。

1973年“赎罪日战争”时，侦察营下辖4~5个连，每连下辖几个小队，全营实力约200~250人(其中半数为预备役)，接近正规步兵营的规模。

次年的马阿洛特事件后，总参授权侦察营增招40名人员，组建专门的人质营救分队——269部队。至此，侦察营的规模得到进一步扩大。现在应该已超过300人。

侦察营营长为中校，营部设有作战、情报、通信、后勤、军械等部门。营下设连，连长为上尉。连下辖小队，小队长为少尉或中尉，每个小队约14人，其中10名是侦察兵，4人是狙击手。

1999年，以色列进行了“跨越2000”军队改革计划，将原地面部队司令部改为陆军司令部，在陆军司令部下增设野战侦察司令部，总参侦察营和其他一些部队被划归到这个司令部之下。此举表明，以色列陆军特种部队已正式获得了兵种地位。

六、"萨耶雷特"

以色列的特种部队在全球闻名，但有趣的是，以色列没有"特种部队"这个词，所有执行特殊任务的部队都被统称为"萨耶雷特"(Sayeret)。在希伯莱语中，这个词的字面意思是"侦察队"或"巡逻队"。虽然有些部队的性质离侦察和巡逻实在是差得太远了些，但也这么叫。因此，从称呼上，以色列的特种部队是看不出实际建制的。

传统的影响和现实的需要，使得以色列特别侧重选拔精干人员，组成规模小而效率高的特种部队，以至于今天在以色列国防军中充斥着大大小小、各种各样的特种部队，代号名称更令人难以琢磨。要分清楚这些部队，的确不是一件很轻松的事情。

情报部队在以军中是一个独立的兵种，经过以军"跨越2000"改革后，其所属的特种侦察部队统一划入在陆军下新成立的野战侦察司令部。该司令部下辖的部队中，除总参侦察营(Sayeret Matkal)是以色列无可争议的头号特种部队外，另两支部队规模并不大："亚赫曼"(目标情报)部队是一支远程侦察部队，平时作为以色列北部边境的边界观察部队，战时为以色列炮兵搜索炮击目标。特种侦察组则是一支受过特种作战训练的目视观察情报部队，可以渗入敌后对重要目标进行目视侦察。

▲ 照片中的是前以色列总理巴拉克，他在照相时还是一名年轻的Sayeret MATKAL军官，装备着配备有消声器的IMI Uzi冲锋枪。

以色列国土面积不大，人口也较少，因此，其国防体制的一个明显特点是常备军少，预备役部队众多，以备战时迅速扩充。陆军只有四个常备步兵旅，属步、伞兵司令部(以色列原来一直没有专门的特种作战司令部，步、伞兵司令部在相当程度上担负了这个职能，尤其是在指挥联合特种作战时)。这四个旅各有一个旅属侦察

连，即戈兰旅（步1旅）侦察连（Sayeret Golany）、吉瓦提旅（步84旅）侦察连（Sayeret Givaty）、纳哈尔旅侦察连（Sayeret Nahal）和伞兵旅（空降步兵第35旅）侦察连（Sayeret Tzanhanim）。从字面看，很容易将这四个步兵侦察连的职能联想为单纯的侦察兵，实际上，这四支部队都接受过反恐怖作战训练，担负反恐怖作战任务。

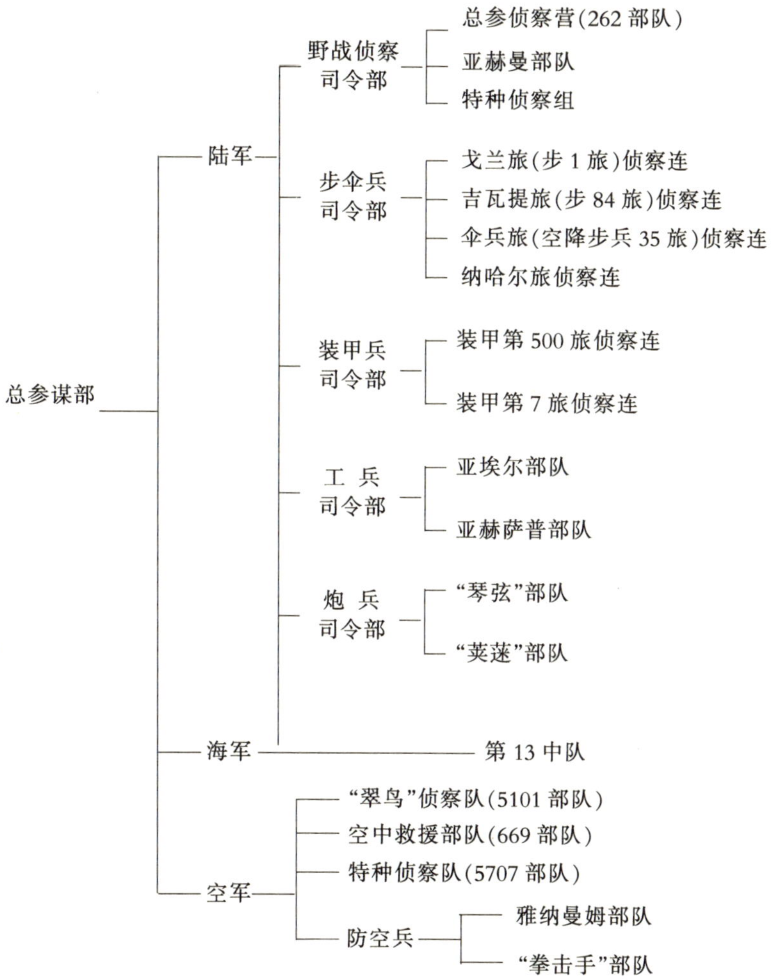

- 总参谋部
  - 陆军
    - 野战侦察司令部
      - 总参侦察营（262 部队）
      - 亚赫曼部队
      - 特种侦察组
    - 步伞兵司令部
      - 戈兰旅（步 1 旅）侦察连
      - 吉瓦提旅（步 84 旅）侦察连
      - 伞兵旅（空降步兵 35 旅）侦察连
      - 纳哈尔旅侦察连
    - 装甲兵司令部
      - 装甲第 500 旅侦察连
      - 装甲第 7 旅侦察连
    - 工　兵司令部
      - 亚埃尔部队
      - 亚赫萨普部队
    - 炮　兵司令部
      - “琴弦”部队
      - “荚蒾”部队
  - 海军
    - 第 13 中队
  - 空军
    - “翠鸟”侦察队（5101 部队）
    - 空中救援部队（669 部队）
    - 特种侦察队（5707 部队）
    - 防空兵
      - 雅纳曼姆部队
      - “拳击手”部队

戈兰旅组建于1948年，以色列独立战争期间，全旅将士戴土黄色军帽，是目前国防军战斗序列中历史最悠久的部队，在独立战争中，从最北方的黎巴嫩边界，一直打到最南方的红海之滨，赢得了国防军第一旅的称号。独

立战争后，戈兰旅在历次中东战争中，均立下了汗马功劳，现驻北部军区(以色列全国分为北、中、南三个军区)。戈兰旅侦察连以带飞翼的银色虎头为标志，号称“飞虎”，起源于独立战争中建立的特种侦察排，和这个旅一样，是国防军中历史最长的步兵侦察分队。在反恐作战方面，曾参加过1976年恩德培机场人质拯救行动。与其他步兵旅不同的是，戈兰旅还下辖一个“胡桃”侦察营(Sayeret Egoz)，但这个营与旅侦察连担负的任务不同，主要是在以占南黎地区进行反游击作战。

第35空降步兵旅通常称伞兵旅，戴红色贝雷帽，是以军两支王牌旅之一。1948年，国防军建立了第一支伞兵部队，后发展为伞兵890营。1954年，890营与一支名声不佳，然而却是军中精锐的101部队合并，并于次年扩编为202伞兵部队，参加了1956年的西奈战役。由于指挥官沙龙的轻敌冒进，202部队在米特拉山口遭受重大伤亡。战后，202部队的两个现役营——890营和“纳哈尔”空降88营合编为伞兵35旅。由于继承了特种部队101部队的血统，这个旅在战争中以机动灵活著称，现驻中部军区。伞兵旅侦察连源于101部队的侦察分队，建旅时成为旅侦察连，是特种部队中的特种部队，参加过多次著名的作战行动。

吉瓦提，意为山丘。这个旅组建于1983年，继承了独立战争中的老吉瓦提旅（第5旅)的称号，现驻南部军区，建旅时被授予紫色军帽。独立战争中的吉瓦提旅侦察连，是一个在沙漠中神出鬼没的吉普车突击连，到处突袭埃及部队，号称“参孙之狐”。新建的吉瓦提旅侦察连也继承了这一称号。

▲ 伞兵旅侦察连在行动前训练，最靠近镜头的士兵使用突击型Negev，其他士兵使用CAR-15。

以浅绿色军帽为标志的纳哈尔旅，是建于1983年的一支新部队，驻中部军区。“纳哈尔”是“青年战斗先锋队”的简称，

其前身是以建国初期建立的,一支担负军垦戍边任务的生产兵团。1983年“纳哈尔”部队建立了一个独立步兵旅,担负总部作战值班任务。以后由于部队任务的变化,纳哈尔步兵旅已经不再具有军垦部队的性质,并最终于1999年脱离“纳哈尔”部队序列,仅保留原有的“纳哈尔”称号。该旅侦察连曾在约旦河谷地带参加过边界反游击作战。

以色列的特种部队虽不像美、英等一些国家那样庞大,在国防军中也未形成统一的编制,但其发展历史却很久远。

七、反恐行动、战例

1.21 小时和 90 秒

1972 年5月8月,星期一。由布鲁塞尔飞往以色列卢德国际机场(即后来的本·古里安国际机场)的比利时“萨贝纳”航空公司571航班正在飞越前南斯拉夫上空时,驾驶舱门突然被打开了。一名瘦小的男子用手枪对准机长拉杰兰德·利维的头,告诉他飞机被劫持了。

这位其貌不扬的劫机者名叫阿里·塔哈·阿布·萨尼纳,是“黑九月”组织中的劫机专家,4年前指挥了将以航班机劫往阿尔及尔的行动,迫使以色列政府释放了被其囚禁的“法塔赫”成员。3个月前,他又劫持了一架飞往阿登的德国汉莎航空公司班机,让西德政府破费了500万美元赎金。本次劫机是这位专家指挥的第3次行动。这次,他决定来一个更刺激的——不让飞机转向阿拉伯国家,而是继续飞往卢德机场降落。

飞机上还有他的三个同伙,一男二女,分别是:阿卜杜勒·阿齐兹·阿特拉什、莉玛·伊萨·塔努斯和特雷莎·阿斯哈克·哈尔莎。两位女士把手枪、手榴弹、两个2公斤的炸药包、电雷管和电池等好一大堆东西藏在化妆包和内衣里带上了飞机。飞机起飞后,她们到洗手间里取出了武器,两个男人持手枪,女人则持手榴弹。在萨尼纳控制驾驶舱的同时,他们分别占据了飞机上的要害位置,控制了乘客。

控制了飞机后,恐怖分子收缴了机上所有人质的护照,从99名乘客和

10名机组成员中找出了67名犹太人，将他们押到飞机后部看管起来，而非犹太人坐在前排。

18时许，阿布·萨尼纳向塞浦路斯尼科西亚机场塔台通报了571航班被劫持的消息。5分钟后，尼科西亚机场塔台将此情况通报了卢德机场塔台。不久后，571航班与卢德塔台直接建立了无线电通联，通知他们飞机将在卢德降落。一个小时后，这架庞大的波音707飞机驶入了距卢德机场主楼约3公里的16号滑行道。

经过4年前以航班机被劫事件后，以色列人对类似的事件已经有所准备。安全部门在接到571航班被劫持消息后，立即向有关部门发出了警报信号——"同位素"。这是以色列处理飞机被劫持，并迫降在卢德机场时的行动预案代号。不一会儿，机场塔台底层的房间里便坐满了国家安全的决策人物：国防部长摩西·达扬、交通部长西蒙·佩雷斯，总参谋长大卫·埃拉扎尔、副总参谋长兼作战部长以色列·塔尔、空军司令莫蒂·霍德，中部军区司令拉哈万·扎维、南部军区司令阿里尔·沙龙，总参情报部长阿哈龙·雅里夫，步伞兵司令拉菲尔·艾坦……从塔台到总理梅厄夫人的办公室架起了直通军用电话线路。与此同时，总参侦察营值班应急分队也在营长埃胡德·巴拉克中校的带领下火速赶到了机场。

外面，阿布·萨尼纳正向塔台宣读一份冗长的、包括317名被以色列关押的巴勒斯坦人的名单。以色列必须释放这些人来交换人质。但他似乎没有想到，这时以色列的总理已经换成了以强硬著称的梅厄夫人，她选择的国防部长则是以色列的名将摩西·达扬。达扬首先确定的原则便是，绝不答应恐怖分子的要挟。

◀ 悄悄行动

然后，达扬等人决定了一个三部曲式的方案：先让飞机无法起飞，然后尽量拖延时间，等各方面准备好后，在合适的时机发动突袭。

巴拉克带领一队侦察兵，从劫机者看不到的方向悄悄接近了飞机，打开了仍发动着的飞机引擎的油管。飞机下面的滑行道上立即聚起了一汪黑色的机油。然后，他们不声不响地悄悄撤了回来。几个小时后，巴拉克率侦察兵再次出动，破坏了飞机的滑行操纵系统，还在飞机前轮钉进了钉子，放掉了轮胎里的气。

21时65分，总参情报部长雅里夫出面与阿布·萨尼纳对话，后者要求以色列在两小时内放人，再用两架飞机把他们送往开罗。而雅里夫称，在两小时内他只能找到名单上的15个人。后来阿布·萨尼纳要求用阿拉伯语谈判。于是，被占领土事务协调人什洛莫·加泽特准将(后任总参情报部长)把这方面的专家——国家安全总局调研处长维克托·科恩从家里召往机场。但阿布·萨尼纳显然没那个耐心去等，22时30分，他宣布飞机上已被安放了一小时之内爆炸的定时炸弹。塔台里的气氛顿时紧张起来。科恩恰好在这时赶到，开始用阿拉伯语和阿布·萨尼纳对话。

"我对他们讲，"科恩后来回忆说，"我讨厌那些只会用武力的粗人。我会帮助他们，按他们的要求把红十字会的人找来。我的言谈彬彬有礼，甚至称他们为'先生们'(gentlemen)，从不向他们施加压力，也不说他们威胁无辜者和妇女儿童的做法不道德。如果达扬要我停一会儿，我就对他们说我有事必须离开，并提出必须离开的理由，但再三强调我会回来和他继续对话，以免使他绝望。这种做法很荒唐，但是我们互有所求。我清楚他想活着出去，而我们也想让他活着，免得他把飞机和旅客一起炸上天。"

科恩肩负着一个重任，他必须把握住适于对恐怖分子采取行动的关键时机。他说："曾有一刻，达扬问我进行突击是否合适，我回答说时机还不成熟。"

在科恩把恐怖分子说得无暇他顾的时候，塔台里的人们在忙着他们的工作。国家安全总局飞机保安小组强烈要求承担突袭任务，这本来也是他们分内的工作。但国防部长和总参谋长还是选中了以行动敏捷著称的总参侦察营。第一个设想的突击方案是，让突击队员身着军装，在精心选择的时机突然出现在飞机上，用威慑火力慑服恐怖分子。但这样做很容易误伤到

人质。经考虑再二之后，指挥部最终决定让突击队员假扮成去检修飞机的以航机械师，接近飞机后再发动进攻。在行动中，突击队使用0.22英寸口径的“贝雷塔”手枪。这种枪的威力小，即使误伤人质也不易致命。

巴拉克立即着手确定参加突袭的人员名单，他刚刚定好，营里又有三名军官匆匆赶到机场，要求参加突击队，巴拉克说不过他们，只得调整名单，把他们加上去。

本杰明·内塔尼亚胡，在1999年和2000年都是巴拉克的总理竞选对手之一，但在当时，他还是侦察营里一名23岁的中尉。那天夜里，他和另一名年轻军官奥马尔少尉有事外出，当他们在深夜1点回到基地时，都呆住了。内塔尼亚胡说：“我们回到基地，见那里空无一人，就像是有人进来把部队连锅端走了一样。后来门卫告诉我们发生了劫机事件，他们都去卢德了。”两人立即跳上车直奔机场。等他们赶到时，突击队的名单已经确定了。奥马尔立即去缠住了巴拉克，反复要求进突击队。另一边，本杰明·内塔尼亚胡和他的哥哥——上尉连长约尼·内塔尼亚胡也正在为加入突击队的事争得不可开交(他们最小的兄弟伊多·内塔尼亚胡后来也参加了侦察营)。两人都要参加，但又都劝说对方不要去。他们知道兄弟二人不应该都参加行动，否则很可能同时出事。巴拉克最后选中了本杰明。

另一位匆匆赶来参战的是24岁的中尉乌齐·达扬，国防部长摩西·达扬的侄子。乌齐是烈士子弟，他刚刚出生不久，父亲就在以色列独立战争中阵亡，按照以色列的兵役法规定，他可以不在作战部队服役，但是，他却，或许是利用了伯父的影响，加入了总参侦察营。听到劫机的消息时，他正患风疹待在家里疗养。

▶ 1973年6月前以色列总理本杰明·内塔尼亚胡，还是一名年轻的Sayeret MATKAL军官在训练中装备着Uzi冲锋枪。

距被劫持的飞机几百米远的一座机库内，恰好有一架正在检修的以航波音707客机，巴拉克指挥突击队员利用这架飞机进行战前模拟训练，重点是在不引起恐怖分子注意的情况下接近舱门和应急出口。根据推断的恐怖分子和炸弹在机内的位置，巴拉克为突击队明确了任务分工：

飞机的前门由预备役侦察兵伊契克负责，他后面是副营长丹尼·雅托姆。左侧机翼上的前应急出口由莫德海·拉哈米姆负责，他后面是另一位丹尼。离前应急出口3米远的左后应急舱门由奥马尔负责，他身后的突击队员也叫丹尼。乌齐·达扬站在靠近机尾舱门边的一架舷梯上，另一名侦察兵负责给他开门。

内塔尼亚胡、阿里克以及两名预备役侦察兵马尔科和雅科夫为第二梯队，负责突击右侧机翼上的应急出口。他们冲进飞机的时机要稍晚一些，以免遭到第一梯队射向恐怖分子火力的误伤。

排除炸弹的关键任务，由从左前应急出口冲入飞机的莫德海·拉哈米姆负责。3年前，他曾单独制服了三名企图攻击以民航班机的恐怖分子。任务确定后，总参谋长埃拉扎尔走到拉哈米姆面前对他强调："莫德海，你一定要先排除炸弹！"

为避免误伤人质，巴拉克下令各队在进入飞机时不准用火力掩护，只能在确认恐怖分子的位置后进行瞄准射击。

与此同时，维克多·科恩还在与劫机者进行马拉松式的对话。恐怖分子允许利维机长和机械师出去检查飞机状况。不一会儿，两人向萨尼纳证实飞机已经无法飞行了。后者要求把飞机拖进机库检修，又要求让红十字会的代表在场监督。这个要求因为会打乱突击计划而被科恩用各种理由拖了下来。

"他们威胁了几次要炸飞机，"科恩回忆说，"但我知道他们想活着。每次我都得编一套不同的谎话。我说按照名单找被关押在各处的巴勒斯坦人很费事，过一会儿又说我们是法制国家，在拿到总统的赦免令前不能放人。至于红十字会的代表，我说他不在城里，我们正在找他，可他家里人说他去巴利亚了，我们已经派人去那儿了等等。"

科恩的絮絮叨叨起到了预期的效果，随着时间越拖越长，四个恐怖分子终于开始变得神经质了。有几次，那两个女人摆弄着炸药的开关，宣称要

炸掉飞机。有时恐怖分子又表现得宽宏大量，他们本来禁止机组人员向旅客提供服务，但有几次他们忽而又同意向旅客提供食物和水，还帮着空中小姐给旅客送水。哈尔莎甚至用希伯来语和人质谈话。一名旅客说，哈尔莎曾走到他跟前，给他讲起自己小时候的故事。

科恩回忆道："从半夜开始，恐怖分子就不再重复他们的要求了，我估计他们的威胁都只是虚张声势的恫吓。很明显，他们现在希望的只是能活着离开以色列。"

星期二黎明，5时30分，红十字会的代表到了机场。三个小时后，比利时负责中东事务的外交部长助理也赶到机场，他带来了比利时政府的建议：用100万美元换取人质。恐怖分子拒绝了这个建议。中午，一名红十字会代表被派到飞机上，监督更换通信系统的蓄电池，他回到机场主楼时，带来了一位意想不到的客人——机长利维。利维在一天之内看上去老了很多，眼中布满血丝，制服皱皱巴巴，领带松着。恐怖分子让他带来了一个炸弹的模型，似乎告诉以色列人他们会来真的。

心情沉重的利维要求以色列人不要采取军事行动。达扬和其他人商量了一会儿后告诉他，以色列"将按名单释放那些巴勒斯坦人"。利维用无线电把这个消息通知了劫机者。劫机者同意，一旦达到目的就释放飞机上的妇女和儿童作为交换条件，他们要求提供食品和水，并给飞机加油。

利维必须回飞机，以免引起劫机者的疑心。此外，他的妻子也是飞机上的乘客。机场经理塞缪尔·卡斯洛亲自送他回去。临出门时，似乎预感到了什么的利维对达扬说："我有4个女儿，3个已经成人了，但最小的才14岁。你能否向我保证，如果我和我妻子不能活着走出飞机，以色列会负责照顾我的小女儿？"达扬对他做出了承诺。

利维回去了。他向飞机里的人宣布了以色列方面的决定。劫机者和乘客听了这个消息都非常高兴。

16时05分，一架美国环球航空公司的飞机被拖到劫机者能够看得到的滑行道上。劫机者得到的信息是，这架飞机将把首先获释的150名巴勒斯坦人送往开罗。其实这架飞机是以色列几个月前刚买来的，上面连发动机都

没有。随后，机场上又开来了几辆带帆布篷的卡车，好像那些获释的人就在上面，其实车里也是空的。

等恐怖分子进一步放松警惕后，埃胡德·巴拉克带领着突击小分队出发了。他们都穿着以航机械师的白色工作服，驾着以航地勤发动机修理工用的小车，向飞机前进。一路上有不少警戒人员好奇地向他们张望，就连他们也不知道这队工人就是侦察营的突击队。巴拉克他们来到跑道尽头的一座平台下面，停了一会儿，对目标进行最后一次观察。一名队员碰到一个在摩萨德工作的熟人，便委托他在自己一旦出事后转告他的父母。而内塔尼亚胡在一路上都微笑着把自己的私人物品分给其他人。

红十字会人员告诉"机械师"们，阿布·萨尼纳在驾驶舱里，每个"机械师"都必须敞开衣服从驾驶舱前经过，以便让他看清他们没有携带武器。队员们很巧妙地藏好了他们的手枪。恐怖分子还命令比航机组人员对"机械师"们进行了搜身检查，同样一无所获。

各组按巴拉克布置的计划进入了各自的位置。巴拉克站在机翼下面。内塔尼亚胡后来回忆说："巴拉克命令我们上机翼占据好位置，等着他的哨声开始突击。他强调在哨响之前严禁轻举妄动——我们必须突然发动，不能像爆米花那样搞得乒乒乓乓。我们是来救人质，而不是让他们送命的。"

16时24分，距飞机降落在卢德机场过了21小时19分，各组组长向巴拉克发出准备完毕的信号。

巴拉克终于吹响了哨子。

最先冲进飞机的是左前应急出口的拉哈米姆。身材强壮的恐怖分子阿特拉什正站在飞机中部距他约6米的地方，立即向拉哈米姆开火，

▶ 平时的艰苦训练为他们的成功打下了坚实的基础。

但没有打中。拉哈米姆退了一步，然后在对方射击间歇时冲了进去。就在他退后一步时，奥马尔从距他3米远的左后应急出口冲进了飞机，距正向拉哈米姆开枪的阿特拉什只有3米！但他刚一跨进飞机，乘客中的一位老太太就紧紧抓住他的裤腿不松手，无比焦急的奥马尔只好在她脸上狠敲了一拳，她才把手放开。然后，奥马尔风一般地冲向正向拉哈米姆开枪的阿特拉什，朝他打了两枪，其中一枪正打在他两眼之间，当场结果了他——这是行动得以成功的关键，因为阿特拉什站在飞机中间，最有可能伤害乘客。

在拉哈米姆和奥马尔冲进飞机后几秒钟内，伊契克也打开了前舱门。但阿布·萨尼纳这时正站在飞机前部，距门只有3米远。他听到了身旁开门的声音。伊契克一冲进来，阿布·萨尼纳就向他开枪，子弹打穿了他的左臂。伊契克忍痛还击，打光了弹匣中的子弹，但却没打中。这时拉哈米姆从后面夹击上来，阿布·萨尼纳掉转枪口向他射击，但打偏了。拉哈米姆迎着子弹冲上去，打光了弹匣中的子弹后，跳到一排椅子后面，迅速换好弹匣，继续向阿布·萨尼纳开火。血从阿布·萨尼纳的脸上流下来，人也摇摇欲倒，但他仍退进厕所，关上了门。拉哈米姆紧跟着冲了上去，一手拉开门，一手把枪伸进去，打光了剩下的子弹。

就在拉哈米姆换弹夹的时候，第二梯队也从右前应急出口冲了进来。但他们一进飞机，拉哈米姆和阿布·萨尼纳对射的子弹就迎面扑来，其中一颗流弹打在人质米莉·霍茨伯格头上。突击队员们不得不退后一下，然后再次冲进来。这时，一名人质指着浅黄色头发的哈尔莎，用英语对内塔尼亚胡喊："她在这儿，抓住她！"内塔尼亚胡立刻抓住哈尔莎的头发，但头发轻轻落在他手里，原来哈尔莎戴的是假发。内塔尼亚胡再次抓住哈尔莎的真头发，她拼命挣扎。马尔科冲上来举枪对准了哈尔莎的颈部。内塔尼亚胡急忙喊："不！"但马尔科已经扣动了扳机，子弹穿过哈尔莎的身体，又打在了内塔尼亚胡的左臂上。内塔尼亚胡疼得直咧嘴。这时，负责排除爆炸物的拉哈米姆从前面过来，撕开了哈尔莎的衣服，从她身上搜出了用于引爆炸药的两节电池。然后，另一名队员把正在流血的哈尔莎带出了飞机。

乌齐·达扬的那个组在后门耽搁了一下——按一般程序，应该先开舱门，再靠上舷梯，但他们把程序搞反了。几秒钟之后，达扬和尤维尔脚跟脚地冲了进去。迎面的客舱入口处挂着一面帘子，达扬冲到那儿的时候，一个

红脸膛的人迎面从里面冲出来。达扬立即向他开了两枪,一枪打在肝脏旁边,另一枪打在心脏旁边(他事后才知道这是一名想趁乱逃跑的人质,幸好这种枪威力小,人质后来康复了)。客舱里面一片混乱,叫声和枪声响成一片,人质都趴在地板上尖叫。突然达扬看见在一片混乱中有人正看着他,用手指着什么东西。他用英语问他,但是那个人质紧张得说不出话来,只是继续用手指。达扬顺着他指的方向走去,发现莉玛·塔努斯缩成一团躺在椅子上,手里举着的一颗拉掉保险的手榴弹。达扬在距她2米远的地方举起枪对准她的脸,塔努斯把手榴弹晃了一下,用英语说:"别开枪!",她的脸因为恐惧而扭曲了。达扬用英语对她说:"把它给我,手指一根一根地松开!"然后,他用枪顶着她的太阳穴,另一只手夺下了手榴弹。大概是因为极度恐惧,塔努斯什么话也没说。达扬把她交给尤维尔带出飞机。塔努斯起身后,达扬在座位上找到了手榴弹的保险栓,小心翼翼地插了回去。

爆破专家进入了飞机,人质告诉了他们炸药安放的位置。专家们迅速排除了炸药。从巴拉克发出突击信号到任务完成,共用了90秒。击毙恐怖分子两名,生擒两名,两名侦察兵伊契克和内塔尼亚胡受轻伤。那名被流弹打中的姑娘米莉·霍茨伯格10天后在医院去世,年仅22岁。塔努斯和哈尔莎被判终身监禁(以色列建国以来只有一例死刑——处决纳粹战犯艾希曼),但分别于1979年和1983年获释,用于交换被绑架的以色列士兵。

——这是世界上第一次反劫机成功的战例。

2."板条箱"行动

1970年,为配合埃及在南线苏伊士运河沿岸对以色列展开的消耗战,叙利亚在北线的戈兰高地对以色列进行了一系列牵制性炮击和袭扰。为避免两线作战的不利局面,以色列出动空军对叙利亚境内的炮兵阵地进行空袭。4月2日,以空军一架"鬼怪"式战斗机在空战中被叙利亚米格机击落,两名飞行员:32岁的基登·马根和26岁的皮尼·纳赫马尼被迫在大马士革上空跳伞,成了叙利亚人的俘虏。这是"六天战争"以来叙利亚人抓获的第一批以色列战俘。直到几天之后,以色列方面才知道他们的飞行员还活着——作为战果,叙利亚国家电视台播放了两名战俘的相片。他们被关押在大马

士革的监狱中,皮尼受了重伤,躺在担架上。

6月24日, 以色列对叙利亚采取了报复行动——一支装甲部队在空军的支援下突入叙利亚境内,俘虏了37名叙军士兵,用于交换两名飞行员。但不走运的是,在这次行动中,又有一架以色列“幻影”式战斗机被叙利亚的导弹击中。21岁的飞行员波阿兹·埃坦竭尽全力想将负伤的飞机开回以色列境内,但没能做到。他在叙利亚境内跳伞,然后躲藏起来等待以色列国防军的救援部队。不过叙利亚人先找到了他——他成了第三个战俘。

之后的两年里,以色列通过各种渠道,包括日内瓦和国际红十字会,向叙利亚提出交换战俘,但叙利亚方面拒绝用3名飞行员交换37名士兵。在国防军中,有人想派部队去大马士革救人,但没有哪一支部队敢保证能把3个人都活着救出来,而且参战人员也毫发无损。国防军当然不能为了3个人搭上更多人的性命,这是战争,不是拍电影《大兵瑞恩》。他们要救回飞行员的途径只有一个:继续抓捕叙利亚战俘,而且必须是让叙利亚割舍不下的高级军官。换回3名以色列飞行员,这样的机会是有的:

在以色列北部, 从地中海边上的纳库腊角到戈兰高地山脚下的梅图拉,以色列和黎巴嫩的边境上有两条平行的公路。一般情况下,两条路之间相隔几百米,但在有些狭窄地段,这个距离仅有几十米。情报显示,叙利亚情报部门的高级军官经常在他们的盟国黎巴嫩的边境公路上进行侦察和巡视,一般坐的是轿车,由黎巴嫩军队负责护卫。护卫部队包括武装吉普车,在几个地段上还有装甲车。此外,以色列军情部门还有手段能够掌握叙利亚军官出动巡视的具体时间,并可在24小时前通报给行动部队。

以色列国防军决定找一处有地形和植被作掩护的狭窄地段设伏,抓捕叙利亚军官。为保证行动的突然性,设伏部队应该尽可能地接近黎方公路。经过侦察,总参情报部决定在扎伊特基布兹附近行动,那里的果树林生长得十分茂密,一直延伸到边境上。

总参侦察营接受了这一任务——由于他们所受到的精良的潜伏和渗透训练,他们在国防军内部被认为是执行这次任务的最佳人选。这当然是一件难度很大的工作,难在不能发挥火力,袭击部队不能等车队进了伏击圈后便一通开火,死了的叙利亚军官是没有用的。侦察营只能依靠突然出现所造成的心理打击,震慑住敌人的护卫部队,迫其放弃抵抗。要做到这一

点，必须在人数上对敌护卫部队具有压倒优势。但同时，设伏人数过多又可能被黎巴嫩方面察觉，那样叙利亚人根本就不会来。

营长巴拉克的设想是：将设伏部队分成3部分，一部埋伏在路边，当叙利亚车队经过身边时发起突袭，另外两部分在车队的首尾包抄堵截，切断车队可能突围的路线。三支部队协同的关键是时间，他们要同时出现在敌人面前，以形成他们想要的那种震慑。

行动的代号是“板条箱”，这个名字倒有些符合实际情形，从3面出现的突袭部队的确像一只装人的箱子。

1972年6月9日，巴拉克率领部队乘夜潜入黎以边境上的设伏点。但不久之后，埃拉扎尔将军取消了这次行动，因为情报显示，在设伏地区附近有黎巴嫩军队活动。

3天之后，侦察营得到情报，叙利亚军官将再次出现。侦察营立即按计划出动，三支部队在12日夜里，乘着夜色的掩护悄悄进入了伏击阵位。突袭分队由巴拉克亲自指挥，徒步越过边境，在黎巴嫩边境公路边上的灌木丛里和巨石后面隐蔽起来。另一支分队隐蔽在巴拉克的东面，负责在目标车队开过去后从后面包抄，防止其调头。埋伏在巴拉克西面的分队则负责迎头堵截，防止车队加速逃逸。这支分队配属了三辆装甲车，指挥官是刚从乌干达任军事顾问回来的穆基·贝策尔上尉。他们这支部队在路上有点麻烦：需要通过一个设在黎以边境上的联合国军事观察哨，以及一个黎巴嫩边境警察哨所。当然，以色列部队和装甲车在边境上活动并不是什么稀罕事，但关键是不能让人发现他们要进行一场行动，以免打草惊蛇。因此，穆基要求

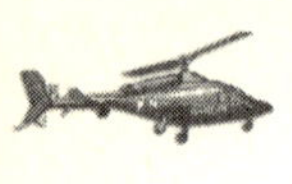

部队尽量放松,在通过哨所时努力做出一副漫不经心、松松垮垮的样子。

总参谋长大卫·埃拉扎尔中将，和北部军区司令古尔少将的指挥部设在以巴列边境公路后面不远的树林里。

13日下午，指挥部的无线电里传来了巴拉克的声音:“发现两辆轿车，一辆轻便卡车……两辆吉普……还有一辆装甲车。”

“停止行动！”无线电里传来了古尔将军急切的声音。

“没问题。”巴拉克争取着,“我们能对付！”

所有的分队指挥官都通过无线电听到了将军和巴拉克的对话,所有人都在屏息等待总参谋长埃拉扎尔的决定。

“不行！”总参谋长发话了。

“我请求您授权开始行动！”巴拉克再次坚持,每个人都能听出他声音中的焦急,“他们正在我面前几米处,我们现在就能突击！”

“不！”埃拉扎尔将军加重了语气,“绝对不行！”

一直在听着无线电的穆基叹了口气,他知道将军们取消行动的原因是那辆装甲车。一分钟后,叙利亚车队从穆基的分队前面开了过去,钻出了“箱子”。“板条箱2号”行动又流产了。

那天下午,部队的所有指挥官都在两位将军召开的会议上发言表示他们的不满:埋伏了半天一夜,最后就因为车队里多了一辆装甲车而取消行动,他们有点想不通。

“我如实地向指挥部汇报了前方的情况。”巴拉克说,“但我绝对想不到一辆装甲车会导致指挥部决定取消行动。我们早已为有装甲车的情况做了准备,它并不构成额外的威胁。而你们的决定使我们轻易放弃了可能是最后一次营救战俘的机会。”

“更糟的是,这个决定造成了一种后果,以后我们可能不会再向指挥部如实报告一切情况,因为担心你们又会像今天这样取消行动。”(事实上一年后,巴拉克在贝鲁特指挥“少年之春”行动时,便没有如实向指挥部汇报敌情的变化)

埃拉扎尔将军和古尔将军默不做声，任由军官们说出他们的恼火,而没有命令小伙子们注意他们的军衔——这情景在各国部队中恐怕都不多见,在以色列正规部队中也不大可能出现,而只可能发生在极为强调灵活性，和尊重前敌指挥官临机处置权的以色列特种部队中。古尔看着总参谋长，而后者皱着的眉头显示出他心中也很矛盾。既要救人，又不能让营救部队遭受损失。他低着头，用手不停地在地上划着。营里所有的军官一个一个地发言，全都站在巴拉克一边。最后，埃拉扎尔将军抬起头说：

“可能是我错了。现在，我只希望下次还有机会。”

总参谋长说得没错，还不到一个星期，巴拉克召集全营的军官，通报了叙利亚车队即将于次日返回的消息。

“这次我要做到万无一失。”巴拉克对军官们说，“我会待在指挥部里和将军们在一起，如果他们又有什么问题，我就向他们解释，我们能行。”

于是，巴拉克把突袭分队的指挥权交给了约尼·内塔尼亚胡。此外，为了增加突袭的效果，这个分队还找来了两辆民用轿车，准备让它们开到伏击点的路边停下来，装作是抛了锚正在修理的样子，司机和乘客当然都是战士装扮的。与此同时，全副武装的突击分队就埋伏在车后的路边。他们将事先在地上挖好了坑，并利用坑洼不平的地形把自己严密地掩蔽起来。

其他分队的配置也作了一些调整，北部军区“胡桃”侦察营的一个连加强了进来，替下了在约尼东边负责从后面包抄的分队。这个连的另一部被部署在西侧，负责为穆基指挥的机动堵截分队提供支援。为了坚定将军们的信心，穆基的机动部队里还增加了一辆坦克。

各分队照例在前一天夜里进入了伏击位置，第三次打开了“板条箱”。第二天(6月21日)上午11时左右，东侧的“胡桃”部队观察哨报告发现目标车队：两辆武装轿车、两辆轻便卡车，由一辆装甲车开路。所有的人都紧张起来。叙利亚车队继续向前开，离埋伏着的部队越来越近……突然，车队在伏击圈前面不远处停下来不动了。约尼的分队立即高度警觉了起来，在他后面，穆基也命令装甲车发动引擎。

11时25分，巴拉克把那两辆伪装的民用轿车派了出去。它们开到离叙利亚车队只有几十码的地方停了下来，好像是抛了锚的样子。为了更自然一些，车上的司机还下来掀开了轿车的前盖，做出修理状。

这时，预想不到的事情发生了：一辆德国大众货车从叙利亚车队的后面赶了上来，超过了车队。然后，这辆货车在伏击圈前突然调了个头，加速从来路跑了回去。约尼的观察哨立即向他报告了这一情况，同时“胡桃”部

队的观察哨也把大众货车的奇怪举动报告了巴拉克。任务再次失败的不详预感笼罩了所有的参战人员。这时,叙利亚车队也已开始打轮调头。

侦察营灵活机变的作风在这时得到了充分的体现:巴拉克抢在两位将军做出反应前,向约尼下达了出击命令,约尼立即命令突袭分队出动。两辆伪装轿车的司机飞快地跳进汽车发动起来。与此同时,所有埋伏的部队全部从路边和山坡上的隐蔽位置跳了出来,用最快的速度向叙利亚车队冲去。在他们后面,穆基指挥的装甲车和坦克闪电般地飞奔过去,掠过了目瞪口呆的联合国观察哨和黎巴嫩警察哨所。

叙利亚车队还没开动起来,他们在等着最前面的装甲车调头,而装甲车在这么狭窄的公路上调头是一件很辛苦的事情。不等车队调转完毕,以色列人已经冲到了他们面前。侦察营的一名军官举着扬声器跳到一块大石头上面,用阿拉伯语向懵头转向的黎巴嫩护卫部队大喊:“不许动!快投降!”这时,约尼分队的几名战士已经把几名叙利亚军官从两辆轿车里抓了出来。另一些战士举起枪,瞄准了每一辆车。一辆车里的黎巴嫩士兵开枪抵抗,立即被击毙。但那名喊话军官的膝盖还是被打伤了,他成了此次行动中惟一的伤员。

穆基的车队赶到时,约尼分队的战士正在给最后一名叙利亚军官戴上眼罩,并把他塞进侦察营开来的轿车里。其他人则将五名投降的黎巴嫩士兵押上了穆基的装甲车。这时,穆基突然发现一名趁乱逃脱的叙利亚军官,和一名黎巴嫩士兵正向“板条箱”没有盖上盖的那一面跑去,他命令部队去追,但两人成功地滑下了一个陡坡,甩开了追兵。这时,巴拉克命令部队撤离。

俘虏的五名叙利亚军官中,有叙利亚空军情报部的一名将军和两名上校。当夜,以色列再次向叙利亚提出了人质交换。几个小时后,叙利亚同意了交易。三名以色列飞行员最终获释。

以色列空军为获释的飞行员召开了盛大的欢迎会。负伤的

瞄准目标

皮尼坐在轮椅上被推上了主席台，向听众讲述他当战俘的经历。最后，他说：

"那时我们常常在想——总参侦察营一定会把我们救出去的。"

3."少年之春"行动

1973年3月的一个晚上，正是地中海短暂但风和日丽的早春。以色列首都特拉维夫以北的岸边，人们在三三两两地散步、闲聊。海上，一艘"风暴"级导弹艇的黑影正悄无声息地漂过。一群全副武装、身着黑衫和绿军裤的人从船上放下几艘橡皮艇，安静而迅速地登了上去。橡皮艇随即发出轻轻的哼声，向遍布礁石的海岸疾驶而去。

岸边，三辆轿车不合时宜地停在晚上出来"工作"的女孩子堆里。橡皮艇刚一靠岸，艇上的人就飞快地钻进车里。车子立刻发动，开进了离岸边不远的拉马特阿维夫居民区，这是个上层社区，住着不少有头有脸有钱的人。车在几幢还没竣工的楼房前停下。穿黑衣的人们相互低声招呼着，迅速分成了两组。一组守在街上，警惕地盯着过往的车辆和行人。另一组飞跑着冲进楼内，棕色的伞兵靴踩得脚手架一阵乱响。

一个粗壮结实的人坐在车旁，盯着秒表。

以色列人天生是很有警惕性的，一群彪形大汉在一个挺富裕的社区里跑来跑去，自然特别地叫人放心不下。离他们不远的一幢楼里，有位老先生躲在家中紧张地拨通了100报警电话。几分钟后，一小队警车急急忙忙地赶到现场。

查问情况后，警察们着实地吃了一惊！在这儿，以色列最大城市的一流社区里，这些穿黑衣服的，鬼知道是哪个部分的人，居然连声招呼也不打，正在一本正经地忙活着一场军事演习！这有点叫人想不通。警察们需要一个说得过去的解释，此外，还得把几个家伙带回局里，仔细查问个清楚。但领头的人拒绝与警方合作，还倒过来给警察们一个忠告："我要是你，就不要什么解释。"

给警察总部打了几个电话后(也有人说，这些警察遇见并认出了正在附近"散步"的以色列国防军总参谋长埃拉扎尔将军)，这些认真的警察发现他们一头撞上了一件根本不需要被看见的事情。于是，他们只好和平地，

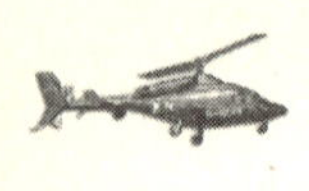

满肚子狐疑地收队。一个穿着黑衣的小伙子向他们眨眨眼:“也许以后你们会在报纸上看到……也许。”

从那以后的一段时间,这个社区里再打100报警电话的公民都被告知,他们应该关上窗户去睡觉。还不仅仅如此,更让人迷惑不解的是,特拉维夫艾伦比大街上那家最时髦的男装店老板发现,近来嬉皮士的服饰走俏,一连两天,已经有十好几个小伙子光临他的店,清一色地要买蓝色牛仔裤和特大特肥的皮夹克,尽管他们看上去没有那么胖。开头,老板还很负责任地一再向他们解释,那个尺码实在是大得离谱了。但当一个个的小伙子又走进来要这套打扮时,聪明的老板觉出来事情有点蹊跷,这些人是想干点什么事,反正不像是要再成立个甲壳虫乐队。但还没容他打听出个端倪来,就有一个地区安全部门的官员来通知这位聪明人,只管闷头发财,不要操心太多的事情。

1973年4月1日,愚人节。一位35岁的比利时人吉尔伯特·雷姆勃德来到了春色迷人的黎巴嫩首都贝鲁特。他叫了辆出租车,开到了沙滩饭店,一家挺朴素的旅馆,开了个房间,准备在这个中东的巴黎疗养上几天。几个小时后,一位西德游客迪埃特·奥特努德也住进了这家饭店。这两人看上去谁也不认识谁,甚至从没在饭店走廊里遇上过。但他俩的度假方法好像差不多:雷姆勃德喜欢整天在城里的大街小巷上走走,看看景色,特别喜欢沿着海岸边走。而奥特努德除了也喜欢没完没了地看街景外,还钟意钓鱼,特别是喜欢在达佛海滩岸边那几个他选好的点位上钓。

过了5天,沙滩饭店又来了三位新客人:比利时人查尔斯·布萨德和两位英国人安德鲁·维希洛、乔治·埃德尔。同一天,贝鲁特的大西洋饭店还来了一位有点麻烦的英国人安德鲁·梅希,一个典型的英伦岛上的人,每天都要絮絮

特战队员在行动

叨叨地向服务生问上好几遍天气，不过他给小费倒是满大方，这一点不像英国人的风格，却不难让人接受。这样一来，他对当地天气的一大堆问题也就不那么惹人烦了。

这6个外国人都租了又结实又耐用的车：3辆别克云雀，1辆朴利茅斯客货两用车，1辆勇士和1辆雷诺。

事情还得从1972年德国“慕尼黑事件”说起：

1972年，奥运会正在德国南部城市慕尼黑举行。9月5日，凌晨4时，奥运村外八个穿着运动服的身材魁梧的男子，拎着蓝白色的阿迪达斯运动包，翻进了运动员居住区6英尺高的铁丝栅栏。虽然有人看到了他们，但包括保安在内都以为他们是哪个国家的运动员，晚上溜出去找德国姑娘刚回来。

这几个人悄悄走进以色列代表团住地，从运动包里取出几支苏制AK-47自动步枪，装弹上膛，然后将万能钥匙插进了1号房间的门锁。房间内，摔跤裁判古特弗罗因德闻声醒来，起初他以为是室友，摔跤教练摩西·魏因伯格从外面回来了，他有晚归的习惯。但门后面低声传来的阿拉伯语，立即让古特弗罗因德醒过神来。他飞身扑到门上，死死地顶住正在被推开的门，一面大声向室友们叫喊：“有危险！”其他人立刻砸碎了窗户，但这时八个恐怖分子已经挤开门冲了进来，只有举重教练维亚从窗中逃了出去，古特弗罗因德和其他4名没来得及逃脱的运动员被枪口紧紧逼住。

尽管恐怖分子又是拳打脚踢，又是许诺自由，但运动员们拒绝说出其他代表团成员住在哪个房间里。恐怖分子决定搜查3号，这时摔跤教练摩西·魏因伯格刚好从外面回来，恐怖分子想把他制服，但这个大块头的摔跤教练一拳就把他们放倒一个，一名恐怖分子开枪把他打伤，暂时将他制服。经过这么一场争斗，恐怖分子漏掉了2号、4号和5号房间，只抓住了3号房间里的六名运动员。当他们把人质从3号房间押回1号房间时，轻量级摔跤运动员祖巴里突然向前飞跑，恐怖分子向他连开数枪，但这个小个子在高低不平的庭院里左躲右闪，安然逃脱。带着枪伤的魏因伯格乘机猛

击一个恐怖分子的头部，打碎了他的上颌骨，这个家伙昏了过去，旁边的恐怖分子立即将一串子弹打进了魏因伯格的胸膛。

被押到1号房间的举重运动员鲁马努想在恐怖分子把他们绑起来之前，和队友砸碎厨房的窗户逃出去，但没能做到。他从厨房抄起来一把菜刀砍在一个恐怖分子的脸上，但另一个恐怖分子从他身后打来一梭子弹，将他齐腰打成了两段。恐怖分子们刚刚喘了口气，突然黑暗中一个血淋淋的躯体向他们扑来，他们着实吓了一跳，竟忘了马上开枪。身负重伤的魏因伯格拼出最后一丝力气，又打倒了一名恐怖分子，用菜刀砍伤了另一个人的胳膊，然后才因头部中弹而身亡。

这伙恐怖分子的头目，穆罕默德·马萨哈德喘了口气，望着被7.62毫米枪弹打得遍体鳞伤的房间和死尸，望着手无寸铁的九名运动员，得意地向他的伙计们笑了笑："黑九月又打了个胜仗。"

"黑九月"是由少数热衷于恐怖活动的人组成的一支"特种力量"，它组建于1970年。那年的9月6日至9日，一个名为巴勒斯坦解放人民阵线的巴解派别连续劫持了四架飞机，有3架飞到了约旦，上面有300名人质，劫持者要求用以交换在瑞典、英国和西德关押着的巴勒斯坦人，这些行动虽然取得了成功，但也叫约旦得罪尽了人。因此，约旦国王侯赛因下令动用军队，将设在约旦的巴解总部和巴解武装驱逐出境，造成数千名巴勒斯坦人丧生。这一事件发生在9月。一些极端的巴勒斯坦人立即成立了一个名为"黑九月"的组织，意欲对约旦进行报复。11月，"黑九月"的枪手将约旦首相刺死于开罗希尔顿饭店的台阶上，两个星期后，又在伦敦枪击了约旦驻英大使。

"黑九月"很快将枪口转向了以色列。1972年5月，四名"黑九月"的敢死队员把一架比利时民航客机劫持到特拉维夫，准备交换317名关在以色列狱中的巴勒斯坦游击队员，但以色列的特种部队总参侦察营突袭了飞机，击毙2人，生擒2人，反使在押的巴勒斯坦人增加到了319人。随后，"黑九月"把战场转移到了慕尼黑，从而发生了上面的一幕。

两名逃出去的以色列运动员从意大利和南朝鲜代表团的住处报警。而马萨哈德正等着警察来听他开价："以色列军政府"必须立即释放234名在押的巴勒斯坦人，名单已经用英文打好。德国人也得放德国"红色旅"的头目巴德尔和梅因霍夫走人。上述要求必须在上午9点前得到满足，否则他们就要撕票。此外，在两国放人后，还要派三架飞机将恐怖分子和人质送往一个"安全的地方"。他们将在那里释放人质。

几千公里外，以色列被这记闷棍敲得头昏眼花。总理梅厄夫人急忙召集阁员商讨对策。这位"以色列的老祖母"原先喜欢把部长们叫到她家里开会，她给大家炖点鸡汤，边喝边商讨国事，她的内阁因而又叫"厨房内阁"。但这回她显然没有这个心情了——恐怖分子给他们端上来了一大碗胆汁。

经过一番紧张的讨论，以色列内阁决心坚持那个著名的、铁一般的原则：绝不与恐怖分子谈判，在任何情况下都绝不让步，否则只会让恐怖分子干得更起劲，然后开出更加异想天开的价来。在西德总理勃兰特打来电话时，梅厄向他表明了以方的立场。但实际上，老祖母还是惴惴不安，她立即派摩萨德（以色列对外情报机构——情报与特殊使命局）局长扎米尔将军带上局里的专家赶到慕尼黑了解情况。国防部长摩西·达扬还向德国人提出，以色列国防军可以派特种部队去西德，用以色列人的方式把问题解决掉，但波恩出于政治原因拒绝了这个建议。

德国人在谈判——他们倒不在乎放掉巴德尔和梅因霍夫，而且一上来就讲明了这一点。尽管以色列的强硬态度叫人为难，德国人还是想尽了各种办法拖延局面，一些高级官员，包括一名联邦部长、奥运村村长和慕尼黑市警察局长还提出愿意用自己交换人质，但马萨哈德对他们不感兴趣。谈判时限被一推再推，到了晚上9点，"黑九月"成员终于降低了要求，只要一架客机载他们和人质去开罗，在那里，如果以色列仍不屈服，他们将处死运动员。

与此同时，西德政府和以色列政府已达成共识，绝不允许恐怖分子离开西德。德国人有自己的方案：当恐怖分子走向波音客

机时，他们将不可避免地暴露在狙击手的瞄准镜内，在有利地形埋伏下高手，扣动扳机，如此而已。然而，事情远非这么简单。一个美国人在他的书中是这样评论的："德国警方接下来的表现真的可以写一本作战教材，题目叫做《如何搞砸一次人质拯救行动》——西德警方狙击手使用的是单发的狙击步枪，没有军队的支援，而恐怖分子则装备着自动武器(就是说，每人每分钟可以打出100发子弹)和手榴弹。狙击手们缺乏夜战训练，更有甚者，当时给狙击手作的战前简报中，竟说恐怖分子只有两名。扎米尔将军向德方提出了他们那个警察部队存在的问题，但德国人没有接受。那个夜晚，注定将令摩萨德的局长永生难忘"。

当晚10时20分，两架西德军方的贝尔205型直升机从奥运村将恐怖分子和人质运往慕尼黑菲斯滕费尔德布鲁克军用机场，那里有一架汉莎航空公司的波音727在等着他们。与此同时，德国狙

击手们也进入了作战位置。

直升机在距波音约100码处降落，马萨哈德带上三个同伙去亲自检查一下波音飞机有没有问题。大约过了5分钟后，他们开始相信德国人的“诚意”了。此时，五名西德狙击手从远处的黑暗中向他们开了火，却只打中了一个！其余的恐怖分子立刻躲进了直升机下的黑暗处，开枪还击。西德的直升机驾驶员们见势不妙，立即夺路而逃，但只有两人安然逃脱，另两人被打成了重伤。

双方对射了一个多小时，警方始终未能将恐怖分子从直升机下赶出来。午夜，德国人才终于决定让军方加入进来。在六辆装甲车的掩护下，步兵发动攻击，“黑九月”的敢死队员们这时除了成仁已经没有出路了，他们在绝望下放弃了最后一个筹码：在装甲车开始推进的同时，一名恐怖分子将手榴弹投入第一架直升机内，飞机连同被牢牢绑在座椅上的五名运动员，瞬间燃烧成地狱

◀贝尔-205型直升机

般的橙黄色火球。几秒钟内,另两名恐怖分子枪杀了第二架直升机里的四名运动员。

战斗持续到凌晨1点半,五名恐怖分子被打死,三名被擒。九名运动员全部遇难。

震怒的以色列立刻做出了反应:以色列空军受命执行"刚强六号"行动,"鬼怪式"战斗机轰炸了黎巴嫩境内的巴解游击队基地,意在向巴解表明,任何"慕尼黑式"的杀戮都必将受到加倍的报复。然而就在此时,"黑九月"又在欧洲出手了。9月10日,以色列驻比利时使馆的年轻外交官奥菲尔——真实身份是摩萨德特工,任务是渗透在欧洲的巴勒斯坦恐怖组织。被人在身上打了四发子弹,但他最后居然奇迹般地活了下来。3天后,一名叙利亚广播记者卡努在巴黎被"黑九月"的行动组枪杀,据说他是摩萨德的线人。

这些接踵而至的迅速行动充分表明以色列面对的是一个多么训练有素和手法高明的组织,坚强、残忍、绝不低头。更令人忧虑的是,他们已经找到了以色列最脆弱的环节,正一点点地在这颗用常规战争无法砸碎的坚果上钻一个洞。从以色列安全的角度来说,这是一个令人生畏、同时也是必须除掉的敌人。

"鬼怪"战斗机

摩萨德在总理梅厄夫人的直接指示下,迅速派出了一个5人小组潜入欧洲,寻找并处决与慕尼黑事件有关的"黑九月"分子(这个小组经过漫长的两年追杀,除去了名单上的8人,自己也有3人丧生)。与此同时,以色列国

防军于9月16日发起“动乱四号”行动，试图摧毁巴勒斯坦游击队在黎巴嫩的基地。但“黑九月”并没有停止活动。短短两天后，他们从荷兰阿姆斯特丹向以色列各驻外机构发出了七封炸弹信件，以色列驻伦敦使馆农业参赞阿米·沙苏里遇害身亡。“黑九月”甚至还跨过大洋开辟“第二战场”——给美国总统尼克松以及他的国务卿和国防部长也寄去了炸弹信。然而，真正促使以色列人下决心采取决定性行动的还是慕尼黑：10月29日，两名“黑九月”分子劫持了一架德国汉莎航空公司波音727班机，两人的要求很简单，西德必须立即释放在“慕尼黑事件”中被俘的三名恐怖分子。几个小时后，这三个人就大摇大摆地走出了监狱，然后，在菲斯滕费尔德布鲁克军用机场搭上飞机，去了利比亚的的黎波里。这件事给以色列已经被撕裂的伤口上又抹了浓浓的一把盐，以色列终于下定了决心：以牙还牙。

在以色列国防军特别行动部门中，几年以来一直就有一个突袭黎巴嫩首都贝鲁特的计划，但起初它的胃口并不大，仅仅是想摧毁巴解组织设在那里的兵工厂和弹药库。而且，出于政治考虑，这一计划也仅仅只是纸上谈兵。

但现在，慕尼黑事件使这个计划又重新启动起来。根据总理梅厄夫人“从现在开始，以色列将发动一场捕杀恐怖分子的战争，无论他们藏匿于何处……”的指示，这个方案立即被提交到国防军总参谋部。一时间，以色列各支特种部队都争着要把这项任务拿到手。因为，深入虎口拔牙，这将给无论哪一支部队的战史都可能写上最炫目的一笔。总参谋长埃拉扎尔将军当然希望总参侦察营去创造这个奇迹，这支部队在当时只有极少数人知道，它的人中间被称为“总参谋长的孩子”。然而，海军突击队(第13中队)的齐夫中校提到了他的部队：这支同样是战功彪炳的部队毫无疑问有着完成任何任务的能力。有种非正式的说法称，“慕尼黑事件”之后不久，海军突击队就曾远赴“黑九月”涉足的几个国家搜集情报。这些国家包括埃及、叙利亚和利比亚，黎巴嫩当然更是重点。此外，中校在向总参谋部申请时特别争辩道：既然巴勒斯坦人在那些兵工厂里生产水雷，那么，这无疑是个海军的活儿。还有伞兵旅(第35空降步兵旅)侦察连，总参谋部不应该忘记这支部队5年前炸掉了贝鲁特国际机场上的13架飞机。

恰在此时，以色列情报部门戏剧性地搞到了两个至关重要的地址：

一、西贝鲁特喀土穆大街上一座7层的大楼，巴解民阵首领哈瓦特梅赫

的总部。这座楼同时还是公寓，住着约150名巴解民阵的成员。

二、维尔丹大街上两座豪华的公寓楼，楼内住着3名让以色列分外眼红的人物：

穆罕默德·纳赛尔，更多地被称作阿布·尤素福，"黑九月"头目之一，"慕尼黑事件"的主要策划者。此外，他还是巴解各派武装中最大的一支——"法塔赫"的情报和特别行动部门首脑，领导着在全世界范围对以色列进行的袭击行动。在巴解领导层中，他可能是第三号人物，已婚，有一个15岁的儿子。

卡迈勒·阿德万，工程师出身，"法塔赫"科威特支部的创始人，负责巴解在以色列占领区的破坏行动，已婚，有两个孩子。

卡迈勒·纳赛尔，巴勒斯坦基督教徒，诗人，贝鲁特大学政治学博士，1969年成为"法塔赫"的公共关系负责人，一年后任巴解官方发言人。

两个卡迈勒住在同一栋楼的两层，阿布·尤素福住在街对面的楼里。情报部门还搞到了他们的相片和住宅楼蓝图。

这份情报平息了各支特种部队间的争吵——总参谋部立即提出扩大打击范围，将矛头直指上述巴解首脑。像多年后的入侵黎巴嫩战争一样，少数恐怖分子酿出来的苦果，要由整个巴解来吞咽。1973年3月，以色列国防部，给这次国防军有史以来最大规模的海陆特种联合作战起了一个不带半点人间火药味的代号："少年之春"。

这个国防军成立25年来，最雄心勃勃的特种作战计划包括五个几乎是同时进行的行动，每个行动都有一个女性化的代号：

阿维娃：突袭维尔丹大街上的公寓，处决阿布·尤素福、阿德万和纳赛尔。由总参侦察营执行。指挥官是营长埃胡德·伯鲁格。

吉拉：摧毁位于喀土穆大街上的巴解民阵总部大楼，由伞兵旅侦察连执行，指挥官是伞兵营长阿姆侬·沙哈克·利普金中校（阿姆侬在1995年出任国防军总参谋长）。

瓦尔达：摧毁"法塔赫"负责在以境内进行破坏活动的指挥部，还有一个生产炸弹和枪械的工厂，由齐夫中校的海军突击队去完成。

济拉：由海军突击队的一部负责摧毁"法塔赫"在贝鲁特港北部的一个军火仓库。

耶胡迪特：由阿莫斯·亚侬中校指挥伞兵侦察连一部，在贝鲁特和西顿

市之间发起一次牵制性攻击，并摧毁“法塔赫”在那里的一处仓库。步伞兵司令沙凯德将军担任行动总指挥。

当这份沉甸甸的计划交到总理梅厄夫人手中时，她曾一度想起“自杀”这个词，尽管她是主张对阿拉伯人的“哪怕是最小的一次攻击”进行毫不留情的报复的以色列领导人之一。但报复是一回事，打到人家的首都去是另一回事，而孤注一掷地出动几乎是所有的精锐特种部队，到黎巴嫩的首都去则又是一回事。1973年的贝鲁特还没有受到内战的蹂躏，仍当之无愧地扮演着东方巴黎的角色，街市上游人如织，美女如云。然而，作为黎巴嫩的首都和经济中心，这座城市同时又驻扎着政府军的重兵和警察部队。退一步说，就算黎巴嫩政府军和警察的战斗力颇值得怀疑，但巴解自身就是一支任谁都不可忽视的强大力量。自从侯赛因国王将巴解逐出约旦后，巴解总部便迁到了贝鲁特，3年以来，这座城市已被巴解经营成了一个要塞，城里修建了大大小小的军工厂、训练营、弹药库和工事，随处可见身着绿军装、受过正规苏式训练、肩挎AK-47冲锋枪的巴解战士，这绝不是乌合之众，而是一支训练有素的准正规部队。以色列不可能派一个军团到那里去(尽管它后来在1982年这样做了)，“少年之春”只能是一次由少数部队进行的迅速、分散、精确和秘密的突袭行动。以色列当时还没有与贝鲁特的基督教民兵建立联系，突击队到达后将绝对孤立无援，万一计划出现任何漏洞，或是情况出现未能预见的变化，仅仅几十名突击队员可能连个水漂都打不响就无影无踪了。

▲ *以色列特种部队士兵乘着夜色出动*

但梅厄夫人不是一个没有胆识的人，远在以色列独立战争前夕，她就曾两次化装成阿拉伯妇女穿越约以边境，成功地避开林立的哨卡，秘密会晤约旦

国王阿卜杜拉,争取分化阿拉伯联盟。她知道她的部队能做些什么,也知道越是异想天开和“绝对不可能”的计划,越有可能成功,因此,她最终批准了“少年之春”计划。当然,她命令步伞兵司令沙凯德将军在允许部队开始训练前,先向她做出保证:所有参加行动的孩子们都必须平安回家。此外,绝对不能让外界知道这次行动是以色列政府批准的偷袭,暗杀毕竟不是件很光彩的事。以色列政府觉得外界最好连这事是以色列人干的都不知道,而是认为这是阿拉伯人自己在内讧。这一点并非没有可能,“黑九月”对约旦的恐怖活动就是一个很好的引子。因此,所有突击队员必须掩盖一切以色列人的特征:他们在行动时必须说英语,不能穿制服,当然,还有最难的一点,不能被活捉。

英语对于大多数队员来说不是问题。在枪支上,以色列武器公司已经应特种部队的要求开始设计一种适合化装行动的,便于隐藏的迷你式“乌齐”冲锋枪,但还没有弄好。突击队员们最终使用的武器是五花八门的:有比利时的FNFAL自动步枪,可以装枪榴弹;有苏制的AK-47冲锋枪,据说是全世界恐怖分子最喜欢的武器,其猛烈的火力,在近射时可以把人打成两截。他们也携带了一些以色列制式的“乌齐”式冲锋枪(这种枪在国际市场上可以买到),出于保险起见,所有枪号都被抹掉了。

然后,他们必须化装成平民,不显不露地出现在贝鲁特街上。突击队员们最终决定打扮成嬉皮士的样子,穿牛仔裤和特大号的皮茄克——用于掩藏武器,再在衣服外面挂上各种啰哩啰嗦的小饰品。之后,他们接连几天光顾了特拉维夫最时髦的服装店,营长埃胡德还买了妇女服饰和化妆品——既然他们要以旅游者的面目出现,那么,一群外国游客中没有女人会让人产生怀疑。营长的娃娃脸是非常秀气的,他当选了。和他一起当选的还有小个子列文和罗尼。

侦察营的穆基上尉在行动中扮演埃胡德的男友,他后来在回忆录中说:“有一次,埃拉扎尔将军在我们打扮好之后笑着指着我问,在那件大褂子下面是些什么。我请他查看了一下。我的腰上别了四颗手榴弹,一只胳膊下面插着‘乌齐’冲锋枪,另一只胳膊下别着‘贝雷塔’无声手枪,两个枪套都是自己缝上去的。衣服的整个衬里上也缝满了小袋,里面插着八个弹匣。如果他检查一下埃胡德的装备,他会看到类似的一套,只不过营长在他那

异常丰满迷人的‘胸部’下面也藏了武器。”

训练是在极为保密的情况下进行的，除了极少数的几个首脑人物，所有参加行动的部队对其他部队将同时展开行动毫不知情。他们甚至对自己的任务也只是在行动前几个星期才有完全的了解。

伞兵侦察连和海军13中队回到各自的基地，在那里，他们用木板搭起了目标建筑物的仿真模型，进行无数遍的演练，情况简报被一遍遍地重复、强调，士兵们的面前挂起了巨大的贝鲁特地图，攻击目标已在上面标注了出来，同时还标出了行动的最佳路线，以避开任何可能引起麻烦的地方。指挥官们要求每一个战士死死记住图上的一切，直到他们在贝鲁特时能熟悉地如同在特拉维夫或耶路撒冷一样。沙凯德将军在各部队之间串来串去，时不时地揪住几个士兵查问他们的功课——在完全准备好之前，他绝不会把他们派出去。

担负最重要任务的总参侦察营，起初也是在基地用木头房屋模型进行演练。但埃胡德中校认为，队员们在一堆木头中无法找到最逼真的感觉。于是，他想到特拉维夫郊外的拉马特阿维夫小区，那里离海不远，街道房屋的布局与贝鲁特的目标极为相似，最妙的是那儿还有几幢没竣工的空楼房，是以使他的战士们在一种身临其境的情况下训练。

他把部队拉了过去，每夜不停地反复打扰那里的居民。埃拉扎尔将军和沙凯德将军晚上没事时经常过去看看，前

▲ 在特拉维夫郊外的拉马特阿维夫小区依照实战的情形进行训练。

者就住在那个小区附近。有一次,还顺便替他们挡住了前来查问的警察。

侦察营是完全依照实战的情形进行训练的,包括使用的枪支、炸药的型号和剂量,分组攻击的编队和各组之间的协调,前指的设立及与总指挥所的联络,乘车、攻击、撤退的时间(精确到秒)以及发生各种突发事件时应对的预案等等,事无巨细,无一遗漏。总而言之,以色列特种部队在这次行动中进行了最高效、最周密的策划和最严格不苟的训练。整个计划过程约用了1周,而训练和演习则一直进行到9日上午。

1973年4月9日晚,以色列海军的导弹艇载着总参侦察营、伞兵侦察连和海军13中队的战士在夜色中离开海港北上。按照惯例,侦察营在奔赴战场前,总要来一顿美味的会餐,但这次不同,将近七个小时的海上航程,让大多数小伙子一想起来就倒胃口,在上船前纷纷吃了晕船药。幸好当晚天气很好,大海平静地躺在星光下。看来,那位在贝鲁特的英国人梅希——摩萨德的特工,没白关心天气。

夜深时,导弹艇远远地停在贝鲁特海岸外面,海军突击队员们轻轻放下橡皮艇,侦察营突击队员和伞兵们裹着塑料布坐了上去,以防海水打湿他们的嬉皮士服装和晚礼服,那样会使他们在街上时看上去怪怪的。海军队员开动了柴油马达,橡皮艇向岸边驶去,在离岸几百米的时候,马达被关掉了,艇靠着划桨走完下面的路。一个海军队员用手电向岸上晃了一下,岸上回应了几下灯光,那是提前潜入贝鲁特的摩萨德特工发来的信号,岸上一切正常。橡皮艇驶入浅水区,海军的蛙人悄无声息地下水,一直将船推到沙滩上,下来的突击队员们连脚都没有湿。

贝鲁特人和大多中东人一样,是习惯早睡的,岸边空无一人,只有几名摩萨德特工——"比利时人"布萨德和雷姆勃德、"英国人"维希洛、埃德尔和梅希,以及"西德游客"奥特努德,他们在租来的车里守候着。特战队员迅速分头上车,伞兵们去喀土穆大街的巴解民阵总部,而侦察营去维尔丹街的公寓。送他们上岸的海军突击队员在岸边建起一道警戒线,等侯着他们回来。随着一阵轻微的马达声,车子离开岸边,在黑暗中扑向目的地。"我刚去那里看了最后一眼,情况有变化。"开车的摩萨德特工对坐在他身边的埃胡德说,"街上有三个警察在巡逻,带着冲锋枪。"

气氛一下子紧张起来,车上的人都望着埃胡德。他咬着下嘴唇一言不

发，显然是想起了在上次绑架叙利亚军官的行动中，因为情况有变，埃拉扎尔将军在最后关头取消了行动。

"继续走。"埃胡德说。车在第二个红灯前停下时，摩萨德特工忍不住又重复了一遍，声音里带着明显的担心："我说，目标区里有警察。"所有的人都看着埃胡德，如果他拿起步话机向坐阵在导弹艇上的沙凯德将军报告这个情况，那么，沙凯德就会报告埃拉扎尔将军，然后国防部长摩西·达扬就知道了，再打电话给总理梅厄夫人——然后，行动取消。

绿灯亮了。

"我听见了。"埃胡德轻轻地说，"继续开！"

10日凌晨1时29分。三辆车开到维尔丹街附近停下，侦察营的队员们纷纷从车里钻出来，按事先分好的小组，三三两两地向各自的目标走去。化装成美女的埃胡德挽着"她"的"男友"穆基的胳膊，不慌不忙地向前走。开始他们没有发现摩萨德所说的警察，但突然，两个警察从黑暗处冒了出来，走到人行道上站着点烟，街灯映得他们的铜扣子隐隐发光。两个"情人"咬着耳朵，若无其事地从他们身旁走了过去。

他们走到阿布·尤素福的公寓楼前，哨兵大概打瞌睡去了，门厅里空无一人，一切都像训练的那样，埃胡德、阿米拉姆和海军突击队的联络官德夫·贝尔留在街上协调指挥，同时担任警戒。

穆基、兹维卡、罗尼和副营长约尼·内塔尼亚胡一起屏息冲上了6楼。兹维卡手里提着一个箱子，里面装着炸药，用来炸开公寓的门，炸药用过后，这箱子用来盛放可能找到的巴解文件。在阿布·尤素福的门前，罗尼和约尼一边一个地守住两边，穆基警戒着对面的房子。兹维卡俯下身去，悄悄地在门把上安放塑性炸药。炸药安好后，穆基在无线麦克上轻敲了3下，通知埃胡德准备就绪，等埃胡德回应五下敲击时，三个小组将同时引爆。爆炸声会通

▼安放塑性炸药

知海上的指挥部行动开始,其他的特种部队将分头开始进攻。

话筒中传来五下敲击声,兹维卡立即启动了引信。从引发到爆炸大约需要5秒,就在这时楼下的街道上突然响起了枪声。

终于有人发觉了他们,但已太迟了。

门“轰”的一声被炸开,穆基和兹维卡冲进阿布·尤素福的公寓,那张相片上的脸在他们面前晃了一下,逃进了卧室,两支冲锋枪隔着房门将他打倒在地。在那片弹雨中,阿布·尤素福的妻子表现出了非凡的忠贞和勇气——她冲上去想用身体挡住丈夫,但子弹穿透了她的身体,她最后和丈夫一起丧生。在参加行动的队员的回忆中没有提到这件事,也许他们觉得这不是一件值得向公众讲述的事情。

突击队员在巨响中冲进房门时,纳赛尔正坐在写字台边,台上放着打字机,他正在准备明天的一篇发言稿,几串子弹永远剥夺了这位诗人的发言权,他身后的沙发也被打得着起火来。

阿德万就不同了,即使是在家里,他的手边也永远放着一支装满子弹的AK-47冲锋枪,在葬身于弹雨之前,他还是来得及搂了一梭子,打伤了一名突击队员的腿。

暗杀完成得异常迅速和顺利,突击小组用原先装炸药的箱子装满了在三间屋子里找到的文件(情报部门说在那些屋子里找到的任何一张纸都可能是宝贵的)迅速回到了街上。突击队员来的时候疏忽了街上停着的一辆“雷诺”轿车,巴解的警卫其实就坐在车里。队员们在公寓门前的举动引进了他们的怀疑,就在三个突击小组在楼上分别装好炸药的同时,一个保镖从车里走出来,看样子是对埃胡德他们产生了怀疑,伸手去掏枪,埃胡德他们立即用“贝雷塔”无声手枪将他打倒,但这种枪的杀伤力不强,那个警卫没有立即死去,打出了两枪报警。枪响后不到2分钟,一辆黎巴嫩警察的吉普车就赶到了现场,埃胡德他们躲在阴影里,直到三四米的距离才突然开火,这辆车又挣扎着开出几米,终于失去控制,一头撞在路边着起火来,两三个受伤的黎巴嫩警察爬出来逃掉了。这时,完成任务的穆基·约尼和罗尼已经回到街上,正好赶上第二辆增援车冲到十字路口,车立刻被从几个方向来的交叉火力打得满是窟窿,四名乘员被纷飞的子弹打得从车上掉了下来。

街上突然沉寂了一下，然后，远处又传来枪声、警报器的尖叫声和巨大的爆炸声，那是沙哈克的伞兵们开始进攻巴解民阵总部了。利用这一间隙，阿米拉姆和穆基去检查警卫们坐的那辆雷诺车。刚才第一个警卫被打倒后，阿米拉姆就扫射了那辆车，但他突然想起来有可能没干彻底，这时车里打出了一枪，子弹落在离他们不远的柏油路上，证实了阿米拉姆的疏忽，他俩立刻弥补了这个漏洞。

与此同时，摩萨德的特工们飞快地把车开到路口，急刹车时，路面咬得轮胎吱吱作响，突击队员们迅速地钻进前两辆车。埃胡德和穆基走在最后(这是这支部队，也是整个国防军的惯例，撤退时指挥员永远留在最后)，这时那辆被打着的吉普车油箱里猛地爆出一片火焰，映亮了第三辆前来增援的吉普车。穆基拉开一颗手榴弹的保险，那车戛然刹住，一个警察跳了出来，穆基向他打了一个点射，但没打中，那人连跑带跳地逃进了路边的楼里。在开枪的同时，穆基投出了手榴弹，弹体在空中划过一个弧形落在吉普车篷上，手榴弹到地上炸开，四个警察从车里掉了出来。

穆基和埃胡德转身上车，三辆车像风一样飞驰而去。摩萨德的特工们这几天已经把这个城市摸得滚瓜烂熟，拐弯抹角地向前猛冲，车上的突击队员们全神贯注地警惕着可能的追击。

出了几个街区后，车子慢了下来，用正常速度一本正经地向海边走，在离海岸撤退点约半公里的地方，他们前面出现了一辆黎巴嫩政府军的装甲车，它正在巡逻，用探照灯查看着海滩。突击队员们怕装甲车发现海滩上的橡皮艇和突击队员，就没有超车，而是在装甲车后不耐烦地大按喇叭。到了向海滩转弯的路口处，三辆别克车悄悄地拐弯溜了下去。

突击队员们跑上橡皮艇，摩萨德的司机也丢下车上了艇，就让摸不着头脑的黎巴嫩警察去查那几个租车的外国人吧。紧张忙乱中，一个队员发现他把装文件的箱子忘在车上，但埃胡德禁止他再跑回去取。

橡皮艇又在漆黑的夜色中离开海岸——从登陆到离岸，整个任务用了29分钟。

在整个“少年之春”行动中，喀土穆大街上，巴解民阵总部是最难攻克的一个堡垒。沙哈克中校的队伍比计划早到了5分钟，立即在对面的街上设立了前指。中校、军医官和摩萨德的司机留在那里。然后穿得花哩胡哨的队

正在登陆的队员

员(从嬉皮的T恤到雅皮的西服革履应有尽有)分成了4组,每组2人。第一组若无其事地走近大楼,向卫兵借火。四名粗心大意的卫兵丝毫没有想到死神已经在他们头上拍打翅膀了,几秒钟后,他们被突如其来的“贝雷塔”无声手枪打倒在地,2人被打死,但另两个人仅受了伤,来得及挣扎着发出了警报——联想到前面维尔丹大街上,和后面我们还能看到的战例,在一场要求干净利落的战斗中,这种枪的杀伤力实在是个问题。

喀土穆大街上一下子开了锅,巴解战士们涌到窗前向下射击,12.7毫米的机枪子弹和手榴弹像雨点一样泼到街上,两名突击队员在倾刻间阵亡。但伞兵们立即稳住了阵脚,用FN FAL步枪上的反坦克枪榴弹和短促准确的点射回敬。突袭在转瞬间变成了强攻。几个突击队员冲进楼内,向楼梯间里投进了几发烟榴弹,这样,楼上的人要想下楼就只能用电梯。不一会儿,巴解的人果然如突击队所料坐着电梯下来了。但电梯门刚刚打开一条缝,早就埋伏好的伞兵们立即向里射击,里面的人还没来得及出枪就被迎面而来的子弹扑倒。伞兵们把尸体拖出来,又把电梯放上去。让人想不明白的是,楼上的人一次又一次地乘电梯下来,好像没看见里面的血迹。伞兵们守在电梯口,里面的人一个也没能冲出来。

激烈的交火大约进行了5分钟后,沙哈克中校下达了炸毁大楼的命令并准备撤退。由于他的人有两个阵亡,三名重伤,他不得不用无线电呼叫空军要求支援。不一会儿,一架涂着蓝色大卫星的以色列空军救援直升机飞过贝鲁特的夜空,接走了伤员和阵亡战士的尸体。很多贝鲁特居民看见了飞机,此举使以色列政府原来处心积虑地要否认这次行动与他们无关的计划泡了汤。

巴解民阵总部大楼随着一声巨响倒塌下来,巨大的火光和烟尘成了突击队撤退的最好掩护。正当喀土穆大街上的战斗进行到白热化时,沙凯德将军命令海军突击队投入行动。这一下子非常成功,使巴解分不清以色列的主攻方向到底在哪里。1时40分,泽夫中校的部队到达目标区:"法塔赫"位于奥扎伊的军工厂。

这个行动包含两个要同时打击的目标:

瓦尔达A:由克若勒上尉带领水下连的15名蛙人,摧毁"法塔赫"和"黑九月"领导者之一阿布·哈桑的办公室。阿布·哈桑就是在这间办公室里,指挥他的手下在加沙地带进行袭击和情报搜集活动。这一队人在行动前接到了严格的命令——在炸毁办公室前必须确保那里没有平民。

瓦尔达B:由舟艇队指挥官马莱克上尉率领一部分队员去炸毁巴解的军工厂。

阿布·哈桑的办公室离军工厂不远,正好在防波堤的上面,潜水连的队员在堤上架起自制的折叠梯,队员阿萨夫第一个爬了上去,借着绑在AK-47步枪上的射灯光,他立刻发现了一名卫兵,一个点射将他干掉了,枪声引来了更多的卫兵,但蛙人们在黑暗中当头向他们打去了一片子弹,至少打死了七个人。清除了卫兵后,突击队在办公室里安放了炸药,将它夷为平地。

马莱克的部队在行动过程中遭遇了一小队卫兵,但训练有素的队员们轻而易举地打发了这一队人,还用苏制RPG火箭筒炸毁了一辆用欧宝轿车改装的土制装甲车。清除障碍后,队员迅速在军工厂里安好炸药,然后在夜色中安然撤退。

这是海军突击队"攻击、摧毁、脱离"三部曲的典型体现,齐夫中校的不厌其烦和严酷的训练起到了明显的效果。在当晚行动的各支分队中,这支部队是最后一个参战的,也是最早撤回导弹艇的。

海军突击队的另一个行动进行得更顺利,一艘"达布尔"巡逻艇悄悄地将几名潜水队员送进贝鲁特港,蛙人背着防水包装的炸药经过一段短短的泅渡,摸进了港口北部的弹药库,当爆炸声响起时,蛙人们已经回到巡逻艇上返航了。

亚侬中校的伞兵们在西顿市北部的牵制行动也完成得非常成功,他们

从另一条路到达指定地点后，立即在西顿至贝鲁特的公路上撒了无数的路钉，防止任何巴解力量从这条路上驰援贝鲁特。之后，伞兵们轻易地摧毁了附近一座防卫松懈的弹药库，毫发无损地撤出了战斗。

第二天清晨，国防部长摩西·达扬和总参谋长埃拉扎尔将军，在海法港热烈地欢迎了归来的部队，但沙哈克中校为他那两名死去的战士感到非常难过，没有参加随即召开的新闻发布会。

事后，贝鲁特出版的报纸沸沸扬扬地将这次事件嚷了好长时间，有的报道说，目击者看见有两个美丽性感的女魔在维尔丹大街上指挥战斗，这当然是指埃胡德和他的战友。

这位年轻的营长后来成了一名非常有名的人物。大约1年后，他改名为埃胡德·巴拉克。17年后，巴拉克出任以色列国防军总参谋长。1999年，巴拉克出任以色列总理。

德国边防第九大队

第九边防警察大队是当今德国主要致力于反恐怖作战的精锐特种部队,它的成员一律不佩戴军衔级别标志。在队员的挑选上,全都在联邦边境防卫队(具有警察身份)内部进行。在国内,第九边防警察大队是一个准军事性的特警组织,除了在国内的行动获得充分授权外,也具备国际特警的外交豁免权,以保护联邦德国在国外人员及财产的安全。在武器配备方面,第九边防警察大队的武器装备可以说是世界一流的,最基本的装备是9毫米MP系列冲锋枪。此外还配备突击步枪、狙击步枪、轻机枪、霰弹枪、火箭筒及榴弹发射器等。队员们携带的自卫手枪,则依个人的爱好、专长和习惯自由选择。运输调动则以直升机为主,机种包括超级美洲豹、法国的云雀等。它所担负的任务,除了突击德国极端组织红军派的秘密据点、攻击马勒斯坦及库尔德族极端分子的基地外,还包括缉捕重大的罪犯等。

一、临危受命

▲ 边防第九大队徽章

1972年，第20届夏季奥运会在联邦德国(即“西德”)巴伐利亚州首府慕尼黑举行。9月5日,在一片祥和与欢乐的气氛中,巴勒斯坦恐怖组织“黑九月”对入驻奥林匹克村的以色列运动员发动了突袭,造成2人死亡和9名以色列运动员被挟持为人质的恐怖事件。经过冗长的谈判,西德政府被迫向恐怖分子提供了一架直升机。当恐怖分子与人质一道飞抵菲斯滕费尔德布鲁克机场,打算转乘另一架飞机前往开罗时,巴伐利亚州警察强行展开了营救行动。不幸的是,在一片枪林弹雨中,营救行动彻底失败,所有的人质均死于非命。西德为举办奥运会付出了沉重的代价。

惨案震惊了世界！各国在强烈谴责恐怖分子暴行的同时,也对西德警察鲁莽的行动颇有微词。当时清楚的显示西德当局对人质危机束手无策又毫无准备。原联邦内政部部长汉斯·蒂特里希·根舍先生,即后来因德国统一而闻名于世的根舍外长对此也不讳言:“我们对像处理1972年这样的人质事件毫无经验。‘慕尼黑惨案’说明,我们的警察——其实只能算是慕尼黑市的警察——根本是束手无策。”

实际上,“慕尼黑惨案”并不是孤立的恐怖袭击事件。自20世纪60年代末以来,为达到政治目的而发生的恐怖袭击事件在全世界愈演愈烈。这波暴力风潮以“巴勒斯坦人民解放阵线”1968年劫持以色列客机为起点,从此一发不可收拾。

基于“慕尼黑惨案”的教训以及联邦德国面临的严峻安全形势,联邦德国内政部随即决定组建一支打击恐怖主义及严重暴力犯罪的特殊部队,即反恐怖特种部队。

于是,联邦内政部长汉斯·蒂特里希·根舍获准效仿英、美国家,组织设立反恐怖特种部队,以打击国内、国际的恐怖活动。由于各种原因,也由于因这支精锐部队,而让人联想到有复活纳粹亲卫队之嫌,最后决定在联邦国境警察内组建成立这支新队伍。联邦国境警察是正规军事组织,可行使国家权力。

▲ 德国总理施罗德(左)向一名德国特种部队拆弹组成员致意。

起初,内政部在这支特种部队的归属问题上意见不一。根舍回忆说:“内政部存在两种意见,一种是要将这支部队划归联邦刑事警察局管辖,另一种意见则是要其归入联邦边防警察部队。我偏向于后者。联邦边防警察部队人员稳定、装备齐全,从这样一支拥有2.2万人的部队里挑选人员以组建反恐怖部队易如反掌。而联邦刑事警察局却可能不得不重新为此制定在边防警察部队中早已有的训练项目,因此它难以胜任这样的任务。”

从一开始,内政部就没有考虑按国际通行的做法,将特种部队编入军队体制。其原因是,“联邦国防军的组成受到《基本法》的限制,人们根本就没往那儿想”。

当时,联邦边防警察部队下设四个司令部,每个司令部辖两个大队,共八个大队。特种部队与这些大队平级,但序列排在最后,因此定名为联邦边防第九大队,简称边防第九大队(GSG-9)。

边防第九大队受联邦内政部直接领导,设在卡塞尔的联邦边防警察总司令部负责其人员的招募和管理。随着西部边防警察司令部的建立,1975年11月1日,边防第九大队划归设在波恩杜依斯多大的西部边防警察部队司令部管辖,驻地在哈格拉尔。

边防第九大队的第一任大队长是乌符里希·K·魏格奈尔。部队成立前,他一直是根舍部长与联邦边警之间的联络官,亲历过“慕尼黑惨案”。熟悉他的人都说,魏格奈尔是一个极具活力和热情的人,拥有鼓舞人心的感召力。在组建边防第九大队的问题上,根舍对他的信任甚至到了言听计从的

地步。

为了将这支特种部队尽快组建完成,使本国免遭恐怖分子的新一轮攻击,根舍亲自指导边防第九大队的组建工作,凡是边防第九大队的事情必亲历亲为。受其影响,内政部在诸如向边防第九大队拨款的问题上也丝毫不敢怠慢。曾一次性拨给边防第九大队630万马克的装备费。

在边防第九大队组建初期,其他国家的特种部队大多不愿意向边防第九大队传授战术训练方面的经验。这倒不是有意为难西德,而是因为在各国部队中,特种部队最为神秘,而一旦被他人全然洞悉,也就再无秘密可言。当时,联邦德国最可信赖的伙伴只有以色列特种部队和英国陆军特别空勤团(SAS)。这是由于"爱尔兰共和军"在西德的兄弟组织"莱茵军"曾以炸弹袭击的手段对付在德的英国人;以色列自不用说,他们对"慕尼黑惨案"的愤怒已渗入骨髓。更重要的是,就以色列国家的历史来说,简直就可以称得上是一部反恐怖史,以色列特种部队经过与恐怖分子多次较量积累了大量的经验。在这种情况下,德国联邦政府极力支持边防第九大队向英国和以色列特种部队"取经"。当时,到英国学习问题不大,但在拟定到以色列长期学习的问题上最初不免有些一厢情愿,因为"慕尼黑惨案"尚未烟消云散,以色列国内还存在仇德情绪。尽管如此,边防第九大队虚心求教的精神和反对国际恐怖主义的决心最终还是打动了以方,以色列特种部队同意将其在警察特种部队方面的战术传授给西德。

谈到建设初期的困难时,魏格奈尔无不感叹:"没有人能告诉我边防第九大队应该是个什么样,没有人敢说。这是典型的官僚主义,每个人都在想,反正这是张'弹射椅',如果失败了,谁说的谁负责。"

在对边防第九大队的众多期盼中,也曾出现批评的声音,人们甚至担心边防第九大队会成为一支比其他部队更具特权的部队。特别是当资金向他们倾斜,而别的部队却捉襟见肘时,这支部队就不免招人嫉恨。各联邦州也自觉本州的警察权力受到侵害, 认为应该建立各州自己的特种警察部队。根舍认为这正符合自己的想法,他说:"我从来没有反对过联邦州在将来组建自己的特种部队,因为我曾经说过,如果在不同的地方都有这样形式的部队,那将是非常有效的。我宁愿——可能这样更自由些——把它看作是一种竞争。组建州特警部队,我认为可行。"

公众对创建这样一支部队同样心存忧虑，他们担心特种部队的精英意识会超越国家的法律界限。对此，魏格奈尔的回答十分明确："这些我们都考虑到了。如果一个法制国家不愿意在法律与限制自由之间发生冲突，那么就必须在现行法律的范围内为警察创造最高的效率。这是提高效率的传统做法，以往在创建联邦刑事警察局或联邦宪法保卫局时也是这么做的。"

二、兵员、装备和训练

组建初期，边防第九大队人数虽然不多，却能发挥出自身的最大潜能，做到高起点。

在人员招募方面，边防第九大队极其重视征召高素质警员。负责招募工作的胡伯图斯·格茨纳目标非常明确："对一支特种部队来说，我需要那些成绩最优秀的人。在他们的选择上没有任何妥协，因为优胜劣汰就是对人身安全的保证。弱者是链子中薄弱的一环，谁出现了问题，谁就成了别人的负担。每个人都应该始终坚信，在我的周围都是优秀的人。他们必须是一支精英团队，我绝不能招募让我总是心存疑虑的人。"

GSG-9的队员都是从志愿参加者中招收，择优录取。人员主要来自联邦边防部队或正规警察部队服役至少两年半，记

▶ *每周必须进行约50~70小时训练，内容包括：各种枪械认识及使用爆破、室内近战、快速游绳、跳伞术、潜水、驾驶等。*

录必须良好。能成GSG-9的正式成员，这些20至25岁的年轻人要经过一系列的严格考验。GSG-9的初选期为三天，甄选项目包括：心理能力(持续4至5小时)、个人耐力、射击术、个人身体测试。经过这初选程序后，仅第一阶段约三分之二的人将落选。通过初选程序的入选者，还要接受5个月的基本训练。基本训练特别重视个人身体条件训练及技能训练（射击、武术），这阶段大约百分之十的人落选。最后一个为期3个月的训练为专门技术训练(团队意识、突击战术、武器)。成为GSG-9的成员后，每周也必须进行约50~70小时训练，内容包括：各种枪械认识及使用、自卫术、爆破、通讯、急救、室内近战、快速游绳、跳伞术、潜水、驾驶。还有定期的模拟演习等。

GSG-9驻扎在波昂郊外的圣奥古斯汀，距离德政府所在地很接近。尽管GSG-9建立的初旨是作为国家的反恐部队，但也可预见它还会负责如在高危时担任保护政要，及提供保护国家重要机构设施等职责。被任命指挥GSG-9的是尤里奇·韦格讷，他是一名拥有15年军龄的边境警察及反恐专

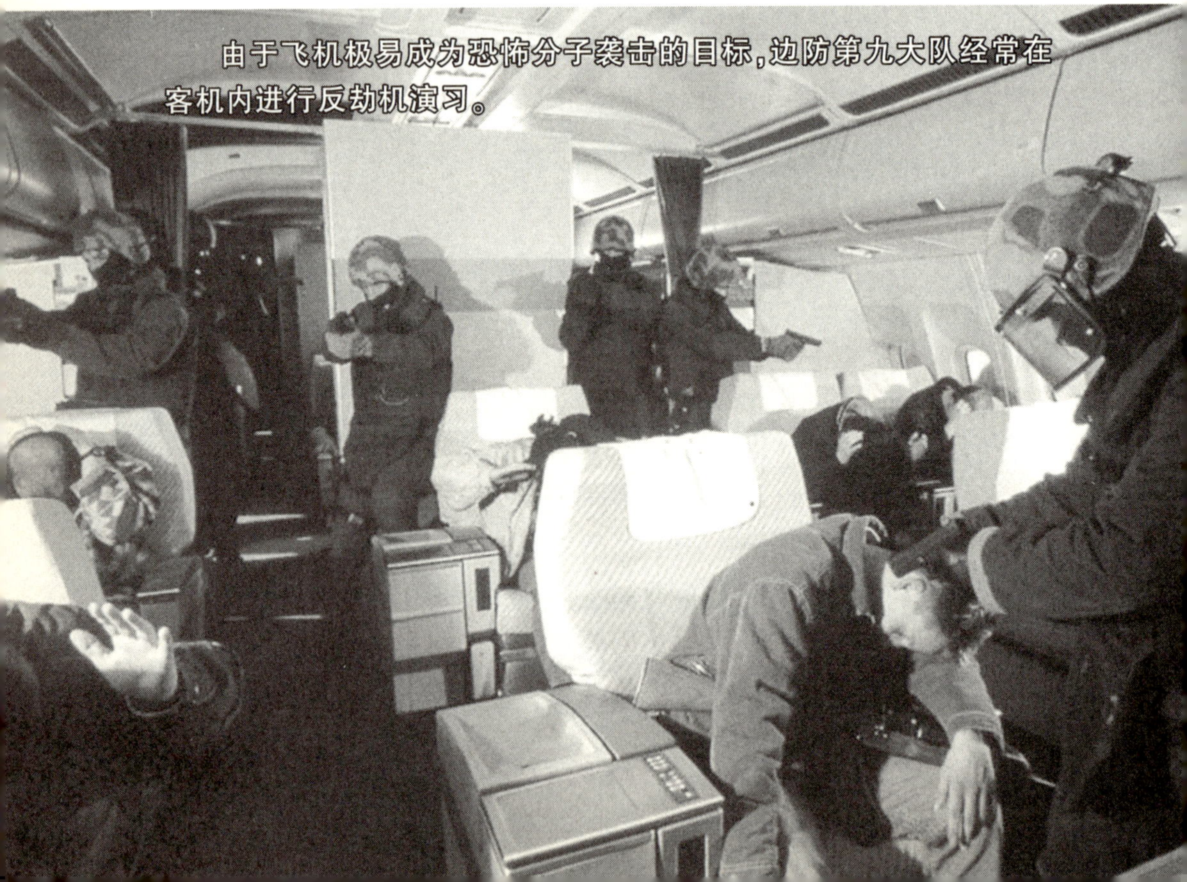

由于飞机极易成为恐怖分子袭击的目标，边防第九大队经常在客机内进行反劫机演习。

家。在担任GSG-9指挥官前，韦格讷就曾与FBI和以色列人一起进行反恐训练，韦格讷接管GSG-9指挥权后，他更加强了与以色列人的联系。据报道，韦格讷曾参与1976年以色列的恩德比行动。1972年底时，韦格讷开始组织自己的特种部队。至1973年初，这支部队开始执行特种任务。为了在GSG-9树立团队精神，1973年队员们开始戴绿色贝雷帽。

边防第九大队的训练是在一座由高墙围着的模拟城市中进行的。里面有住宅、高楼大厦、直升机、汽车并且有三架客机机体实物，因为这些目标都极易成为恐怖分子的目标，并且稍有疏忽随时都会发生爆炸。新队员入队后，要经过22周的专门训练，其中前13周课程主要着重于法律、武器操作、空手道等基础训练；最后的9周则是针对个人特性，做较严格的个人专业技术训练，以及一连串极为严格、艰苦的反恐怖行动测试和考验。一名边防第九大队的成员，首先应在任何情况下都能保持镇静。因此，队员们经常接受心理学专家的帮助，学习应付各种极度紧张情况的本领。专业技术训练是很艰苦的。星期一到星期五，队员们每天训练8至10小时，只有在用简便午餐时才稍事休息。不时还要进行强化训练：整整一周，每天连续训练12小时。他们要进行体质、射击、模拟游击战等方面的磨练。

为了增加本队知识和调整训练，GSG-9也和美国的FBI、三角洲部队、英国SAS、法国GIGN等作定期技术交流。美国特种部队的军官曾称，边防第九大队是一个不吝惜使用最先进装备的部队，其高超的行动技巧乃是对手无法比拟的。

在心理素质培养方面，边防第九大队从一开始即聘请专家进行辅导。由于边防第九大队承担的特殊任务非心智坚强者所不能完成，因此内政部决定派驻心理学家对部队成员进行心理辅导。根舍对此有更多的考虑："对我们来说，进行充分的心理辅导是非常重要的。首先是对警员自己，同样也是为了使每个警员能够针对各种情况做出正确的判断。所有的行动必须遵循手段适当的原则，武力的使用只能被看作是最后的选择。这一切都必须以具备穿透敌人内心的能力为前提。所以对边防第九大队来说，求教于有警察工作经验，及可靠的心理学者是不可或缺的。"1977年，心理学家沃尔夫冈·萨勒夫斯基接受了为这支特种部队进行心理辅导的任务。他随即为边防第九大队设计了一套新的挑选程序，该程序的目标是让那些符合心理

▶ *左边第一位特战队员为一狙击手，武器为HK PSG1狙击枪；第二位为GSG-9空降队员，配有全套装备；第三位是一标准的GSG-9特战队员；第四位是GSG 9武装蛙人；第五位是GSG-9指挥官。*

要求的人能够适应这支团队的任务。

在行动组织方面，边防第九大队采用小组作战的方式，即一个特种小组由五个人组成，而不是采用以色列按每10人为一个班的建制。边防第九大队第一任教官克劳斯·布莱特在解释这一做法时说："我们的培训目标是建立能自给自足的特种小组，而不是单个特种兵。每个小组的力量是平均的，而且能随时互换，而单兵则不会取得这样好的效果。"在这个问题上，边防第九大队并无前例可言，即便是美国，可类比的部队过去也是以单兵的原则组建。

边防第九大队与其他国家的特种部队有所不同，它实际上是特种警察部队，在组织上隶属内务部，归内务部长指挥。目前，边防第九大队由司令部、四个突击部队和一个专家技术组组成，编制为200人，而目前实际拥有队员300人。大约每30人为一个战斗组，全队可分为6至10个战斗组。他们驻扎在波恩附近桑克·奥古丁的一栋现代化的大楼里。起初GSG-9有三个打击分队，并配有其他后勤支持小组，包括总部、通讯、情报、工程、武器、研究、训练、供应、及装备维修组。1983年GSG-9再增加多一支打击分队，共四支打击分队。每支打击分队由42人组成，并分为指挥部和五个5~8人组成的小队。各小队可在任务部署时，按此编制增减。

理论课教室的墙上一直贴着这样两句口号"为争取行动自由而奋斗"和"只有简便才能取得成功"。学员们经常喊这两个口号，这是边防第九大队员的基本品格。因此，该组织不允许其成员炫耀自已是德国联邦警察中

的明星，发现谁有这种想法就会被立即开除出队。这也是出于自身安全的考虑。边防第九大队的所有成员都不能暴露身份。

边防第九反恐怖大队携带多种特种装备，如：微光夜视镜、特制手溜弹、微型手枪、催泪弹、微型高灵敏度无线电报话机、特种攀登装备、强光型鹰眼探照灯，以及可穿透厚30厘米的高级防弹玻璃的高爆子弹等。队员的制式装置主要是德国HK公司生产的MP系列9毫米冲锋枪，和每支价值3 000马克的毛瑟66型精确步枪。所携枪支皆配有消音器。队员每人都有标有自己名字的专用武器。边防第九反恐怖大队的队员平时穿黑色制服。根据不同的任务，选穿防弹背心、防火服、弹簧靴，戴四角防弹帽以代替贝雷帽。但在某些行动中，有时穿的则是和空降部队相同的迷彩装。

虽然这支部队的人员，均可从联邦边防警察部队的现役人员中直接招募，而最初的武器配备却没有如此便利条件。当时联邦德国所有武器库里的枪械，竟然没有一件适合这支特种部队使用的，因此人们不得不将边防第九大队武器的采购转向市场，寻求最佳的产品，同时与工业界通力合作以研制专用武器装备。以手枪为例，由于英国安全部队在与“爱尔兰共和军”的交火中，手枪经常发生卡壳现象。有鉴于此，边防第九大队首选了稳定性较好且故障率较低的“史密斯和文森”型手枪。几年后，厂家根据部队的要求又研制出“赫克尔与科赫”P7型手枪，这种操作简便的射击武器后来成为边防第九大队手枪家族的利器。20世纪90年代初期，边防第九大队又引进了奥地利科劳克公司的17型枪，存弹17发，威力极为强大。

由于边防第九大队的任务范围广泛，从一开始便把营救在海外的德国公民包括在其行动范围之内。因此，边防第九大队必须采用功率极强的通讯器材。在这种情况下，博世、电信通讯及摩托罗拉公司生产的无线通信设备组合便成为当时最佳的解决方案。其高超的行动技巧乃是对手无法比拟的。

在对敌情研究方面，边防第九大队也时刻牢记“知己知彼方能百战百胜”的真理。边防第九大队非常重视对恐怖主义意识形态基础的研究，且涉猎的范围十分广泛，像卡洛斯·马里希海勒的恐怖理论手册、乌尔雷克·曼霍夫的文章、“赤军”的小册子以及“巴勒斯坦人民解放阵线”的文章等都是其收集的对象。这种广泛的调查研究，目的在于认清敌人的强处与弱点，以

便在每一个细节上都使边防第九大队保持优势。这不仅涉及战术领域,同样也涉及到装备采购。与此同时,边防第九大队还系统收集和分析了一些重大恐怖袭击事件的经验和教训,并为联邦德国领空上的所有飞机建立了一个资料库,配有各架飞机的精确图纸。

这支部队除了在国内的行动获得充分授权外,也具备国际特警的外交豁免权,以保护德国在国外人员及资产的安全。根据分工,边防军第九反恐怖大队主要对付好战的犯罪集团,各州的特种大队主要负责监视、缉捕或采取隐蔽的行动来对付单个的作案者。因此,边防第九反恐怖大队通常在发生严重的绑架、谋杀、劫持人质、暴力骚扰事件,保护国宾以及联邦政府首脑和政治家时才动用。派遣出击的命令由内政部长通过"热线"发出。

三、摩加迪沙行动

1977年,西德恐怖组织"赤军"在德国发动了一系列恐怖袭击事件。4月7日期,联邦总律师西格弗里德·布巴克及其司机被暗杀。7月30日,德累斯顿银行总裁于尔根·庞托也成为牺牲品。9月5日,"赤军"再次劫持了雇主联合会主席汉斯—马丁·施勒耶尔,并杀死了他的司机和四名警卫。西德民众因此人心惶惶,联邦政府发誓要全力打击恐怖主义。边防第九大队终于可以出手了。

除了魏格奈尔,恐怕再没有人能够描述这惊心动魄的1977年秋天了。

"9月5日,随着施勒耶尔在科隆遭到劫持的消息,命令立刻传来,要求迅速将边防第九大队派往科隆。我一直认为这样做毫无意义,但内政部长魏尔纳·曼霍夫固执己见,我们不得不依命行事。三个特种小组挤在科隆警察局的院子里原地待命,我独自走进指挥中心,发现那里一片混乱。联邦内政部长和北威州内政部长正吵得不可开交,根本没有人顾得上向我们交待什么。我向联邦内政部长建议:将边防第九大队人员撤回驻地。反正从驻地

到这里只需一刻钟时间，而且，在驻地待命对准备工作及形势判断更加有利。部长同意了我的建议。

随后，我们很快采取了搜捕行动，科隆的一切可疑地点都是我们搜索的对象。每天我都要前往哥德斯堡的联邦刑事警察局指挥中心，那里聚集了所有安全部门的负责人。而边防第九大队人员，则在哈格拉尔驻地长期处于战备状态，我们根本没有机会回家。

10月13日，汉莎航空公司‘皇冠’号客机被劫持时，我们正好与刑警同事一道，在科隆大学对一幢公寓楼里约2000个房间进行搜查。有证据表明，施勒耶尔曾经被扣留在这里，因为，在地下车库里我们找到了绑匪的车。就在这时，我接到联邦总理府下达的命令，要我立即停止行动。当时，我根本不知道出了什么事。过了一会儿，我的人才向我报告说，一架西德飞机被劫持了。由于应对反劫机行动我们需要准备另一套装备，因此，我立即将部分人员撤回驻地并更换装备。接下来，我考虑的问题是应该带谁去。对攻击一架波音737飞机需要多少作战力量，我心里有数，连专家在内，里里外外应不超过70人。但向留守人员讲明这一点却不是一件容易的事情。

我们登上了科隆至塞浦路斯拉维卡机场的飞机，这架飞机是根据与汉莎航空公司达成的协议，专供我们使用的。联邦刑事警察局也派来专家与我们同行。为弄清是谁劫持了这架飞机，我尝试着与塞浦路斯机场的地面

◀ 对公寓楼进行排查

调度中心进行联络,没想到吃了个闭门羹,对方根本不知道我是谁。后来,我们从窃听被劫持飞机与塔台的对话里才得知,劫匪是阿拉伯人,其中一个人还是女的。有迹象表明,他们可能还试图返回联邦德国。

我建议危机指挥部允许我们留在这个地区,因为,被劫的飞机有可能在附近的任何一个地方降落。我首先建议驻扎在以色列,但这必须穿越一个阿拉伯国家,在当时,中东形势紧张的情况下,这是不太容易实现的。好在我们后来与土耳其达成了协议,可以飞到安卡拉并首先驻扎在那里。土耳其向我们提供了全力的支持,联邦德国武官也来照料我们。我们被允许在机场上自由活动,甚至可以跟土耳其士兵踢踢足球。在这种时候,我必须让我的人忙碌起来,这一点非常重要。然后,我让所有人员检查并清洗枪支。这些活动多少能让我们保持紧张的状态。

由于巴林和科威特拒绝了劫机犯的降落请求,被劫持飞机最后降落在阿联酋首都迪拜。我和几位同事立即乘坐联邦政府派来的一架小型喷气飞机飞往迪拜。

阿联酋国防大臣沙耶希·穆罕默德作为行动指挥坐镇塔台。他是一位年轻的大臣,毕业于英国的军事学院,我们是同学,期间关系还相当不错。可沙耶希却马上告诉我,他不会同意让我行动的。我对此立即表示反对,称这种事你们干不了。他不同意我的看法,并请我看看他们由英国顾问培训的部队。此时,这支部队正好在海湾航空公司的一架飞机上进行行动前演练。我认为,'临时抱佛脚'的做法不可能令人信服,一旦劫持者开始枪杀人质,我们绝不能坐视不管。

后来,'皇冠'号飞离迪拜,使得我们未能在那儿解决这次危机。幸运的是,当劫持者站在舱门时,我们拍到了他们的相貌,其中三人的特征非常清晰。德国联邦情报局和英国军情五处根据照片,向我们提供了有关劫机为首者佐汉·尤素夫·阿卡什的具体情况。几个月前,他在伦敦的兰斯特饭店射杀了北也门前总理阿朴杜拉·阿尔·哈贯里,是一个极其危险的人物。此外,从舒曼机长在从飞机带下来的垃圾中放进四根新的香烟,安全人员判断这暗示着共有四名劫机犯。

没过多久,飞机开始在也门的阿登机场降落。起初我们不知道他们的

目的地，只知道这种老款的737型客机的续航力非常有限，只可能在也门人民共和国或者是索马里降落，不大可能飞到利比亚。

由于搭载边防第九大队人员的飞机不能进入也门，只能继续在安卡拉待命。为了能够得到更好的补给和照顾，我命令飞机转移到科里塔北约基地。与此同时，我们乘坐总理府秘书长维什涅夫斯基的飞机前往德基达。维什涅夫斯基试图通过沙特向也门政府施加影响。但方案尚未实施，由于舒曼机长被枪杀，也门政府强行要求飞机离开。第二天上午，'皇冠'号再次起飞。我们再次陷入思索中，他们的下一站目标会是哪里？两个小时后，我们被告知，他们要飞往索马里。这对我们十分有利，因沙特经常向索马里提供援助，沙特政府与索马里政府具有良好的关系。不久，索马里政府同意飞机降落。

劫持者从一开始就在摩加迪沙机场犯了一个错误，他们将舒曼机长的尸体抛到了机外。这个错误在这样的一个国家是不能容忍的，因为，一个基督徒的尸体是不净的，对一个伊斯兰国家来说这是巨大的侮辱。因此，尽管劫机者也是阿拉伯人，但索马里人并没有对他们表示欢迎。当然，此时，沙特的说服工作也发挥了作用。

当我们到达摩加迪沙时，会谈已经准备开始了。维什涅夫斯基立刻拜访索马里总统西阿德·巴里。而我则和现场的一名行动指挥官，即一名中将进行了交谈。他的神情非常紧张，尽管他什么都还没有开始做，却不断在那里嘀咕，我们必须做些什么，我们必须做些什么。我问他是否拥有一支相应的部队，'你们有经过训练的人吗？'他回答，有一支突击营。我继续问他是否曾经有过类似的经验。'不，还没有，但我们的人从早上起已经开始训练了。'这是一个非常不能令人满意的答案。我必须从他那得到行动许可，而最好的方法是让

▼ 队员待命时检查武器装备

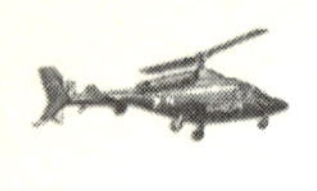

他们相信，他介于自己不能解决这个问题，这是整个事件中最困难的一件事情。我要求那些在西阿德·巴里总统专机上进行训练的突击队员，学做一遍我手下两个人做的动作，他们没能完成，而这只是一些小训练而已。另一方面，从生理条件上讲，索马里人身材比较矮小，没有强壮的身体素质，体能较差。最成问题的是，他们没有配备特种武器，连梯子都没有，他们根本完成不了这样的一个作战任务。为此，我建议将军立刻赶往总统那里。维什涅夫斯基也要求这个任务由我们来完成。

就在同时，根舍外长就解决人质危机传来紧急口信：'我们已经尝试了多种可能，并在危机指挥部约见了索马里大使，我把与施密特总理谈话的内容向他做了转达。我对他说，他应该立即与西阿德·巴里总统取得联系，并征得总统本人的同意，我们要求派一支特种部队前往摩加迪沙，这支特种部队能够解救在那里的乘客和机组人员。'

这意味着，外交部已经开始介入边防第九大队的行动了。这之后，施密特总理和根舍外长再次召见了索马里大使，施密特总理再次做出保证，绝对尊重索马里主权，"边九"的行动需要得到索方的允许；另一方面，总理还保证，这必定会加深两国之间的友谊。人们已经感觉到索马里领导人开始有所松动，两国间的会谈最终肯定了我们的计划，现在的一切都掌握在边防第九大队和汉斯·于尔根·维什涅夫斯基手中了。中午过后，我们得知他们为我们获得了行动许可。这一个营的索马里士兵归我指挥，我让他们执行机场掩护任务。然后，我乘车前往位于机场边缘的索马里空军基地进行侦察。'皇冠'号飞机停在一条滑行跑道上，我试图从那里靠近飞机。一名索马里上校让我充当索马里空军司令的陪同军官，在他旁边还站着一名前苏联顾问。这两个人看来对此并不热心，我的存在想必让他们的滋味并不好受。我是作为一个北约国家的成员来到这里，而他们代表的则是另一方。然而，他们并没有阻止我做什么，因为命令是从最高层直接下达的。

我试着对地形进行侦察，并靠近了飞机。当时天空有点雾气蒙蒙，这个纬度地区的黑夜来的特别快。为了越过一段沙丘土路靠近飞机，我必须穿过一段1 500米的开阔地。天黑得伸手不见五指，但为了不引起敌人的注意，我们不能使用人工照明。当一切都侦察完毕后，我又回到了基地。

此前，指挥部的飞机搭载的边防第九大队成员已飞抵距摩加迪沙半小时飞行距离的吉布提。我用无线电通知他们，在黑夜来临前必须到达摩加迪沙。同时，我们让索马里空军的飞机起飞，以免我们的飞机到达时让劫机犯感到突兀。大约19时，边防第九大队的人来了，我们的队员热情高涨，一下飞机就急着向我请命。‘是的。’我回答，‘你们已经看到这里发生什么了。’”

边防第九大队总是保持着高昂的士气，这一点毫不夸张。任务极为崇高：保护生命。魏格奈尔上校已经为行动做好了准备，队员们完全信任他。在这样的行动中，自己总会有损失。每个人都会说：好了，让它发生好了。你可以当个旁观者，但人们也会说：首先你是自愿的，其次，这是一件好事。正如一位同伴形容的那样：我们就是那些绝不手软的理想主义者。对我来说，这是一个千载难逢、能救人于水火的机会。

当行动被允许时，还有几个障碍必须解决。魏格奈尔上校继续谈道：“期间，我已经与维什涅夫斯基谈过，他也向危机指挥部和施密特总理做了汇报。施密特总理同意开始动手，他让我接听无线电话并亲自向我下达攻击命令。我感到很兴奋。我向他说，我不能保证没有损失，没有人可以保证这一点，但我们都受过良好的训练，坚信可以百分之百地成功。这句话对他是个极大地安慰。他说：‘我负政治责任，你们做你们该做的事情，做你们学到的东西，我们也相信你们可以做到。’就这么简单。整个行动没有人向我指手画脚，甚至连维什涅夫斯基也没有这样做。从一开始他就讲，那是你们的事情，我有自己的事情要做。有趣的是，边防第九大队中也丝毫觉察不到浮躁的气氛，相反他们都保持着最好的状态，每个人都准备好了自己所学到的东西。我的司机还说，但愿行动开始时不会再出现一个冒失鬼。我让副大队长带一个组埋伏在山丘的

▲研究营救人质的方案

阵地里，执行狙击和观察任务。这样，飞机上的一切事情都逃不过我们的眼睛。根据与观察队员的无线电通话联络，我们随时都掌握着每个劫机者的位置。此外，我们还和我们边防第九大队的心理学专家萨勒夫斯基一道制定了一套谈判方案，我们要让劫持者相信，联邦德国政府会答应他们的要求，会释放‘赤军’的成员和另两名关押在土耳其的人。

劫机者中为首的穆罕默德是个飞机行家，曾受过培训，熟悉飞行时间和空间计算，非常清楚一架飞机从法兰克福到摩加迪沙需要多少时间。我们同样也经过了精确计算，并把对时间因素的考虑纳入整个方案中。

下午，形势突变，穆罕默德变得有些狂躁不安。他让手下将乘客绑起来，并往其中几个让他感到讨厌的乘客身上浇白酒，威胁要将他们烧死。他叫喊道：‘都结束了，结束了！’此时，机舱里的空气顿时凝结了。然而，当听说‘交换程序’正在按计划进行（当然是假的）时，他又恢复了平静。到了晚上，他甚至兴奋地谈论起交换的细节。对我们来说，这自然是一个良好的迹象，我们正巴不得他们这样。

我们认为，最好能在午夜后实施攻击行动。我们已经探明，在飞机前部的驾驶舱及一等舱内有三名恐怖分子，但第四名的位置我们尚不知晓。我请求塔台上的谈判小组尽可能把他们拖累。这点很关键，他们的注意力不能太集中。”

事实上，在解决这场危机的整个过程中，谈判小组和边防第九大队心理学专家的工作是极为关键的。沃尔夫冈·萨勒夫斯基说：“我们和魏格奈尔制定了一个计划，让恐怖分子集中在驾驶舱里，重要的是阻止他们炸毁飞机，这种危险无时无刻不存在着。有时，同恐怖分子的谈判是非常激烈的。我们要做的，就是让他们和我们保持通话，然后就此拴住他们。”

总攻的最后时刻就要来临了，魏格奈尔永远忘不了那一刻的情景：

“正如我们期待的那样，恐怖分子持续保持着神经高度紧张，并逐渐靠拢在一起。将近午夜时，我们出发了。在附近待命的六个作战小组和一支预备队，还有部分拆弹专家开始向飞机靠近。同时，位于山丘的观察哨和狙击人员不断向我们报告最新的情况。一切都很顺利，很正常。

索马里人正在执行另一项任务，即点火。在非洲，火具有不同寻常的魅力。我交待他们，把这个区域圈起来，任何人在这段时间里，既不能进，也不能出。在距离飞机两百米的地方，索马里人将火点了起来，这立刻引起了恐怖分子的警觉。穆罕默德叫嚷起来：到底发生了什么事，为什么会着火？我们回答，我们必须去塔台问一下才知道。然后通知他我们也不知道发生了什么事，如此这般。这期间，我的特种小组已经潜到了飞机的底部。我向各单位下达了总攻命令，就像在平常训练中做的那样。为了保险起见，我还将命令录在了磁带里，然后又用磁带重复了一遍。2时05分，进攻开始了。”

冲进飞机前的感觉是永远难以抹去的，一名边九队员讲述了他的记忆：“就像一次演习，只不过火力要猛烈些。我并不惧怕这样的行动，在摩加迪沙也不例外。这正是检验训练方案是否正确的好时机。每一个战术细节我们都训练过，所以我们对要冒多大风险一清二楚。在这种行动中，只能自己对自己负责。如果中弹，只能当作运气不好，这是谁都决定不了的。我们不仅要对同伴负责，而且更多地是对那些手无寸铁的人质负责。最轻微的声响或稍不留神都可能惊动敌人，那些无助的人就可能因此惨遭毒手。要说有压力，正是这种责任感造成的。时间在出击前的一刻仿佛停止了运转，空气静默得令人窒息。虽然动作练习了千百遍，但在此危急时刻，谁都不能预见对手会有怎样的反应。我们只能寄希望于谈判人员和侦察员。每个人都必须相互信任。我并不感到恐惧，确切地说，压根儿没有想到过自己。该做的事早就做好了，实际作战中哪里有时间进行考虑。”

一声爆炸，火光骤闪，魏格奈尔率先冲进了“皇冠”号。魏格奈尔回忆道：“右前方小组受到狙击，第二组马上跟上。双方立刻交上火。我们的一名同伴被击中脖子——这是此次行动中惟一受伤的人。急救人员立即前来急救。

第一个中弹的是一个名叫马默德的劫机犯，他连中六枪，被当场击毙。接下来是那个叫安莎丽的女匪，她倒在地上时，还没有死。我们还没来得及处理她，第三个人却突然站在我的面前，但立刻被两边的交叉火力撂倒。最后一名劫机者却不知躲在什么地方。这时卫生间里突然枪声大作，我们毫不犹豫地朝卫生间开火。一切就这样被搞定了。

▲激烈交火

在双方交火持续了三四分钟后，疏散行动开始了。我们对此已经作了充分的研究和准备。因为当年在以色列班机被劫持到恩特伯的事件中，由于人质语言不通、反应迟钝，在以色列特种部队突袭飞机并要求他们趴下时，有些乘客理解错了，居然蹦了起来，结果被子弹射中。基于那次的教训，我们在行动前就已决定用英、德两种语言喊：'趴下！'，并辅助于相应的手势。这一招果然管用，没有乘客反其道而行之。疏散中，最先要寻找可能受伤的乘客。结果，伤员没找到，倒是在头等舱发现了2.5千克的炸药。行动结束时，安莎丽还活着，队员们把她抬下飞机并转交给索马里的医护人员进行照料，她似乎仍不甘心，吃力地叫喊着，并做出胜利的手势。后来，作为感谢，我带领两个训练小组到过索马里，并见到了关在贝尔贝拉监狱的安莎丽。一见到我，她便朝我啐了唾沫，狂热的本性依然没变。"

边联第九大队在摩加迪沙行动的成功，使联邦德国上下雀跃不已，德国人终于一扫1972年"慕尼黑惨案"的耻辱。

1977年10月20日，总理赫尔穆特·施密特在对联邦议院的政府声明中说："当客机经过9 000千米的迷途，而最终当89名危在旦夕的生命在摩加迪沙被成功营救出来时，成千上万的德国人，及世界各地的人们都为之松了一口气。我们对死难者表达深深的悲痛，并向他们的家人及朋友表示哀悼；同时我们对边防第九大队的警官们，及所有被派往摩加迪沙人员的成绩感

到满意，他们是我国年轻一代的杰出榜样……索马里的营救行动体现了自由和团结的基本价值，同样显示出世界各国之间和各民族之间的合作精神，以及共同应对国际上无视生命的、反社会的恐怖主义的决心。"

根舍对自己亲自创建的特种部队不无自豪，他说："这支部队的表现无可指摘，因为，他们令人信服地证明了自己的能力。所有的人质都成功获救，当然令人高兴。但不要忘记，当时做出这一正确的决定是多么的艰难。"

英雄们凯旋了。随着飞机降落在科隆机场，所有边防第九队员的父母、妻儿及女友一周来的焦急等待终于结束了。其中一位警官的妻子这样描述她的感受：

"我和家里人都不知道我的丈夫是否在摩加迪沙。所有边防第九大队的成员都已经很长时间没有回家了。当我第一次听说劫机时，就立刻感觉部队要行动。当他们从摩加迪沙回国时，我带着六个月的女儿开车躲了出去。我非常紧张，惟恐听见有人牺牲的消息。我就这样沿着街漫无目的的开车，最后还是邻居把我拉回了家。我不愿意，也不想看电视里播放的边防第九大队成员凯旋的画面，大部分镜头都太远，根本辨认不出来谁是谁。接着报道说，没有人死伤，这时我心里的石头才算落了地。然而，我依然不知道，我的丈夫到底去没去摩加迪沙。"

德国媒体对边防第九大队也是一片赞扬之声。自第二次世界大战后，德意志民族一直被负罪感所压抑，许久没有所谓英雄的出现。媒体当然不能错过大好的机会，一致称边防第九大队为"摩加迪沙的英雄"。

然而，边防第九大队对自己的评价就显得更加冷静和客观。他们明白成功与失败只在转瞬之间，而且行动的成功也包含了一定的运气成分。对此，当年边防第九的副大队长克劳斯·布莱特就说过："我们非常幸运，甚至连被击中颈部的枪伤也未能致命，而正常情况下那是必死无疑的。"有一句话最能代表所有边防第九大队队员的感受与责任："我们不是英雄，我们是履行自己义务的警察。"

图书在版编目（CIP）数据

世界王牌特种部队实录/王军校编著. —北京：中央编译出版社，
2006.6
ISBN 978-7-80211-260-5

Ⅰ.①世… Ⅱ.①王… Ⅲ.①特种部队—概况—世界
Ⅳ.①E156

中国版本图书馆CIP数据核字（2006）第052640号

世界王牌特种部队实录

出 版 人：和　龑
策划编辑：冯　章
责任编辑：冯　章
出版发行：中央编译出版社
地　　址：北京西单西斜街36号（100032）
电　　话：(010) 66509360（总编室）　(010) 66509366（编辑室）
(010) 66509364（发行部）　(010) 66509618（读者服务部）
(010) 66161011（团购部）　(010) 66130345（网络销售部）
网　　址：www.cctpbook.com
经　　销：全国新华书店
印　　刷：北京金秋豪印刷有限责任公司
开　　本：787毫米×1092毫米　1/16
字　　数：300千字
印　　张：15.75
版　　次：2011年6月第1版第3次印刷
定　　价：35.00元

本社常年法律顾问：北京大成律师事务所首席顾问律师　鲁哈达